幼児教育
知の探究 4

脱学校化社会の教育学

磯部裕子+青木久子

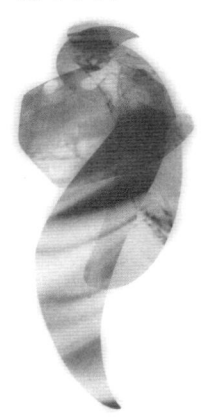

萌文書林

はしがき

　明治の近代国家建設を目指して学制を敷いた第一の教育改革，第二次世界大戦後の民主国家建設を目指した第二の教育改革は，教育によって国の未来を再建するという国家目的が明確にあったが，1980年以降，紆余曲折しながら模索している第三の教育改革は，今なお混沌とした状況にある。すでに四半世紀が経過しているが，過去の国家に依存してきた教育改革から，民意が改革を推進するだけの活力を有するようになるには，物質的・上昇的な価値から"人間の生"に基本をおいた問いへと価値の転換を図り，人々が志向する文化そのものの本質に光を当てていくことが必要であろう。

　しかし学校が社会から遊離し，子どもたちに合わなくなっていても民意が建設的に動いてこない。また行政が民意と対話し，民意を支えて施策化し，それを推進する機能が働かない。小学校の生活科や総合学習の導入，教育のプロセス・アプローチに対する第三者評価の導入等は，敗戦直後の民主化への教育が目指したものであったはずである。また，幼稚園・保育所・総合施設等の制度的見直しも，戦前からの就学前教育の課題がそのまま積み残されてきた結果といえよう。それは家族の時間やコミュニティの人々のつながり，豊かな地域文化の醸成，そこに生きる人間の本質の発展という方向より，少子化対策，経済の維持といった国の施策が先行するものとなっている。これは，半世紀の間に国家依存，体制依存の体質が招いた混沌であり，今まさに教育理念そのものの問い直しが求められている時が来ているといえよう。

　国による民主化から，民による民主化成熟への道のりには，人間が生き

ることの意味への問い，生きる価値のおきどころ，世代循環するトポスの文化の見直しが必要である。それは，幼稚園・保育所・小学校といった分断された施設区分から，コミュニティの中での就学前から学童期を経て生涯にわたって展開される学習を構成していく視点でもある。地域の子どもたちの生きる場としての総体を受け止め，地域社会の環境・文化と共生する教育への転換は，学校化された知の限界を越えて知の在所や知を構築する関係のありようを転換し，知そのものへの問いを新たにするだろう。

　生の根元にまでさかのぼろうとする本企画は，人間・学び・学校・社会という共同体のトポスに焦点を当てて，従来の就学前教育が子どもたちに当てた光を再考しつつ，あわせて抱えてきた課題も浮き彫りにして，これからの知を構築する視座を掘り起こしたいと思う。

　なお20巻にわたる本企画は，次の三つの特長をもっている。一つは，幼稚園や保育所，総合施設等の多様化に伴い，本来の就学前教育の理念も児童福祉の理念も曖昧になり，幼児教育界を混沌とさせている現状を踏まえ，3歳児から低学年までを見据えた就学前教育に光を当てて"人間の教育"の根元に迫る。二つに，従来の幼児教育に関連した書籍の感覚としては，難しいという批判を浴びることを覚悟の上で，専門性を高めることを願う幼児教育者養成大学やキャリアアップを図る現職者だけでなく，広く一般の人々にも読んでいただけるような知の在所を考える。三つに，現在の幼稚園教員養成カリキュラムの内容を基本においてはいるが，今後の教員養成で必要とされる内容を加えて全巻を構成している。

　本シリーズ刊行に当たっては，萌文書林の服部雅生社長の大英断をいただいた。社会体制転換をしたポーランドが5年制の大学で修士論文を書いて初めて教員の入り口に立ち，一人前の幼稚園教員として認められるには14

年の学習研鑽と実践を積んで国家試験を通るという厳しいものであることを思うと，まだ日本の就学前教育の先は長いという思いもする。しかし，このシリーズによって教科書内容の重複を避け，教師・保育士の専門性を高めるために一石を投じたいという，長年，幼児教育界の出版に携わってきた服部氏だからこその決断をいただいたことに深く感謝する。

いつになってもこれで完成ということはない。多くの方々から忌憚のない意見を寄せていただき，次の時代への知の橋渡しができることを願っている。

2007年1月

シリーズ編者　青木久子・磯部裕子

本書まえがき

　1980年代半ばの臨時教育審議会以降，人々は，わが国の教育の現状に対して「何とかしなければ……」というまなざしで眺め，それにかかわり，様々な実践を試みてきた。今日，わが国の教育に対して，楽観的な思いを抱いている人はわずかであろう。おそらく，大多数の人が，「このままではいけない」という思いで，時に教育政策を批判し，学校や教師を責め，家庭や地域の無力さを嘆いている。それほど，教育は人々の関心事であるし，われわれの社会におけるきわめて重要な人間形成の一システムであることは，誰もが認識していることである。教育の対象を幼児に向けたとしても，同様の心性が人々の中にあるように思う。国は，少子化対策，子育て支援などの対策を打ちだし，「子どもを産み，育てる」というきわめて私的な領域の営みまでもが国家の関心事であり，同時に管理の対象ともなっている。

　社会はポスト産業化時代に突入し，学校化社会の終焉の時を迎えようとしている。学校教育は，今や混乱と同時に改革の真っ只中にあるといってもよいだろう。

　まさにこの時，本シリーズの企画がスタートした。長年，編集者の立場から幼児教育，保育士・教員養成にかかわっていらした服部雅生氏は，今この時に，幼児教育界に一つの風を吹かせることの意味を直観的に感じとっておられたのではないかと思う。著者のわれわれは，ただただ服部氏に背中を押されつつ，シリーズの発刊に着手した。

　あれから3年の時が流れ，ようやく第4巻が世に出る運びとなった。思えば，第4巻は予想以上に難産であった。まさにわが国の，第三の教育改革

にみる混乱とともに歩みを進めざるをえない状況となったからである。本書の執筆にとりかかりはじめたころ，著者らは，「教育基本法改正への動き」の整理を試みている。これから，教育基本法の改正について活発な議論が展開され，論点が整理されることを予想しつつ，教育における様々な問題を洗いだしていた。しかし，実際には，これが十分に整理される間もなく教育基本法は改正され，それに続き教育関連諸法案が次々と改正されていった。教育にかかわる者が，国の教育の根幹をなす諸法と法の基礎となる研究に向き合わずして，今何を問おうと言うのか，と自問自答しながら，今日の原稿は明日には捨てるという逡巡の時間を過ごしたように思う。

　しかし，混乱する今日だからこそ，慌てふためいて軽はずみな改革論を述べたり，表層的な実践を語ったりすることは避け，視点を定めて教育を眺めてみることが必要なのではないか。そうしたとてつもない問いと向き合う中で本書は，著者それぞれの視座から脱学校化社会の教育学を考究することを試みた。

　第1部は，学校という空間を問い直すための視座を提起した。近代社会を維持するためのきわめて優れたシステムであったこの学校空間が，今なぜこんなにも閉塞状況にあるのか。この空間の何が批判され，何を改革しようとしているのか。繰り返される論争の中で，われわれが本当に問うべきことは何なのか，錯綜する問題を検討した。

　ポスト近代化社会において，学校が再生するためには，構造的な学びの転換，子どもと教師の関係の再考，そして，学び合う人同士が出会い協同する拠点としての学校の構築が目指される必要があるのではないか，その具体的課題の整理を試みた。

　第2部は，明治の学制以来，学校化に寄与した教育学の位相を踏まえて，

新たに脱学校化に向かう教育学の位相を就学前教育の立場から構造化し，循環型社会（理性的共同体）への転換を提案した。第1章は，主体・客体二律背反の教育学が抱えてきた課題を浮き彫りにしながら教育学の構造と命題を整理し，就学前教育から生涯にわたる広義の教育学に位置づく場所論（トポス）の命題を試みた。第2章は，教育対象の場所論を展開し，第3章では江戸時代の循環型の社会システムや教育システムを捉えている。教育も所詮，社会・文化的営みの枠に縛られるものであり，大局として循環型社会に位置づかないかぎり，100年を周期に行き詰まりを迎える。環境だけでなく，人間形成そのものの環境を循環型に移行することは容易でないが，贅肉を落としてスリム化したところに，教育の本質が見えてくると考えるのである。

結果として，著者二人の，言及する視座を変えることにより，教育という営みがこんなにも見え方が異なるということを提示することになった。教育というきわめて複雑で多様な営為を，一方向から分析するのではなく，多面的かつ総合的にみていくことの必要性を感じるとともに，教育を語ることの困難と面白さも体験することとなった。

この後の時代の教育にわれわれは何を望み，何を構築しようとしているのか。今もなお終わりのない問いに直面している。読者諸氏には，本書が次代の幼児教育における"知の探究"への試みの第一歩であることと，脱学校化社会における教育に対する一つの問題提起の段階にあることをご理解いただき，実践および研究の場においてぜひともこの議論の続きを展開していただきたい。

著者であるわれわれが本書の執筆で経験したように，教育を語り，実践を論議することは，きわめて困難を伴う作業である。しかし，多面的に人

が生きる世界を見つめ直し，躍動する生に向き合う作業は，愉しい営為であることも確かである。

　読者諸氏の生きる実践と研究の場に，新たな議論が巻き起こり，具体としての教育が語られ，実践が生成されることを期待してやまない。本書がそうした議論を巻き起こす一つの契機となることができれば幸いである。

　最後に，本書の出版にあたり編集者の服部直人氏には，大変なご苦労をおかけした。朝令暮改のごとく激動する時代の流れの中で，いつまでも入稿できずにいる著者とともに仕事をする労苦を厭わず，最後まで励まし，寄り添っていただいた。ようやく，出版の日を迎えることができたことは，一重に編集者のご尽力のおかげである。ここに深く感謝申し上げたい。

2009年1月

磯部裕子・青木久子

目　次

第1部　学校という空間への問い

第1章　学校化社会の形成とその意味 …………………………… 2
§1　子どもの囲い込み空間としての学校 ………………… 3
1. 近代学校の空間の意味するもの ……………………… 4
   (1) 効率的教育空間の誕生―学級（クラス）というシステム ……… 6
   (2) 学校空間の意味 …………………………………… 11
2. 学校制度にある平等主義の矛盾 ……………………… 12

§2　学校化社会からポスト学校化社会へ ………………… 16
1. 価値の一元化の行方 …………………………………… 17
2. 学校知の矛盾 …………………………………………… 18
3. 学校的価値の内在化への問い ………………………… 20

§3　学校化社会を支える職業人としての教師 …………… 22
1. 制度の中の〈教師〉に課せられたもの ……………… 22
2. ポスト学校化社会の教師をめぐる語り ……………… 24
   (1) 技術的熟達者から反省的実践家へ ……………… 25
   (2) 教育関係論的アプローチ ………………………… 27
3. 学校教師のアクチュアリティ ………………………… 27

第2章　「学び」の再考 ……………………………………………… 31
§1　「学ぶ」ということ ……………………………………… 32
1. 学校知は「基礎」学力となりうるのか ……………… 33
2. 「学び」の問い直しの作業の中で―構成主義の問題提起― … 34
   (1) 構成主義による学びの転換 ……………………… 35
   (2) 構成主義のアプローチによるパラダイム転換 …………… 35

(3) レッジョ・エミリアとテ・ファリキの「学び」の実践 ……… 37
　　　(4)「学び」の場としての学校の課題 ………………………… 38
　§2　学力低下論争を超えて ……………………………………… 41
　　1.　学力低下論争の複雑さ ……………………………………… 41
　　　(1)「学力」から「新しい学力」へ …………………………… 43
　　　(2) 学力モデルと本質的問い ………………………………… 44
　　2.　新たな学びの姿として
　　　　　―フィンランドの実践が与えた衝撃― ………………… 46
　　　(1)「質（quality）」と「平等（equality）」の保障が両立する教育 … 48
　　　(2) 教える教育から学ぶ教育へ ……………………………… 49
　　　(3) 学ぶことを学ぶ …………………………………………… 51
　　3.　学びの質（quality）に対する問い ………………………… 52
　§3　「遊びを通して学ぶ」というアポリア …………………… 53
　　1.　「遊び」と「学び」の理解 ………………………………… 54
　　2.　「協同的学び」というアプローチ ………………………… 56
　　　(1) 対象世界との出会い ……………………………………… 57
　　　(2) 他者との出会い …………………………………………… 59
　　　(3) 自己との出会い …………………………………………… 59
　　　(4) 協同的な学びにおける対話的実践 ……………………… 60

第3章　学校のパラダイム転換 ……………………………………… 62
　§1　「子ども」へのまなざしのパラドックス ………………… 63
　　1.　子ども中心主義の難題 ……………………………………… 64
　　2.　「子どもは変わった」という語り ………………………… 68
　　3.　子どもに対する大人のまなざしの本質 …………………… 70
　§2　心の時代が物語るクライシス ……………………………… 72
　　1.　子どもの前に登場した「心の専門家」という新たな大人 … 72
　　2.　スクールカウンセラーとパストラル・ケア ……………… 78

3．空間と関係の構造の見直しへ ……………………………… 80
　§3　新たな学校空間の再構築へ ………………………………… 81
　　1．教育の市場化への問い ……………………………………… 82
　　2．構造から分断された問題を解決することへの問い ……… 84
　　3．教育の〈個別化〉・〈個人化〉からの解放 ………………… 86

第2部　教育学における思惟と行為の基底

第1章　教育学の構造と原理―位相の変遷を中心に― …………… 90
　§1　「学」とは何か ……………………………………………… 90
　　1．学と基本命題 ………………………………………………… 90
　　　（1）哲学的に思量する ……………………………………… 91
　　　（2）命題を語る立場 ………………………………………… 94
　　2．西洋と東洋の思考の枠組み ………………………………… 96
　　　（1）知の循環 ………………………………………………… 96
　　　（2）言葉の概念整理の必要性 ……………………………… 98
　§2　教育学の歴史的変遷―教育の主体と客体をめぐって― … 108
　　1．中世の教育 …………………………………………………… 108
　　2．新教育の原典にみる近代学校の教育学 …………………… 110
　　　（1）汎知主義の教育学：コメニウス ……………………… 111
　　　（2）硬教育としての実質的陶冶：ロック ………………… 112
　　　（3）自然主義の教育思想：ルソー ………………………… 113
　　　（4）国民教育への道のり：ペスタロッチ ………………… 114
　　　（5）相互作用としての教育学の構築：カント …………… 116
　　　（6）人間の教育：フレーベル ……………………………… 117
　　3．新教育運動にみる子ども主体の実践 ……………………… 118
　　　（1）公教育制度確立の意味 ………………………………… 118
　　　（2）農民学校の教育：トルストイ ………………………… 119

　　　　（3）プラグマティズム教育論：デューイ ………………… 120
　　　　（4）新教育運動の拡大と主客の視点 …………………… 122
　　　　（5）新教育にみる作業学校の論理 ……………………… 127
　　4．近代的価値観による「教育学の構造」の成立 …………… 133
　　　　（1）ラインの教育学の構造 ………………………………… 133
　　　　（2）教育学を学ぶ人々の知識の構造 …………………… 135
　§3　明治末から昭和20年代までの日本の教育学 ……………… 137
　　1．日本の教育・教育学の変遷 ……………………………… 137
　　2．篠原助市の論考 …………………………………………… 141
　　　　（1）教育学研究の中心命題―その1　教育理想― ……… 142
　　　　（2）教育学研究の中心課題
　　　　　　　―その2　教育の対象（主体と客体）― ………… 146
　　　　（3）教育学研究の中心課題―その3　教育方法― ……… 150
　§4　就学前教育からみた教育学 ………………………………… 155
　　1．教育学の対象と教育の対象 ……………………………… 155
　　　　（1）教育学に属し細論を構成する就学前教育 ………… 155
　　　　（2）義務教育に限定した"狭義"の教育学の有効性 …… 156
　　2．生の躍動にみる"広義"の教育学 ………………………… 157
　　　　（1）恩の世界と独学 ……………………………………… 158
　　　　（2）和田實の保育学の構造 ……………………………… 159

第2章　教育対象の場所論（トポス） ………………………………… 162
　§1　教育の対象 …………………………………………………… 162
　　1．教育の対象としての生活 ………………………………… 162
　　2．教育対象としての場所（トポス） ………………………… 166
　　　　（1）教育対象を生活とする限界 ………………………… 167
　　　　（2）教育対象を場所（トポス）とする根拠 …………… 170
　§2　場所（トポス）を教育対象とする教育学試論 …………… 173

       1. 場所(トポス)における教育理念・原理 ……………………………… 173
          (1) 陶冶を促す自得する場所(トポス) …………………………… 174
          (2) 理性的共同体とは ………………………………………… 175
          (3) 一人ひとりの教育実践を支える教育理想 ……………… 176
       2. 場所(トポス)における主体の自己組織化 …………………………… 178
          (1) 自己組織化という自然(じねん)と精神の合一 ……………… 179
          (2) 学習の陶冶性と教育の意義 …………………………… 180
       3. 教育愛と自然愛 ……………………………………………… 184
          (1) 自己組織化する敬愛者の関係 ………………………… 184
          (2) 教育愛とケアリングの位相 …………………………… 186
    §3 場所(トポス)を教育対象とする教育方法 ………………………………… 189
       1. 教育方法の原理 ……………………………………………… 189
          (1) 生活による自己活動 …………………………………… 190
          (2) 場所(トポス)における自己組織化の教育方法 ………………… 192
       2. 教育方法を支える陶冶財の役割 …………………………… 199
          (1) 学習材料論の先行研究 ………………………………… 200
          (2) 陶冶財を構成する試論 ………………………………… 204
       3. 個体能力主義評価からの脱却 ……………………………… 208
          (1) 評価する視点と尺度 …………………………………… 208
          (2) 評価と陶冶の関係 ……………………………………… 211

第3章　子ども観と共同体の位相―江戸期の真似びと理性の在処―　214
    §1 文化的な営みの中での成長発達 …………………………………… 214
       1. エスノグラフィ・フォークロアの視点 ……………………… 214
          (1) 柳田国男の民俗学への挑戦 …………………………… 214
          (2) 子育て文化の源流 ……………………………………… 216
          (3) 江戸時代の子どもの成長過程 ………………………… 219
          (4) 押返し，子返し，捨て子と子宝思想 ………………… 223

2. 子どもの自立と社会構造 ………………………………… 227
　　　（1）排泄にみるコミュニケーション構造の変化 ………… 228
　　　（2）自然と食と排泄が循環する文化 ……………………… 230
　§2　社会の中の教育と子ども ……………………………………… 234
　　1. 文化の捉え方 ……………………………………………… 234
　　2. 習い真似ぶ寺小屋 ………………………………………… 235
　　　（1）寺子屋と藩校，家塾等の習い・真似び ……………… 236
　　　（2）真似びの内容と方法 …………………………………… 237
　　　（3）ともに真似び合う市井の教育観 ……………………… 242
　§3　共同体の位相と場所(トポス) ………………………………………… 245
　　1. 「構造」・「循環」というテーゼと場所(トポス) ………………… 245
　　　（1）「構造」を構成する要素の位相 ………………………… 246
　　　（2）構造構成の要素を考える4視点 ……………………… 248
　　　（3）現代の"包摂"への取り組みと可能性 ……………… 251
　　2. 場所(トポス)における教育の位相と循環型社会 ………………… 255
　　　（1）自然(じねん)の理性的共同体 …………………………………… 256
　　　（2）教育における知の構造転換と場所(トポス) ……………… 258

結びにかえて ……………………………………………………………… 261

【引用・参考文献】 ……………………………………………………… 275
【索引】 …………………………………………………………………… 291

第1部

学校という空間への問い

　「学校」という空間の歴史は，近代の歴史でもある。「学校」は近代社会の成立とともに，誰もが「通うべき場所」として，その確たる地位を築きあげてきた。人々は，学校で学ぶことを「善きこと」として，その場所に足を運びつづけ，それによって得るあらゆる価値を「正しきもの」として受け止めてきた。しかし，近代という一つの時代の終焉は，「学校」がつくりあげてきた価値に，新たな問いを突きつけている。

　表面化する学校問題，やむことのない論争の只中にある学力問題，求められるばかりの教育改革。価値が多様化した社会の中で教育は，どこに向かうのか。その問いの答えを探るために，今一度，われわれが自明視しつづけてきた教育実践の場としての学校という空間は何だったのか。それを問うことから始めてみることにしよう。

第1章

学校化社会の形成とその意味

　1970年，イヴァン・イリイチは，『脱学校化の社会（Deschooling Society）』（邦訳『脱学校の社会』）の中で，学校教育のみならず近代的な価値観を無条件に受け入れてきたわれわれ近代人の価値観に警鐘を鳴らした。学校は，たしかに近代社会を構築するうえでなくてはならないものであった。しかし，その一方で，学校は，われわれの予想をはるかに超えた強力なシステムとして子どもの前に立ちはだかった。日常的に生きる場において学ぶ生活から，制度化された場（学校）において学習する世界への転換を求められた子どもたちは，次第に「ホモ・エデュカンドゥス（Homo Educandus）」（教育を要する人間）と化していく。近代という時代を経て，時代がポスト近代社会になると，この「ホモ・エデュカンドゥス」は，制度化された学校が生みだす価値観の危うさとうさんくささに誰よりも早く気づき，抵抗を始める。ある者は，学校権力と闘争し，ある者は学ぶことから逃走した。そして，今この制度がもたらした価値観を自明視するしかなかった大人たちが，なす術もなく立ち尽くしている。

　学校という空間は，われわれに何をもたらしたのか。そして，学校化された社会にわれわれは，何をみ，何を新たにつくりだしていかなければならないのか。まずは，われわれが「善きもの」として信じてやまなかった「学校」というシステムを問うところから始めてみたい。

§1　子どもの囲い込み空間としての学校

　教室の前方に黒板が置かれ，その前に教師が立つ。室内には同じ机，同じ椅子が整然と並べられ，30人あまりの子どもたちは，前方の教師の方向を向く。いや，すでに前方を向くように机が並べられているのであり，それ以外の選択肢がないかのように子どもたちは，机上に，国が検定した教科書を出し，同じ課題に取り組んでいる。

　これは，われわれがよく知る学校の風景である。かつてこうした学校で学んだわれわれと同様，今日の子どもたちの多くも，みな子ども時代をこの空間で過ごしている。

　われわれが知るこうした学校空間は，近代社会とともに誕生した。それ以前の時代には，たいていの場合，生徒一人に一人の教師がつき，教師はその生徒の学びに即して指導をした。「学びに即して」という表現は，いかにも今日的な「子ども一人ひとりの発達や能力に応じて」というテーゼを想像しがちであるが，当然，そのような近代教育的な思想に基づくものではなく，かつての学びの場は，子どもたちの「学びのままに」きわめて気ままで無計画に進められた。しかし，それでよかった。

　近代以前の社会においては多くの子どもたちは，大人とともに生活する中で生きるための知識を獲得し，「一人前」になっていった。文字（エクリチュール）ではなく，言葉（パロール）によって繰り返される事柄を，時間をかけて生活の中で身体化していった。

　江戸時代の末期に増加したといわれる寺子屋（手習い所）もまた，日常生活の中にある学びの場とは異なり，意図された空間には違いなかったが教師と子どもの関係，教育内容，教育方法など，近代学校のそれとは根本的に異なるものであった（第2部第3章参照）。

　これに対して，近代社会は，産業化社会に適応する多くの人材を必要とし

た。生産工程が機械化された工場においては，熟練した技術者よりも，システムに従順で勤勉な労働者が求められた。高度な技術と知識を身につけた一部の人間を育成するよりも最低限の読み書き算（3R's：reading, writing, arithmetic）を身につけた多くの市民を育成することが，急ぐべき課題となった。そのためには，従来の教育方法は，きわめて非効率かつ不経済なものであった。

こうして，社会が均一の教育内容を効率的に教授することを求めるようになると，それにふさわしい教育方法とそれを実現する空間が求められるようになった。

今や，われわれが当然のことのように受け入れている学校空間は，決して伝統的な教育空間ではない。たかだかここ200年の間に完成された新しい空間である。19世紀に誕生したこの新しい空間は，「児童の世紀」とよばれた20世紀において完成され，この間に強力な管理空間として子どもたちを囲い込み，規律化し，制度化されたものとなっていく。

当然，そこでは，新しい教育方法が開発され，新しい教育内容が検討され，そして新たな教師と子どもの関係がつくりだされていった。その一つひとつの開発や検討は，そもそも「子どものため」という美しいテーゼではなく，近代社会を構築するうえで必要なものという大前提のうえに，生みだされたものであった。

われわれが自明視している「学校」の姿もまた，その前提のうえにつくりだされたものなのだとしたら，それは何を物語っているのか。まずは，われわれの生活にきわめてなじみの深いこの空間の意味から考察してみたい。

1．近代学校の空間の意味するもの

教育学関係の概説書ではよく見かける図表1-1-1の学校風景。19世紀初期にイギリスのベルとランカスターが考案したとされるモニトリアル・システムによる実践場面である。多くの一般民衆に均一内容を効率的に教授する

ためには，一対一の教育方法は，きわめて非効率で，産業化社会が求める教育内容を教授するには不適切であった。そこでベルとランカスターは，教育の経済化と効率化を実現するために，一つの教場に，一人の教師と複数の助教（モニター）を配置し教育する方法を考案した。これがこのモニトリアル・システムである。

みなが一つの空間において同一方向（正面）を向いて学習する姿は，すべての子どもが同一内容を同一時間内に学習するという〈新しい〉教育を象徴する風景でもある。子どもたちが同一内容を学習する必然がなかった近代以前においては，こうした空間も時間も用意される必要はなかった。

しかし，近代社会は，すべての民衆を社会化するというプロジェクトの実現のために，この上ない装置を生みだした。それが近代学校である。みなが同一空間で同一時間を過ごすというその場は，近代社会を構築するうえで，きわめて優れた装置であった。当然のことながら，それは伝統的な教育空

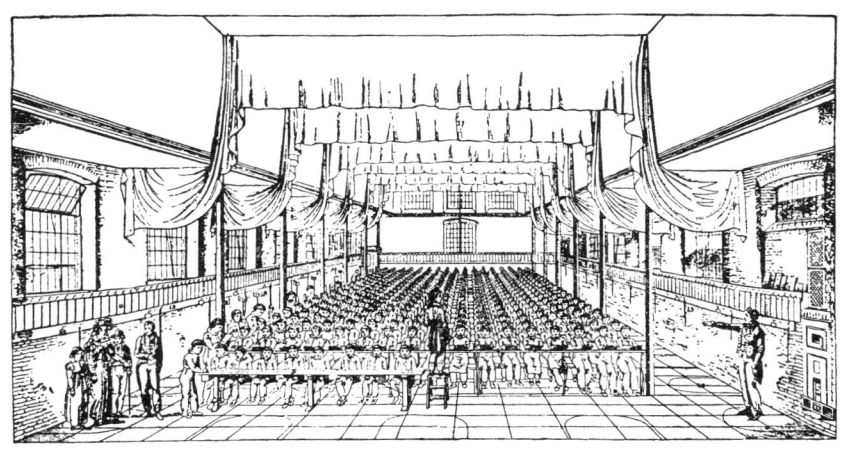

図表1-1-1　モニトリアル・システムの学校風景

尾形利雄『産業革命期におけるイギリス民衆児童教育の研究』，校倉書房，1964，口絵第15図
(C. Birchenough, History of Elementary Education in England and Wales from 1800 to the Present Day, 1925, pp.284-5)

間，教育方法に取って代わるものとして，19世紀以降，瞬く間に世界各国に普及していくことになる。

「一斉教授法」という今日では，ごくごくオーソドックスな教授法も，こうした背景のもとに誕生したのである。

しかしながら，近代学校が誕生した当初は，一斉教授法の効率性は，認められつつも，多くの場合，ある学校内で1つの集団（クラス）が一斉教授を受けていれば，その他の生徒は，復習をするなどして，個別に学習を進め，どの集団も同一内容を学習しているわけではなかった。今日的な一斉教授が採用されるようになるのは，19世紀の後半であり，都市の大規模校を中心にこの方法が定着していったのである。

なぜ，今日のような一斉教授法が定着していったのか。そこには一つの教室に在室している子どもたちには，同様の教育内容を教えることをよしとするという前提がなければならない。その前提とは，同一空間で同一時間を過ごす複数の子どもたちを，一旦単一の集団とすることである。そこには，当然のことながら，異なる興味・関心を抱き，異なる能力をもった子どもたちが存在しているにもかかわらず，あえて，それらの子どもたちを「ひとつの集団」とみなすことである。その「ひとつの集団」という発想こそ，個別の学習ではない，複数の子ども集団に同一の教育を一度に教授する一斉教授という新しい教育方法の成立を可能にしたのである。「ひとつの集団」それが，今日どの学校においても存在している「学級（クラス）」という単位である。

（1）効率的教育空間の誕生――学級（クラス）というシステム

一斉教授を設立させるためには，いくつかの条件が必要となる。まずは，空間である。多くの子どもたちが「一斉に」学習するためには，それらの子どもたちを収容する空間が必要である。近代以前の教育は，個人の住宅の一室や，寺や教会に隣接する小部屋で，少人数の子どもを相手に行われていた。しかし，こうした少人数の子どもしか収容できない空間では，〈新しい〉教育は実践できない。そこで，新しい空間には，まず多くの子どもを収容で

第1章　学校化社会の形成とその意味　7

図表1-1-2　モニターによる授業

尾形利雄『産業革命期におけるイギリス民衆児童教育の研究』，校倉書房，1964，口絵第18図
(J. Lancaster, The British System of Education, 1812, 巻末図版第3)

きる広さと，収容された多くの子どもたちが一斉に学習することを可能にする構造が用意された。

　たとえば，広い教場の前方には，教壇が設置された。これによって，一人の教師は一度に教室全体を見渡すことが可能となった。次に，すべての子どもが前方に立つ教師の方向を向くように，子どもたちの机は，整然と並べられた。これによって，教師は一人でも一度に子どもたち全体を見渡せ，管理することが可能となった。

　初期の学校においてはモニトリアル・システムにみられるように，配置されていたモニター（助教）は，教師ではないにもかかわらず，子どもたちに直接教授することを担当した。図表1-1-1のような全体の教授場面とは別に，10人前後のグループに1人のモニターが担当してグループ別での教授も行われた（図表1-1-2）。

　ここでつくられたグループは，いわば能力別，進度別グループである。学習内容が段階別に区分され，その内容の理解能力，習熟能力によって子ども

が配分された。したがって，それぞれの段階の学習内容をクリアしないかぎり，グループの進級はなかった。いわゆる「等級制」である。

しかし，このモニトリアル・システムを維持するためには，当然のことながら，一人の教師の役割を補完しうる有能なモニターの存在が必要であった。しかし，19世紀以降，学校で学習する内容が複雑で多様化していくと，モニターによる教育には限界が生じてきた。そこで，学校はさらなる装置と新たな教授者と生徒の関係を模索するようになったのである。

柳治男は，モニトリアル・システムの限界として，以下の3点をあげている[1]。

① 3R's以外の多様な教科や宗教教育，道徳教育が学校にもち込まれたことによって，モニターによる教育に無理が生じた。
② 一つの教場で複数のグループが別内容の学習をすることにより，教場は騒々しいものとなり，物理的な困難が生じた。
③ システム下の規律と秩序のみでは，生徒の授業への関心を維持することが困難となった。

こうした限界が次の新たなシステムを誕生させた。それが「学級」というシステムである。まずは，一人の教師によって監視可能な独立した空間をつくる。次に，教師の力量によって教授可能な学習内容の基準を決定する。そして，基準別の内容を，それぞれの空間で「着実に」教授するのである。しかし，いくら学習内容に基準をつくったところで，等級制を採用している間は，等級移動に個人差が生じ，集団の間に差異が生じる。つまり，「等級制」による集団構築の方法は，効率的で「着実な」教授がなされるためには，決して望ましいものではなかったということである。

教育成果を着実にあげていく必要のある近代国家が，より統一的に遂行される効果的なシステムをつくりあげなければならなかった。そこで次に採用されたのが「学年制度」である。これによって，一つの学級は，多様な年齢の集団からではなく同年齢の集団によって構成された。当然，その集団に収容された子どもたちには，生活環境の違いや能力の差があるに違いないう

え，学習に対する興味・関心も多様である。しかし学年制度は，基本的に一学年の子どもの能力は同じであるという，そもそも無理な前提をもって成立可能とするしかない。さらに，この集団は，子どもの意思や学習内容の理解はどうであれ，原則として，一年に一つずつ〈平等に〉進級していくことを保証するという二重に無理をかかえたシステムでもあったのである。

「学年」「学級」というシステムが誕生したことによって教師は，この集団の責任者として，運営とシステムの維持を任されることになった。

こうして，子どもたちはたまたま同年齢であったことを条件として，一つの集団に収容され，みなが同じペースで，同じ時間，同じ内容を学習することになった。カリキュラムは，より複雑化し，道徳や芸術，身体行動や生活指導，健康診断までもが学校，学級単位で管理され，それらを学習する時間や順番，優先順位も子どもの意思と生活の文脈から切り離されたところで決定され，進められるようになった。

わが国の学校制度も，「一切外国小学ノ規則ヲ以テ」定着した。これまでの身分制による教育内容，教育方法の区別を廃し，「邑ニ不学ノ戸ナク家ニ不学ノ人ナカラシメン事」を目指した教育制度の確立の中で，明治当初の学校は，当初「等級制」をとっていた。これは，教育課程をいくつかの段階に区分し，子どもはそれぞれの習得内容に準じて試験を受け，上級学級に進んでいくというもの*で，同一学級には多様な年齢の子どもが同時に在籍することになった。しかも学校制度がスタートした当初は，まずはどの年齢の子どもも就学することを優先課題とし，学齢を問わず入学を勧めた結果，県によっては満3歳から満19歳までが同一学校で勉学をするという異例な事態をも生みだした。こうした状況は，子どもの等級が増え，多様になればなる

＊　当時の等級制は，教科目ごとに等級を分ける「複分法」と科目の平均学力により等級をわける「単分法」があった。複分法においては，一人の生徒が教科目ごとに等級が異なるわけであるから，個別の能力に従って学級を分けることになる。さらに，飛び級制度の採用にみられるように，わが国の学校教育制度の初期段階では，同一年齢による一斉教授は，初歩的な学習段階においてのみ有効な教授法と考えられていた[2]。

図表1-1-3 教場指令法とランカスター・スクール

佐藤秀夫『教育の文化史 2』阿吽社，2005，p.26

東京師範学校の卒業生である林多一郎が著した『小学校教師必携補遺』（1874年）には，子どもの行動規制について示されている。当時東京師範学校で指導に当たったマリオン・スコットがアメリカで行われていた「教場指令法」の影響を受け取り入れたものといわれている。「一斉」に「集団」で行動する子どもの姿が描かれており，この方法もまたランカスター・スクールで行われていた規制方式（下図）と同様である。

Parker, Samuel Chester. A textbook in the history of modern elementary education: with emphasis on school practice in relation to social conditions. Boston; Ginn, c1912.

ほど多くの教員を必要とするため，経済的にも教員数確保のうえからも困難な状況を生みだした。

しだいに，等級制は，合級制（一人の教員が複数の等級を担当する）へと移行し，1891年第二次小学校令の付帯諸規則の一つである「学級編成等ニ関スル規則」によって，わが国においても学級制が制定されるに至ったのである。

(2) 学校空間の意味

こうして成立した学級制度は，この制度を維持するための空間を必要とした。19世紀末には，多くの民衆の子どもたちが就学するようになると，一つの学校に多くの学級をつくらざるをえない状況となった。そこで今日の学校のルーツとなる「兵舎建築」（いわゆるハモニカ校舎）が誕生する。これらの学校は2，3階の建物で，校舎の内部は，一般教室と職員室だけとなり，それぞれの教室の床面積，天井の高さ，窓の大きさなどが統一された四角い教室が配列され，それぞれの教室は，黒板を前にして均一の机が等間隔に並べられた。

わが国においても，明治末期までに学校に設置されていた「児童控所」も姿を消すことになった。「児童控所」は，昇降口，私物置き場，休憩所などを兼ねた場所であり，子どもが「授業時間外の時間」を過ごす場所でもあった。教室不足からこれらが教室に転用されたことにより，教室は，子どもにとって，「授業時間外もとどまるべき場所」になった。さらに，教室の片側に廊下がつけられ，なぜか「衛生上の理由」から全国的にその位置は北側が採用された。同時に，教室に差し込む直射日光を和らげるため，壁の色は「灰色（薄鼠色）ヲ最上トシ薄緑色及び薄藍色之ニ次ク」と定められた。こうして，瞬く間に子どもの囲い込みと学校の均一化は進められていった*。

＊ 佐藤秀夫は，北側廊下が採用されたことで，わが国の伝統的な民家の南側に似通った陽だまりの遊び場的な機能が廊下から消え失せ，通路または「お仕事場」としての「管理的機能」が

学校空間の均一化は，教育内容，教育方法の均一化と同調していく。こうして，同一学年の子どもは，同様の能力をもっているというきわめて無理のある仮説のもと，同一方法，同一内容の教育が，実施されるようになったのである。

　近代教育の歴史性を主張したフランスの思想家ミシェル・フーコーは，著書『監獄の誕生』[4]においてこうした学校の風景を，ひとつの「パノプティコン（一望監視装置）」（図表1-1-4）であると指摘した。パノプティコンは，その円周状の建物の内部では人は完全に見られるが決して見るわけにはいかず，中央部の塔の中からは人は一切を見るが決して見られない構造となっている。囚人は，監視塔の看守からはすべてを看られているにもかかわらず，囚人からは，看守は見えない。この一見よい環境＊にみえる監獄の中で，囚人が自己を規律化していく。この監獄形式を，フーコーは規律訓練型権力のモデルとして説明する。つまり，人は常に監視されているということを自覚することによって自己監視のもとで自己を規律化させていく。その構造は，まさに学校空間も同様であり，それは，近代化，産業化とともに犯罪者や精神病患者が収容された施設，病院と同様の空間であるとフーコーは指摘したのである。

2．学校制度にある平等主義の矛盾

　こうして限られた階層の人々のためのものであった学校は，近代以降，一

期待されるようになったと指摘している[3]。昨今の新しい学校建築は，学校の中に子どもの居場所としてのデン（穴蔵空間）やウッドデッキ，和室空間をつくるなど空間の見直しが進められている。学校に子どもたちが自由に過ごせる居場所をつくることは，子どもの自然な生活を考えれば当然のことであるが，「学校」にとっては，難しい課題でもある。

＊　「パノプティコン」は，イギリスの功利主義哲学者のベンサムが考えた円形監獄である。地下監獄よりも良い環境としての監獄として，すべて（pano）みる（pticon）監獄を考案した。またベンサム自身も，のちにパノプティコンの原理を学校に応用するプランを『クレストマティア』に著している。

第1章　学校化社会の形成とその意味　13

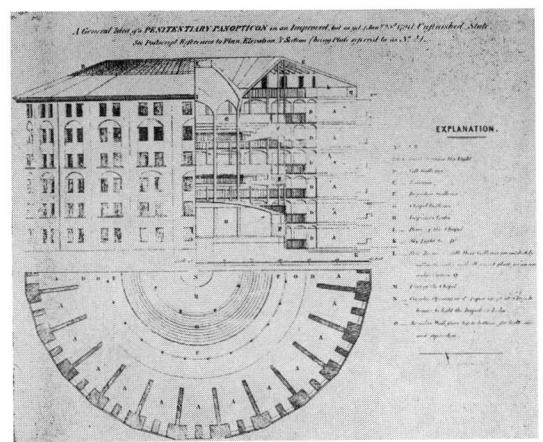

上：J・ベンサム作，一望監視施設の設計図（『ジェレミー・ベンサム著作集』ボーリング版，第四巻，pp.172-173）。

下：A・ブルーエ作，585名の受刑者を収容する独房監獄の設計図（1843）。

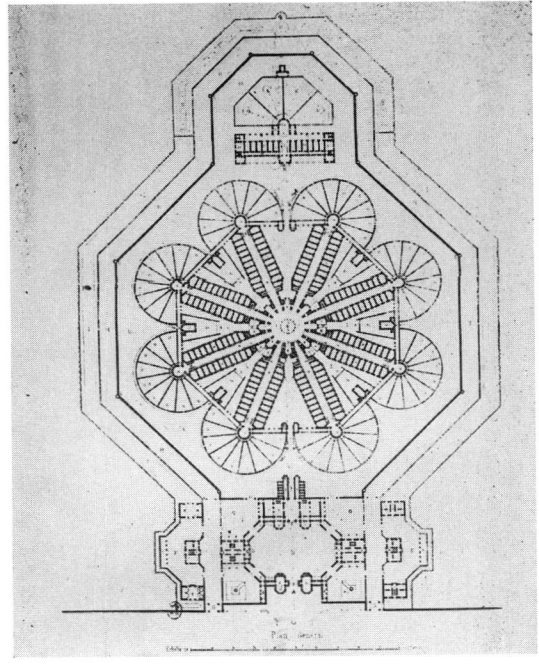

ミシェル・フーコー／田村俶 訳『監獄の誕生：監視と処罰』新潮社，1977，口絵 No.17, 22

図表1-1-4　パノプティコン

般大衆をもその対象として，拡大しつづけることになった。もちろん，学校という空間を用意するだけですべての国民が，教育を受けることが可能になるわけではない。そこで，各国が成立させた制度が就学の義務化，教育の無償化，教育の中立性という3原則を柱とした義務教育制度＊である。「義務教育」が意味するところは，「個人の意思」によって就学を選択するのではなく，「国家の意思」によって就学を義務づけることにある。つまり，近代学校は，「国家の意思」を遂行する空間として誕生したにほかならない。近代以前の社会において，就学の機会が与えられるか否かは，彼らの身分や家柄という「属性」によって決められていた。近代以降，教育の機会が大衆化し，義務教育制度が完成すると，形式上は就学の機会は，すべての人に開かれることになった。これによって，国民は，「平等に」共通の知と文化を伝達される存在となった。その意味で，義務教育の成果は大きい。

　しかし，その一方でこの「平等」の概念もまた，近代教育の構造を支えるキー概念の一つとなりつづける。属性によって受ける教育に差異が生じていた近代以前と異なって，すべての国民が教育を等しく受けられるようになったことは，「平等」な社会における教育システムということもできるだろう。しかし，偶然に年齢を同じくした子どもが同一空間で同一時間を過ごし，同一の教育内容を教授され，等しく進級するというシステムは果たして「平等」なのか。

　義務教育期間終了後，子どもたちは，進学するか否か，あるいはどこに進学するかという選択に迫られる。その選択の際に基準となるのは，たしかに属性ではない。しかし，彼らの全くの自由意志で選択できるわけでもない。そこで基準となるのは，「能力（学力）」である。近代以降登場した「能力主

＊　わが国においては就学させることが親あるいは後見人の義務であると法律に明文化されたのは，1886年の第一次小学校令であるが，就学義務が厳密な意味で確立されたのは1900年第三次小学校令である。それ以前においては，政府の思うようには，就学率は上昇せず，学校に通っている子どもには，「就学牌」，「就学札」などとよばれる札のようなものを子どもにつけるなどし，就学していない子どもと区別することも試みられた。

義」は，近代以前の属性による支配を乗り越える原理には違いないが，この「能力（学力）」の尺度は，きわめて一元的な点数，つまり成績という形で示される。

そもそも人間の能力とは多元的で複雑なものである。その複雑な能力を一元的に測るということには，無理や矛盾が付きまとう。それでも，この尺度が採用されつづけたのは，これによって，測られる能力が，「努力さえすれば必ず能力は上がるものだ」という誰もが疑わないイデオロギーをつくりだすために，きわめて合理的なものであったからである。

こうして，すべての階層の子どもが，努力すれば成績が上がる，成績が上がればエリート学校に進学できる，そうなれば階層移動が可能である，という一見平等な競争原理に巻き込まれ，この競争に参加することを拒否する意思さえも示せないまま，学校に行くことを「当たり前」とする社会が完成していったのである。

ここで，再度，先の問いに立ち戻ってみよう。この制度は本当に国民に「平等な」ものであっただろうか。答えは，「ノー」である。社会学者ブルデューが示したように，学校システムは階層や階級を再生産するための装置にすぎない[5]。いくつかの例外を除いて，上位階層の子どもは上位に，下位階層の子どもは下位に位置づくような傾向は顕著である。それは，上位階層の子どもは能力が高く，下位階層の子どもは能力が低いということを示しているのではなく，学校という空間で行われる「みなが同一空間で同一時間を共有しながら進められる教授行為」を含むシステムは，支配階級に優位なようなハビトゥス（社会的に獲得された性向の総体，身体化された歴史）を形成する場となっているからである。ハビトゥスの違いは，学校知の獲得度合い（学力）に反映しやすい。その結果，学校は，再生産の場であると同時に，その構造を本人たちに納得させるための，きわめてわかりやすい装置ともなっていくのである[*]。

こうして，近代学校は，「平等主義」「能力主義」という華々しいイデオロギーのもと，すべての子どもが通うべき場所となった。それは，新たなメリ

トクラシー社会[7]**(メリット,つまり能力のある人々による統治・支配が確立する社会)でもある。そして,そこでいう能力は,「結果としての能力主義」「測定可能な能力主義」であったゆえに,最終的には,測定された能力別に配分された学校の履歴(学歴)によって,新たな価値が決定されていくことになるのである。こうした状況は,やがて,学校の価値が社会の価値となるような構造をつくりだす。それが,イリイチが指摘した「学校化社会」なのである。

§2 学校化社会からポスト学校化社会へ

イヴァン・イリイチは,その著書『脱学校の社会』の中で,教育を受けるのは子ども期のみであり,学校だけが教育を受けるところであることを人びとに意識づけている近代の教育制度は,学校に通うことイコール教育を受けることという発想を生む。それによって,「学校」という教育空間の教育価値が過剰となり,人びとが社会制度に対して依存状態になると指摘し,これを自明視する社会を「学校化社会」とよんだ。

また,宮台真司,上野千鶴子らは,「学校的価値が学校空間からあふれ出し,にじみ出し,それ以外の社会にも浸透していく」[8]ことを「学校化社会」と定義した。学校的価値が,学校空間からあふれだすとはどういうことか。それは,学校内で用いられていた尺度が,学校外での社会でも使用され,そ

---

* ポール・ウィルスは,イギリスの労働者階級の男子学生たちが,自ら進んで(納得して)劣悪な条件の仕事につき,決して階層移動を目指そうとしないことの構造を示している[6]。
** ヤングによれば,メリットとは,能力と努力の2つの構成要素からなる。メリトクラシーは,能力主義とも言い換えられ,個人の属性よりも能力と努力からなるメリットが採用される社会をいう。苅谷は,わが国において,1960年代まで,教育の機会の拡大が社会の平等化を進めると考えられていたのは,教育を通じた選抜がメリットを基準としたものであったからであり,属性の影響は被らないと考えられていたからであると述べている。

れが絶対的価値をもちつづけるということである。今という時を将来の準備のために費やし，努力し，よい点数をとる。よい点数をとることこそが，努力の結果として認められ，その生き方が価値あるものとなる。その価値が，学校という空間以外，つまり家庭や社会においても有効なものとして生きつづけるということである。

1．価値の一元化の行方

　学校内で用いられている尺度が唯一のものであるということは，その尺度は，学習者本人だけでなく，他者にも向けられるということである。点数で評価された結果は，努力した結果でもあり，努力しなかった結果でもあるとみなされる。よい学校にいけなかった生徒は，「努力しなかった」のだから仕方ないのであり，よい学校にいけた生徒は，「努力した」結果として今がある。そこでは，本人の興味や関心や点数化されない能力は，評価されることはない。そして一元化された価値は，学校を卒業した後までも，子どもたちに付きまとう。つまり，学校で学ぶ期間は，きわめて限られた時期であるにもかかわらず，その時期に獲得した価値は，その後の人生のきわめて長い期間にも継続した意味をもちつづけるのである。

　価値の一元化された世界だけで生きてきた世代が，親となり，教師となり，この国を動かす世代となっている今日，皮肉にも「価値の多様化」時代を迎えている。一流企業の倒産，生涯雇用制度の崩壊，ITベンチャー企業の台頭等，近代社会がつくりあげてきた経済社会の構造は，崩壊の兆しを見せはじめている。雇用形態やライフスタイルが多様化する社会の中で生きる大人の姿を見ながら，自分の生き方の選択を迫られる子どもたちは，もはや一元化された価値だけが，継続した意味をもつものではないことを誰よりも察知している。

　しかし，その一方で，一元的な価値を算出してきた学校は，ポスト近代社会の構造に新しい提言をできずにいる。大学全入時代に突入したものの，相

変わらず学校知を問う入試問題が出題され，偏差値は，子どもの能力を測り，学校の価値を示す未だ強力な尺度である。文部科学省は「新時代の教育」を様々な側面から提言しようとするが，構造的な改革はできずにいる。

学校からあふれでた価値観からみれば，フリーターもニートも引きこもりも不登校も学校的尺度では測りきれない生き方である。価値の多様化する社会に対して，学校だけが取り残されているといっても過言ではない。

なぜ，学校はこうした価値の呪縛から解放されないのか。「学校化社会」の困難さは，まさにこうした状況にこそみてとれる。

2．学校知の矛盾

学校で学習した内容は，日常には何の役にも立たないではないか，という疑問は，近代学校で学んだ経験のある者であるなら誰でも，一度や二度は抱いたことがあるはずである。そして，その素朴な疑問を大人たちにぶつけてみたところで，納得できる回答を得られることはないということもまた誰もが経験していることである。なぜ，大人たちは，この問いに答えられないのか。それは，この疑問は，「学校で学ぶ」ということの本質への問いであるからである。

学校で子どもたちに伝えられる知識，それをここでは「学校知」とよんでおこう。学校知はわれわれが日々生活する日常では，何も役に立たないのではないか，と学ぶ者たちがこぞって感じるのは至極当然なことである。なぜなら，そもそも学校知は日常知の文脈からは切り離されたところに意味をもたせ，正当化された知だからである。その知は，われわれの日常生活で有用か有用でないかという基準で選択されたものではなく，いわゆる科学として認められた学問を体系化した「科学知」でしかない。

したがって，多くの子どもたちは，この学校知と向き合う必然を，生活していくための知，今の自分の生活をよりよくしていくための知としてではなく，それ以外の目的を達成するための知であることを自覚しながら，この知

の獲得を目指していくのである。

 それ以外の目的とは何か。それは、知を獲得することそのものである。この知を獲得することが、今を生きる生活に役立つことはないとわかりつつも、知を獲得することを目的とするためには、知の獲得そのものに何らかの目的性が付与されなければならない。そして、その目的を明確なものとするためには、知の獲得の度合いが測定され、その結果を評価するという仕組みが必要となるのである。

 知の獲得度合いを測定する仕組みとは、言うまでもなく「試験（テスト）」である。その結果は、「客観性」という名の下、点数や偏差値といった数値で表される。ここで確認しておかなければならないことは、試験で測定される能力には、きわめて限界があり、それはいわゆる能力の一つの側面でしかないということである。しかしながら、学校という場においては、こうして客観的に測れる知をもってして「学力」としているのである。その限界を、子どもも大人もある意味で十分に理解している。しかしながら、代替可能な指標を示せずにいるがゆえに、「客観的」という名のもとに示されている「学力」を受け入れるしかない状況にあるともいえるだろう＊。

 われわれは、何をもってして「学力」と見なしているのか、それは本当は何を測定した結果なのか。「能力」や「メリット」とは何が異なるものなのか。これらの問いに向き合いつつ、これまであまりにも単純に理解してきた「学力」とは何かについて再考しなければならないところにきているといえるだろう（第2章参照）。

＊ 昨今、数値化されたテスト結果をもって評価する教育評価に対し、子どもの学びのプロセスを子ども自身、あるいは教師や親が記録し、評価する評価法が注目されている。ポートフォリオ評価がその一つである。総合的な学習やプロジェクト学習のように、子どもの学びのプロセスに意味を見いだそうとする学習においては、評価を数値化するのは困難だからである。評価法の見直しは、教育内容とその方法の見直しでもある。

3. 学校的価値の内在化への問い

そもそも、産業化社会以前の社会においては、子どもは、大人とともに生活して、大人の模倣をし、仕事に参加し、生きるための様々な知を獲得しながら生きてきた。子どもであるそのときも、ちゃんとした共同体の一員としての役割が与えられ、それを果たすことが求められた。その役割は、農民の子と商人の子とでは異なるものであり、年長の子と年少の子、男女においても求められる役割、獲得すべき知が異なった。そこでは個別の学びに手が差し伸べられ、まさにその子にふさわしいペースと内容で日常知を獲得していった。

しかし、近代社会では、どの子にも平等に「学ぶべき事項」（学校知）の獲得が宿命づけられた。どの階層に生きる子どもも、個別の学びではなく、科学的根拠に基づいた発達段階ごとに、選別され、順序づけられた科学知が教授された。子どもの学びは、日常の世界から抽象的な世界に移行し、子どもは大人の〈適切な〉配慮に基づき、教育されるヒト（ホモ・エデュカンドゥス*）として生きることを余儀なくされていったのである。

こうして、子どもたちは、「日常の文脈とは切り離された知を獲得することをもってして、〈学習〉とする」という学校システム中で構築された価値を、内在化していくことになる。

子どもたちは、学校知を獲得することが、学校というシステムの中での、優先される目的となること、そして、そこで獲得された価値は、学校という空間を離れても、様々な場面で、意味をもちつづけること、そのことそのものの意味を学習する。時に、「これが何の役に立つのだろう」という疑問をもちながらも、学校化社会は、彼らにそれ以外の価値を見いだすことも、

---

* 「ホモ・エデュカンドゥス」とは、「学校化社会」を指摘したイリイチが用いた概念で、「教育を要するヒト」という意味。知るべきこと、為すべきことのすべてを教育（教授）されなければならない人ということであり、まさに、学校化社会の産物ともいえる。

〈学び〉の本質も伝えることもせず，学校システムを揺るぎないものとしてきたのである。

しかし，今この強力なシステムが問われている。時代は，近代産業化社会の終焉を迎え，情報化社会かつ消費社会のポスト近代化社会を迎えている。平均的で画一化された生き方ではなく，多様な生き方が可能な社会となり，学校で得られる情報よりも魅力的かつ多様な情報が容易に入手できる時代になった。

いわゆる記号を操作するだけの〈学習〉からの脱皮，子ども期イコール学習期，子どもが学校へいくことの必然に対する問い，閉鎖された学校空間の開放等々，これまでわれわれが自明視していた「学校」とそれによってシステム化された社会の強固な地盤が崩れつつある。崩れつつあるというより，もはやこれらが機能しない時代となりつつある。学校教育のパラダイム転換が求められているのである。

上野が述べるようにあっさりとサヨナラできるほど，学校化社会は，単純な構造を呈しているわけではなく，複雑で強靭なシステムである。しかし，その一方で，内在化された学校的価値が揺れ動いているのも事実である。表面化する学校問題は，ある意味でその象徴でもある。

学校的価値が崩壊するとき，学校化社会で生きていた人々は，ホモ・エデュカンドゥス（教育される人）からホモ・ディスケンス（自ら学ぶ人）への変容が求められる（p.40参照）。近代学校は，もはやわれわれの知る同一空間で同一時間内に同一の教授行為がなされるという「学校空間」ではなくなり，新たな人と人との関係を構築し，新たな知を生成する場として生まれ変わることが求められている。

§3　学校化社会を支える職業人としての教師

　教師という専門職は,「学校」という近代的空間が誕生したことによって登場した専門職である。もちろん,学校という空間が誕生する以前にも人は,生きるために何らかの術を学びながら生活してきたが,そうした生きていくための知恵や技は,先達(親や師匠,仲間や自然)とともに生活する日常の中で学んだのであって,システム化された学習の場において学んだわけではない。そこには,教師たる「教えること」を専門とする職業人や,整理された学習内容(「教えること」)があったわけではない。

　子どもを囲い込む空間として誕生した近代学校において教師が求められる最大の役割は,教育対象としての〈子ども〉を,学校教育というきわめて優れたシステムの中で,国家の構成員としてふさわしい人間に育成すること,それであった。

　教師が,われわれの知る〈教師〉(近代的教師)となったとき,〈教師〉に何が起こったのか。そして,学校の閉塞状況が問われる今〈教師〉の役割はどこに向かおうとしているのか,考察してみたい。

1. 制度の中の〈教師〉に課せられたもの

　近代以前の社会では,人間は,共同体の中で,その構成員と生活することで学び,「一人前」になってきた。そこには,「教師」という職業人は存在しなかった。エフェの子どもたちは計画的に指導されることもなく鉈を使う技を身体化し,ヘアーインディアンの子どもたちは,「教えてもらう」という文化の中に生きることなく学んでいく。彼らは,「だれだれから教わる」のではなく,自分でやってみて,自分で修正し,自分で覚えるのである。そのように考えると,「教師」という存在は,きわめて限られた時代と社会にお

ける役割ということになる。

　歴史的にみると，近代以前にも「師」とよばれる役割がなかったわけではない。ソクラテスは「真の教師」と称されているわけであるから，古代ギリシャという時代にあって，それにふさわしい役割を担っている存在であったといえる。しかし，周知のように，彼は「何を教えようかというような計画があるわけではなく，教室などもたず，月謝などもとらない教師」であり，アテナイの町で青年たちを相手に倫理的な問いを発し，巧みにアポリアに陥らせるその行為をくり返した彼は，問いに対して一つの正解に導く近代の教師のそれとは大きく異なっている。ギュルドルフ＊が「人類の教師」と称したソクラテスは，われわれの知る近代の〈教師〉とは似ても似つかぬ存在ではあったということである。

　徒弟制度が成立していた時代においては，徒弟は，師匠あるいは親方といわれる人のもとで，ともに生活し，ともに仕事に携わりながら，師匠の技を学んだ。ここで徒弟が学んだ内容は，単に師匠の仕事内容，仕事における技だけではない。師匠の立ち居振る舞い，言動，生き方，それらすべてを学んだのである。「背中を見て学ぶ」「仕事の技を盗む」といった表現がなされるように，ここでは，徒弟は師匠を真似すること，模倣すること（ミメーシス）イコール学び（まねび）となる。したがって，この場面においては，師匠側に明確な教育的意図も計画された教育内容もない。師匠は結果的に[9]「教師」となるかもしれないが，師匠の側には，弟子に対して教育対象としての〈まなざし〉があったわけではない。

　それに対し，学校の誕生とともに，生まれた〈教師〉は，子どもの日常生活を管理し知を伝達することが課せられた。職業としての〈教師〉は，教育対象である子どもと対立的に位置し，教育対象化した子どもの成長の物語を

＊　ギュルドルフは，『何のための教師』の中で，ソクラテスは，「本当に大切なもの」だけに心を向けていた人類の教師だったと述べている。ギュルドルフに限らず，ソクラテスは，しばしば「普遍的な価値を備えた教師の中の教師」のように語られるが，それは，近代的教師とはまったく異なる文脈における「教師」である。

実現することがその役割となった。それは、かつて師匠が、徒弟と共有の生活の場に生きた状況とは異なり、教師と子どもは制度的関係の中でのみ生きる他者となったわけである。

　子どもの生活の場から切り離された教師は、当然のことながら、学校という制度の中で、機能的かつ組織的な働きを期待される。つまり、学校化社会の制度を担う者として、この専門職は機能していくことになる。

　ヘアーインディアンやエフェの事例は、人間は「教師」たる存在がなくとも、学ぶということを物語っている。近代社会は、なぜ〈教師〉を必要としたのか。教師とはいったい何なのか。再びこの問いに戻ることにしよう。

2. ポスト学校化社会の教師をめぐる語り

　近代の教師は、産業化社会、民主主義的な社会を担う主体であり装置として誕生した。〈教師〉が、近代社会を担う装置であるだけであれば、教師論は、明快である。しかし、しばしば教師論が混乱するのは、教師という職業は、専門職（のよう）でありながら、そう言い切れない実態、科学知を求められつつ人間的魅力を求められる様相、組織（国家）の被雇用者でありながら、終わりのない職務内容というような曖昧な実態があるからである。こうした職業の曖昧さは、教師に対する語りをきわめて複雑にしている。

　これまでにも数多く論じられてきた教師論が「教師はいかにあるべきか」という規範論か、「教師はいかに教えるか」という技術論か、はたまた教員養成や学校制度と連関した制度論の中で、浮かんでは消えていく議論の繰り返しの様相に終始するのは、教師という存在への問いがこの曖昧さから抜けだすことができなかったからである。

　教師の語りが曖昧である一方で教師は、教育的営為の主体でもある。制度に生きる教師は、その実践の内容や方法も、制度や政策、そして産出される言説によって規定されてきた。さらに20世紀以降の科学の発達は、教師の教育実践に強い影響を与えることにもなった。たとえば、デュルケームによ

る教育学（教師による現実の教育実践を問う実践学）と教育科学（教育という社会的事実を扱う社会科学）の区別は，教育実践という営為を社会的文脈から切り離したまなざしを生み，ソーンダイクやスキナーらによる行動科学の台頭は，教育という個別的かつ具体的な臨床を効率的かつ一般化したプログラムに集約されたシステムの中で，読み取ろうとするまなざしを生んだ。

こうした教育技術の科学化は，さらなる教育の制度化を進めることに貢献した。「目標，達成，評価」の直線的かつ単純なプロセスで実践が形作られ，客観テストや成果の数値化のシステム開発により，教育実践という複雑な臨床の物語は，単純で単一な記号で示されるようになった。教育実践へのまなざしは，その内側（意識・経験）を外側（科学・技術）から一般化し，合理的に統制するものとして一元化されていったのである[10]。

教師は，否応なしにこうした変化の波の中にも巻き込まれていく。より効果的な教授法や客観的な評価法が開発されれば，それらを実践するのは教師に他ならないからである。教師をめぐる語りは，こうしたきわめて曖昧で複雑な中にある。教師文化もまた矛盾に満ちている。学校教育がポスト学校化社会を迎えるとき，学校化社会を担ってきた教師をめぐる構造と語りも見直す必要に迫られるだろう。

「教える存在としての教師」と「教えられる存在としての子ども」という役割を解体し，新たな存在意味と関係を生成していく必要がある。

（1）技術的熟達者から反省的実践家へ

ドナルド・ショーンは『反省的実践家：専門家は活動過程でどう思考しているか』という著書の中で，建築家やカウンセラーや経営コンサルタントなどの専門家は，「問題状況との対話」と経験で培われてはいるが「概念化されていない知（暗黙知）」を駆使しながら，対象（クライアント）と向き合い，その問題解決に向かう。それは，「活動過程における省察」であり，「技術的熟達者」としての専門家とは本質的に異なる専門家像を示した。いわゆる「反省的実践家」である。

従来の専門家は，最新の科学理論や技術を習得し，技術的合理性の原理をもとに実践にそれを適用する実践者であった。しかし，こうした「技術的熟達者」のもつそれは，個別的，具体的かつ複雑な臨床の場においては，往々にして生きる技となりえない。「技術的熟達者」としての教師も同様に，実践の場に日々生成する問題をその専門的知と技をもってしても解決できない。実践は，きわめて不確実性に満ちた場であるからである。

　反省的実践家に求められるのは，「特定の普遍的で客観的な理論や技術ではなく，複雑な文脈と複合的な問題に対応できる『洞察』と『省察』と『反省』の能力であり，それらの実践的思考を基礎として専門家にふさわしい見識と判断力である」[11]。

　ショーンによる「反省的実践家」の専門家像のパラダイム転換は，混沌としていた1980年代以降の教育の研究と実践の双方にとって，注目されるようになった。

　佐藤は，その理由を以下のように説明している[12]。

① 　教師の専門性は，マイナーな専門職から反省的実践家としてもっともふさわしい専門職として再定義された。
② 　「技術的合理性」によって生み出していた実践の場の硬直した官僚主義と瑣末な技術主義の弊害の見直しの契機となる。
③ 　「反省的実践家」としての専門職化は，同僚との協同関係を築き，子どもと親との民主的連携を形成する方向を開示した。
④ 　「反省的実践家」の実践的認識論は，それ自体が専門家の学びの理論であり，教室の学びを改革する示唆を含んでいる。

　このように一旦「教える存在としての教師」という枠組みを解体してみると，臨床の場に立つ専門家の新たな役割が見えてくる。たしかに，学校という実践の場には子どもがいて教師がいる。しかし，そこに生成する関係は，「教える存在」と「教えられる存在」の関係だけではなかったのではないか。この「教え―教えられる」関係を見直すことは，技術的熟達者を越えた存在としての教師の新たな位置をつくりだすことになるのである。

(2) 教育関係論的アプローチ

近代教育学は、子どもの発達の物語に依拠しながら、教える教師と教えられる生徒の関係を一対の概念として捉えてきた。両者の関係は、制度的関係でしかないにもかかわらず、それを実体的概念であるかのように受け止めてきた。高橋は、こうした両者の捉え方に対し、「近代社会において制度化された「教師―生徒」という枠組みをあたかも不動の実態であるかのように受け取ってしまうと、そこから導き出される教育関係論は、まことに貧しいものとならざるをえない。どう考えてもAはBにどう働きかけるべきか、Bはどう学習すべきか、という技術的関係を抜け出すことができなくなるからである」[13]とのべ、AとBを対立する一対の補完概念としてではなく、同じ地平（社会的世界）を共有する相手として理解することにより、新たな視野を見いだすことができるのではないかと提案する。

教師と生徒の関係を一対の補完概念でみるということは、生徒を教師の教えるまなざしから解放することはない。高橋らは、人間形成（広い意味での教育）における関係を教師と生徒という一対の関係から捉えるのではなく、「大人になる」「一人前になる」とはどういうことなのかという、人間の自己生成の物語として捉えることの意味を主張する。それは、学習論（学ぶとは何か）にも立ち返る問題である。

制度化された教育世界の中で、教える教師を語るのではなく、子どもの生きるトポスに存在する他者であり、子どもの世界の外部に立つ者としての教師を見るとき、教師は、教える存在としての教師から解放され、同時に子どもは教師の教えられるまなざしから解放されることになる。

3. 学校教師のアクチュアリティ

学校知を獲得することにある種の意味があった時代は、教師の学校知を伝達するという役割にも、ある種の価値と権威が付随していた。しかし、一元的な価値を算出してきた学校が崩壊し、教師と子どもの間にあった、権威と

権威に従うものという社会的枠組みが喪失すると[14]，教師という存在意味も変容を余儀なくされることになる。

諏訪哲二，中井孝章の指摘に従えば，今日の「教師―生徒」の関係は，「贈与ゲーム」「役割（交換）ゲーム」*を経た次なる段階にきているともいえる。中井は，今日の「教師―生徒」の関係を「欲望ゲーム」**とし，このゲームにおける生徒は，「学校の子ども（children with childhood）」としての役割を演じることを放棄し，主観（欲望）を絶対視した「この私」として教師に対峙していると指摘する。「『欲望ゲーム』では，生徒はもはや役割上の上下を反故にして，教師に対して市民社会で想定されるような，ひととひと（「我と汝」）という平等で対等な関係を求めてくる。その関係は，よく言えば『かけがえのない，この私＝本当の自分』同士の，悪く言えば『むき出しの自我』同士のかかわりなのである。そのため，生徒は自分自身が納得しない限り，教師の指示・指導を受け入れることはありえない。『欲望ゲーム』が遂行されている以上，たとえ学校のなかであっても両者はひととひとの関係」[15]となるのである。

一方，教師は教育の課題を一手に引き受ける存在にもなっている。これまで子どもが一人前になるまでかかわってきた家庭や地域の教育的役割が縮小されると，学校がそれらの役割までを引き受けることになっているからである。いまや子ども一人ひとりのしつけから社会問題まで，それらを担う存在として教師にその荷が負わされている。社会は，ものすごい速さで変化し，新たな課題と価値がうごめく状況となると，当然のことであるが，人々が向き合わなければならない課題は増幅するばかりである。そして，学校は，そ

＊　諏訪のいう「贈与ゲーム」とは，「与えるもの―与えられるもの」という非対象的な人間関係のことであり，学校が制度化した近代初期においては，こうした関係が成立しており，教師の指導を生徒たちは，受容することに大きな問題が生じない状況である。
　　「役割ゲーム」とは，機能的な人間関係を意味し，学校における教師＝教える人，生徒＝教えられる人という「役割」を双方が理解し，演じようとする状態をいう。
＊＊　諏訪は，そもそもこれを「エロスゲーム」[16]としたが，中井は，性的関係のニュアンスをさけるために「欲望ゲーム」という言葉を用いている。

れらの課題の唯一の受け皿となっているのである。環境教育，命の教育，IT教育，キャリア教育，心のケア……と，昨今の学校は，知の伝達という本来的な役割から，裾野を広げ，多様で不定形な課題にまで取り組まざるをえない状況と化している。

　たとえば，「心のケア」一つを例に考えても，それは実に複雑な課題である。

　教師には，「カウンセリング・マインド」が求められ，よい実践の大前提として，「子どもを理解すること」が条件づけられるようになり，その一方で教師が解決できない学校の難問を解決するために，スクールカウンセラー（心の専門家）が配置される。

　しかし，いくつかの先行研究が指摘しているように＊，学校の諸問題（その多くは制度的問題）は〈心のケア〉というような一面的なアプローチによって解決するようなものではなく，スクールカウンセラーが配置されたからといって（しかも，そのスクールカウンセラーは非常勤である），根本的に改善される問題でもない。むしろ心の理解という見えない課題へのアプローチの強要は，教師をさらなるアノミーに陥らせることにもなる。むしろ，教師としてのアイデンティティを確立するためには，逆説的ではあるが一旦「制度としての教師」という存在を再確認することも必要なのかもしれない。

　そのうえで，「教える―学ぶ」の関係を再考する必要がある。学校的価値が一元化している学校化社会の時代においては，学ぶ側（教えられる側）よりも教える側が明らかに優位であった。しかし，その価値が揺らぎはじめると，その立場が逆転し，学ぶ側（教えられる存在ではなく学ぶ存在）が優位に立つ。そしてそれがさらに進行しつつある社会では，学校は，消費者として

＊　藤田英典は，「いじめや不登校といった問題を〈心のケア〉によって対処すべき心理学的問題に矮小化している」[17]と述べ，小沢牧子は，著書『「心の専門家」はいらない』の中で，スクールカウンセラーの問題点を指摘した。また中井は，「スクールカウンセリング及びスクールカウンセラーの導入が教育関係の欲望ゲームを加速する可能性がある」[18]と指摘している。

の学び手に教育というサービスを提供する場となり，教師はその提供者となる。モンスターペアレントの出現や，教師の権威をなきものとして指示を無視し，学級をかき乱す子どもの出現は，親や子どもの変容によるものではなく，教師の力量のみに原因があるわけでもなく「教える―学ぶ」という両者の関係性の変化による現象ともいえるだろう。

　学校化社会の揺らぎは，子どもを囲い込んだ学校という空間から子どもを解放するという単純な帰結をもたらすのではなく，教える側の権威の喪失による教える教師と教えられる子どもとの関係を崩壊させることになったともいえる。それは学ぶ子どもを登場させることにもなるが，教える側の役割を否定することはないまでも，さらに不明瞭にもしたともいえるだろう。

　この複雑な構造こそ今日の教師のアクチュアリティである。ポスト学校化社会の教師は，こうした状況下において，子どもという学ぶ存在との関係づくりを迫られている。

第2章

「学び」の再考

　「学び」という言葉が，学校教育界のみならず様々な分野で使用されている。カルチャースクールや資格取得の各種学校，博物館や講演会などにおいてもそれぞれの広報のキャッチとして「学びの機会」「学びの場」「学びのネットワーク」…などの表現が多用され，もはやわが国においては，「学習」という行為と言語が，消え失せたかのようである。なぜ，これほどまでに「学び」という言葉が，人々に受け入れられ，われわれの日常言語と化したのだろうか。
　おそらく，上記の様々な場においても「学習」が展開されているに違いない。しかしながら，人々は「学び」を求めている。なぜだろう。
　佐藤学は，21世紀を「学びの時代」とし，学ぶことと生きることと闘うことが同義となる時代が到来しているという[1]。なぜ，こんなに「学び」という概念が注目されるのか。そして，「学習」を批判し，否定し，拒否している人々がなぜ，「学び」を肯定し，受容し，さらなる「学び」を求めようとしているのか。
　本章では，「学び」を再考し，なぜ今「学び」なのかを問うてみたい。その検証を通して，近代以降，人々の「学び」の中心的な場であったはずの「学校」という場の構造を検証することにする。

§1 「学ぶ」ということ

　わが国において、「学習」というタームが、「学び」というタームに転換し始めたのは、1990年代前後のことである。佐伯胖ほか編『学びへの誘い』、佐藤学『学びの快楽：ダイアローグへ』、佐伯胖『「学び」を問いつづけて』などの著書の出版が、議論の契機となったように思われる。佐藤は、その著書の中で、「学び」という言葉の導入の意図を「これまで外から操作対象として認識されていた「学習」を、学び手の内側に広がる活動世界として理解する方途を探索することが主な目的」としたうえで、次のように述べている[2]。

　　動名詞としての「学び」は、「学習」の活動的性格をよく表現するだけではない。この言葉は、「学習」といういとなみをいっそう幅広い視野から豊かに定義することを誘発しているように思われる。たとえば、「学び」という言葉は、その一回性と個別性を暗示し、その活動が個人が内的に構成する「経験」としての性格を獲得しうるものであることを含意している。言い換えると、教師は、教室において「学習」を操作し統制することはできても、子どもの「学び」については、触発し援助できても操作し統制することはできない。「学び」は、子ども一人ひとりが内側で構成する個性的で個別的な「意味の経験」にほかならないからである。

　このように「学び」という言葉の導入の意味を再考すると、「学習」の蓄積をよしとする場であった近代学校の課題が見えてくる。学校における「学習」とは何であったのか。われわれが自明視している「学校における学習という行為」そのものを検討するところから始めてみよう。

1. 学校知は「基礎」学力となりうるのか

　学校において教科内容として位置づけられ，カリキュラムとして提示されている知は，近代以降の社会が科学として認めてきた知であり，公的機関によって，選択され，配列されたものにほかならない。これらの知が，われわれの日常から切り離され，生きていくうえで，それほど役には立たないものであることは，教える者（教師）も十分自覚しており，それを学習する者（子ども）も，学習段階に入って間もなく自覚することになる。にもかかわらず，こうした「知の獲得度合いイコール学力である」という認識の渦の中に，巻き込まれた両者は，しだいにこの認識を自明なものとして身体化していく。結果として，学校知に対するある種の批判をもちつつも，それを否定し切れないという構造は，脈々と続いていくことになる。

　否定し切れない理由は2つある。1つは，今日の学校システムの大きな構造が変革しないかぎり，学校知が依然として評価基準であり，選抜機能をもちつづけているからである。大学全入時代といわれる今日でさえいやこうした時代だからこそ，学校知の選抜機能は依然として発揮されることになる。

　もう1つの理由は，学校で教えられるある種の知識（義務教育段階で獲得が目指されている知）は，学問の基礎知識であるという認識があることである。ゆとり教育を批判する論者たちの主張は得てしてこうである。「義務教育段階で教えるような内容は，そもそも学問の基礎である。この段階の知識は，叩き込むなり，教え込むなりしてある程度強制的に覚えさせなければ，次の段階には進めないのだ」と。

　しかし，これらの論者がそもそも「基礎」として捉えているものは何なのか。佐伯は，「知識そのものは，別に『要素』といって分類できるものはない。『土台』とか『基礎』の上に築かれている建物のようなものではなく，むしろ，様々な命題が互いに結び合い，からみ合っている巨大な網目のようなものである。どこが『基礎』で，どこからがその『応用』というものも，知識の構造そのものにはない。もし，そのような区別があるとしたら，それ

は，私たちが基礎を研究していくときに，ただ便宜的に，何らかの『知られている事実』をモトにしてみて，そこから何がいえるか，何がわかるか，とたずねてみるときに区別するにすぎない」[3]と指摘する。つまり，義務教育の初歩段階で学習する内容は，そもそも知識の体系において「基礎」から「応用」へと順に配列されているわけではなく，近代学校がその学習内容を選択配列し，教育課程を標準化する際に，「まずは，ここからはじめることにしよう」と単純に位置づけたにすぎない。この順序性を覆したからといって，決して「学力」が身につかないわけでなく，配列に従って定期的に行われる学校知検査いわゆるテストの範囲が混乱する程度のことである。

　佐伯が指摘するように，基礎とよばれるものが，知識の体系そのものにあるのではなく，知的探究の作業において，便宜的に位置づけられたものでしかないとするならば，「学校知」をめぐる議論とは，そもそも何なのだろうか。身につけたい「学力」とは何なのだろうか。

　われわれが恐れているのは，本当の意味で「学力」が低下することではなく，標準化された教育内容を獲得できないことによって生じる様々な社会システムからの逸脱にほかならない。まさに学校化された社会の中で，学校という機関で標準的に定められたある種の知を獲得できなかったことによる弊害（弊害があるかどうかさえ定かでないにもかかわらず）に対しての恐れである。

2.「学び」の問い直しの作業の中で──構成主義の問題提起──

　そうした「学び」という概念に対する関心は，「学び」を日常言語化しただけでなく，学問レベルでの問い直し作業を進めることにもなった。その思想的影響を与えた理論の一つは，構成主義の問題提起であろう。「世界でもっとも前衛的な教育」と評されたレッジョ・エミリアの保育もまた理論的に整理するならば，社会的構成主義の流れの一つと位置づけられる。

　構成主義の主張とは何であったか，「学ぶ」とは何なのかを考える一つのアプローチとして，構成主義の視点を整理してみることにしよう。

(1) 構成主義による学びの転換

　構成主義の理論には、いくつかの立場がある。1つは、ピアジェの発達理論をベースとした構成主義である。この立場は、学習する単位を個人として考察することから、個人的構成主義とよばれている。「知識は伝達されるものではなく能動的に構成されるもの」として、個々の学習者に生起する生物学的、心理学的メカニズムから学習を捉えようとし、人間の行為の意味は、個人的、主観的に構成される。こうした個人的還元論を越えて、分析の単位を社会的集団、あるいは文化と位置づけ、「知識は、社会的文脈に影響されつつ構成される」と捉える立場を社会構成主義という。デューイ、ヴィゴツキーらの理論に影響を受けつつ、個人は、社会的文脈から切り離すことはできず、個人の知識もまた社会の諸々の関係をもちつつ形成され、それらとの相互作用の中で、共同的に構成されると主張する。

　こうした社会的構成主義の立場は、学びを「共同体的・社会的に認識され、環境との交渉だけでなく、人と人とのコミュニケーションを基礎としているところに特徴がある」[4]とする。

　こうした構成主義の理論は、その理論の前提にやや違いがあるものの、これまで〈刺激と反応〉の関係で論じてきた行動主義学習論を越え、学校教育においてよしとされてきた学校知の蓄積、伝達型の教授法を見直す契機となった（次頁図表1-2-1）。そして、これらの理論に刺激され、実践の場においても学習方法の問い直し、教授理論の再考も進められている[5]。

(2) 構成主義のアプローチによるパラダイム転換

　こうした構成主義が示したテーゼは、学びの概念の転換をもたらした。それは、幼児教育の分野においても同様であったが、世界的に注目を集めた幼児教育の実践（後述する2つの実践）が学びの概念を再考するうえで大きな問題提起をすることにもなったことは、2つの点において興味深いことである。1つは、それらの幼児教育の実践が、近代教育がこれまで、乗り越えることのできなかった教育方法を再考するうえで、きわめて示唆的な実践を提

図表1-2-1　教育方法論の変化

	旧・学習の活動理論	新・学習の活動理論
学習の原理	伝達	参加
活動の単位	主体―客体の軸	主体―客体―主体の環
活動の対象	教科内容	文化
活動の性格	労働のアナロジー	遊びのアナロジー
発達の原理	内化の過程	内化―外化の統一過程
指導の論理	トレーニング	セラピー

庄井良信 編著『学びのファンタジア』渓水社，1999．p.104

示したことであり，もう1つは，これまでの学習論を否定することで，その独自性を主張してきた幼児教育にとって，新たな実践の提示がまさに新しい学習論であったことである。

　「学校知」の獲得を学力とみなすこれまでの学習観に対しては，一部の早期教育論の支持者を除いて幼児教育は一線を画してきた。遊びを中心とし，生活によって教育するという方法論をとる幼児教育においては，「学校知」の蓄積を目指す教育方法とは相容れなかったからである。

　幼児教育が「教育」という営為でありながら，他の教育実践と理論が共有できずにきたのは，単に幼い子どもを教育対象としているからではなく，「遊びを中心とし生活によって教育する」というアプローチにおいて，既存の学習論を批判しそれを乗り越えるだけの理論をもてずにいたからである。しかし，幼児教育が「教育」という営為である以上，そこで子どもが学ぶという営みをないがしろにすることはできない。幼児教育の「独自性」とは何なのか。学習論においてこそ明確にする必要があるのである。

　「遊びを中心とし生活によって教育する」という方法論は，invisibleな教

育である。したがって，子どもの中に何が起こり，何が変容したのかという学びの成果をvisibleなものとして表現しづらい。まして，これまで十分な言葉をもてずにきた実践は，「子どもは遊びによって学ぶ」と繰り返しながらも，いったい何をどのように学ぶのか，そしてその学びにどのような意味があるのかを，説明できずにいた。その結果，ある実践は，visibleなものでその代替を示そうとし，ある実践は，観念論に集約するしかなかった。

　構成主義による学びの転換は，その意味で幼児教育の「学び」を説明する新たな一ページとなった。イタリアのレッジョ・エミリアやニュージーランドのテ・ファリキの実践が，幼児教育のみならず教育実践そのものを再考するうえで，世界的に注目を集めたのも，それゆえである。

(3) レッジョ・エミリアとテ・ファリキの「学び」の実践

　レッジョ・エミリアでは，子どもたちは数人の仲間とグループをつくり，自分たちの興味に従って「プロジェクト」を行う。子どもたちは仲間（子ども，教師，親）とともに協働し合い，探究し，反省し，思考し，表現する。そのプロセスの中で，「知」を関係づけていく。それは，教師によって教授され，伝達された「知」ではなく，参加することによって，他者との関係を紡ぎながら構築する「知」である。

　それは，分断された体験ではなく，体系づけられ，知を構築する経験である。子どもは遊んでいるが学んでいる。それは，フレーベルがもっとも否定した「単なる遊び」ではなく，デューイが実現しようとした「意味ある経験」でもある。

　テ・ファリキの実践は，「学びの物語（learning story）」という新たな評価方法を導入することで，まさに子どもの「学び」を再考するところから，その環境を整え，保育内容を構築したものである。環境をつくるための視点は，① 健康と幸福感，② 所属観，③ 貢献，④ コミュニケーション，⑤ 探求心，の5つにあり，これらは，わが国の「領域」の考え方とは異なり，子どもが生活をするうえで（生きていくうえで）必要な価値観として選択し

たものである。大宮は、こうした価値観に敏感なテ・ファリキの実践に対して、「こんなことが大切にされる社会をつくりたいという未来像を描き、その担い手を育てるためにはそういう『価値観を先取りした社会』として園生活が展開されることが大事。なぜなら、そういう生活に参加することで発達するのが子ども達だから」[6]と述べている。

こうした2つの実践は、「学び」の概念の転換をもたらしたといえる。それは、教師と子どもの関係性（教える教師と教えられる子どもという関係）、授業（保育）の構造（教師が計画し、子どもがそれに従うという展開）に対する問題提起であると同時に、学びの協同性の意味と新しい評価（真正の評価）の意味を提示したともいえる。それらは、これまで近代教育の実践が自明視していた諸概念を問い直し、新たな実践を見いだす契機となったともいえる。

(4)「学び」の場としての学校の課題

構成主義の理論は、わが国の学習方法や教授理論にひとつの問題提起をしたのは事実である。しかし、こうした学びの検証が進められる一方で、学校の現実は、それらの検証を待ちつづけられるほど、緩やかな状況にあるわけではない。

図表1-2-2は、子どもの生活実態に関する比較調査である。日本の高校生は、他国に比べて明らかに学校以外での勉強時間が少ない。将来に対して期待や希望をもてずにいる実態も見えてくる。メリトクラシーが、決してヤングのいうように能力と努力を意味するのではないことを若者たちは、すでに読み解いているのだろうか。また図表1-2-3は、藤沢市の中学3年生を対象とした調査であるが、「もっと勉強したい」という回答が次第に減少し、反対に「勉強はもうしたくない」という回答が確実に増加しているのがわかる。「勉強すること」が子どもたちにとって、明らかに生きるための重要な課題となっていない。「勉強すること」は、子どもたちにとって生を充実させるための動機づけとはなっていないのである。

近代学校がその使命どおりに、近代社会を担う市民を教育し、社会を支え

図表1-2-2　子どもの意識調査

	日本	米国	中国
① 勉強について			
学校以外ほとんど勉強しない	45.00%	15.40%	8.10%
授業中，よく寝たり，ぼうっとしたりする	73.30%	48.50%	28.80%
学校をさぼることは絶対にしてはならない	30.80%	49.80%	63.80%
② 日常行動			
友達とほぼ毎日電話やメールをする	52.00%	30.60%	6.30%
（4時間以上する）	30.70%	10.50%	3.60%
③ 生活態度			
今の生活で何でもできるとしたら，一番したいことは，好きなように遊んで暮らす	38.30%	22.50%	4.90%
若い時は将来のことを思い悩むよりそのときを大いに楽しむべき	50.70%	39.70%	19.50%
調査時期	2004.9-11	2004.10-12	2004.10-12
サンプル数（高校生）	1320	1020	1309

(財)日本青少年研究所　第1回　子ども生活実態基本調査より磯部作成

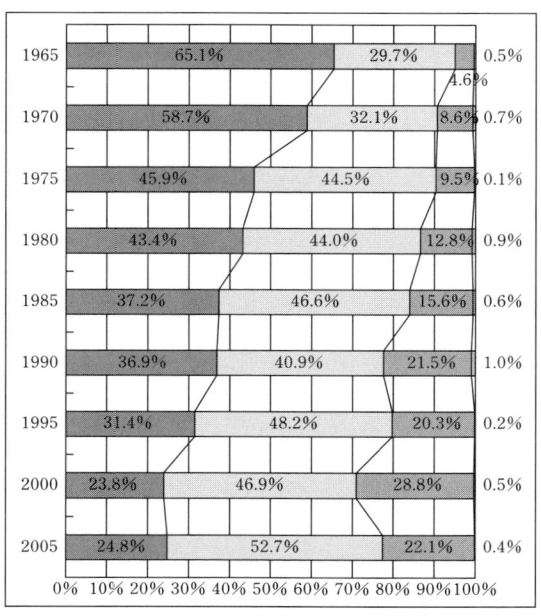

図表1-2-3
中学3年生の学習意欲

勉強の意欲「もっとたくさん勉強したいと思いますか？」

- もっと勉強をしたい
- いまくらいの勉強がちょうどよい
- 勉強はもうしたくない
- 無回答（一番右端の値）

年	もっと勉強をしたい	いまくらいの勉強がちょうどよい	勉強はもうしたくない	無回答
1965	65.1%	29.7%	4.6%	0.5%
1970	58.7%	32.1%	8.6%	0.7%
1975	45.9%	44.5%	9.5%	0.1%
1980	43.4%	44.0%	12.8%	0.9%
1985	37.2%	46.6%	15.6%	0.6%
1990	36.9%	40.9%	21.5%	1.0%
1995	31.4%	48.2%	20.3%	0.2%
2000	23.8%	46.9%	28.8%	0.5%
2005	24.8%	52.7%	22.1%	0.4%

「もっと勉強したい」と回答した生徒の比率は長年減少傾向にあったが，今回は下げ止まって，前回に比べて，23.8%→24.8%とわずかではあるが増加している。また，「勉強はもうしたくない」はかなり（28.8%→22.1%）減少した。

藤沢市教育文化センター「日本の教育と基礎学力」『学習意欲調査報告書』，2006，p.65

る機能を十分に果たしていた時代は，学ぶことが，将来への可能性を拓くことであるという言説が，人びとの中に確かに位置づけられていた。これがまさに学校化社会を支えた人々の心性であった。しかし，進歩と発達をひたすら信じて歩みつづけた社会が揺らぎはじめ，「大きな物語」が崩壊すると，皮肉なことに学校化社会の基盤が，崩れはじめることになる。「よかったね。これで親にいい学校に行きなさいといわれなくなる」[7]という上野の発想は，ある意味で真実であるが，子どもたちの学ぶことへの動機となっていた強い力の崩壊は，子どもたちの目指す目標をも曖昧にしてしまったといえるだろう。

　学校や教師が，人びとの価値観や地域の生活を支え，唯一の優れた貴重な情報源であった時代は，学校は，人びとにとってきわめて意味ある場であり，教師は尊敬される対象であった。子どもは学校に集い，教師の権威に従い，それが日常知とかけ離れたものであることを知りつつも知の蓄積がもたらす意味を知っていた。しかし，子どもたちは，すでに学校以外の場で多様なツールを駆使し，多くの情報を獲得することが可能になった。学校や教師から与えられる情報は，唯一のものでもなく，それほど興味あるものでもない。なにより，その情報の獲得が確かな将来を約束してくれるわけでもないということを子どもたちは十分知ってしまったのである。

　高橋は，だからこそ，学校に通う子どもたちが納得できる「学びの意味」を模索しなければならない時代になったとし，以下のように述べている[8]。

　　現在の子ども達は，もはや社会進歩や経済発展を担うことを期待される〈homo educandus〉ではなく，家庭でも地域でもメディアによって学び，経験を広げて生きていける〈homo discens〉として立ち現れてきているように見える。輝かしい未来社会を担うべく「教育されるヒト」なのではなく，現在そのものの〈生の充実〉を求めて生きる〈ホモ・ディスケンス〉なのだ。そこには，単なるモノの消費を超えた「意味充実」の行為への欲求が息づいている。

「学ぶ」とは何なのか。そして，今，学校ができうることは何なのか。その問いが，ポスト学校化時代の「学校」に突きつけられている。学校からの解放が，ポスト学校化社会に用意された道ではないのではないか。むしろ，われわれは，これまでの学校が用意することのできなかった新たな「学びの世界」への出会いを用意することが求められているのではないだろうか。

§2　学力低下論争を超えて

　「分数のできない大学生」…このセンセーショナルなタイトルとそこで紹介された大学生の実態がいわゆる学力低下論争の口火となった。たしかに，西村和雄らの調査によると文系最難関国立大学，難関私立大学においても，一定数の学生が，小学校の四則計算，小数の割り算，平方根，絶対値などの問題ができていない。これは，由々しき事態であるというのが，この議論の始まりであった。しかし，「由々しい」のはいったい何なのか。それが，問うべき問題である。
　西村らは，分数の計算ができないのは，単に小学校教育に問題があるということではなく，「小数科目に限定された大学入試にある」とその原因を述べている[3]。しかし，この難題の基底にある問題は，それほど単純な議論ではないだろう。「学びの再考」が繰り返される一方で，われわれは，相変わらず「学力問題」からは，解放されずにいる。われわれは，いったい何を恐れ，この問題と向き合いつづけなければならないのか。未だ乗り越えられずにいるこの課題を検討してみることにしよう。

1．学力低下論争の複雑さ

　前述したように，学力低下問題の議論のきっかけは，西村らによる分数や

小数のできない大学生の調査報告であった。彼らの指摘は，1998-9年に改訂された学習指導要領に対する人々の「根拠のない不安」に火をつけ，一大論争へと発展していく。

　この学習指導要領が，従来の教育内容から3割程度の削減をしたこと，総合的な学習の時間を導入したことなどにみられる「特徴」が，学力低下をもたらす要因であるかのように，論じられるようにもなった。それは，学力への本質的な問いではなく，学校週5日制度にはじまり，ゆとり教育を実現しようとした教育政策への問いであり，批判でもあった。しかし，これらの議論は，きわめて複雑な問題が絡み合っており，それぞれの論者が根拠としている問題も，問題の本質も，そして，何よりも低下が懸念されている「学力」そのものへの問いも明確に整理されないままの議論でもあった。

　たとえば，長尾彰夫らの研究が示しているように，ゆとり教育の実現は，この学習指導要領に始まったものではない。1977年の学習指導要領の改訂以来，わが国が進めてきた教育政策の大きな流れの中に位置づくものであって，1998-9年の改訂によって突如進められたものではない。にもかかわらず，ゆとり教育の名の下に—それは週5日制，3割削減問題，総合的な学習の導入の問題など，それぞれ教育の局面が異なるにもかかわらず—学力低下をもたらした直接的要因であるかのような指摘がなされている。

　また，学力低下を示す根拠についても整理しておく必要があるだろう。OECDによるPISAやIEAによるTIMSSの結果は，それが数値化され，序列化されたがゆえに，「やはり日本の子どもたちの学力は低下している」ことの根拠であるかのように論じられ，事実，これによって人びとの危機感をあおる結果となっている。果たして本当にそのように言えるのか。村山航が指摘するように，PISAで測られた得点とは何の得点であるのか。またそれは世界に共通する指標として確かなものだといえるのか，また浅沼茂らが指摘するように，納得にたる明確な証拠であるのかどうかも慎重に分析する必要がある。以下に，これらの議論を整理するうえでの指標を整理しておく。

(1)「学力」から「新しい学力」へ

多くの先行研究が、すでに指摘していることであるが、これほどまでに議論を生みだしている「学力」というタームそのものを考えてみると、興味深いことにこの語に適切な英語訳を付けることは難しい。本田由紀は、"academic-achievement" と訳してみるが、この訳では「『学力』という語がもつ、多義的でふくらみをもつニュアンスを伝えることは難しい」[10]と自ら指摘している。佐藤学は、むしろ単に "achievement" と訳すことで、日本語の「学力」のもつ複雑な意味合いを削ぎ落としてみてはどうかと提案している。

たしかに "achievement" と訳すならば、学校で教えられた内容がどの程度 achieve したのか、その程度を示すものと意味づけることができる。このように定義すると、学力は、きわめてすっきりしたものとして定義づけられる。学校で教えられた内容に対する achieve の程度であれば、それは日常知から遊離した限られた内容であり、その到達度は、テストによって測定されるわけであるから、限られた測定対象のみが、結果として示されることが明らかであるからである*。

しかし、実際には、「学力」の定義は、これまで多様な意味合いが付与されながら、理解されてきた。今日の学力低下論争のきっかけとなった文部科学省が打ちだした「新しい学力観」もまたその一つである。文部科学省は、1981年以来わが国の教育政策に「ゆとり教育」路線を打ちだし、そこで育てる力を「新しい学力」と主張した。「関心・意欲・態度」を重視する「新

---

* 佐藤は、「学力」の意味は "achievement" にすぎないにもかかわらず、その意味が複雑化する理由を以下のように述べている。

「『学力』の意味が拡張したり混乱したりするのは、『achievement』を『力』としてみているからです。『学力』という翻訳後の漢字の意味が事態をややこしくしています。つまり、『achievement』の実体ではなく機能を見て『力』と認識しているのです。しかも、『学力』という言葉は『achievement』の機能である『力』を実体として認識しているから、話がややこしくなっています。『力 (power)』は、『能力』であり、『権力』です。『学びによる到達』が、能力として機能し、『権力』として作動しているのは事実ですが、『achievement』の実体が『能力』であり『権力』であるわけではないのです。」[11]

しい学力観」は，内申を重視する高校入試，教育内容の3割削減，「総合的な学習の時間」の実施，高校の必修科目の選択化など，様々な政策として具体化していくことになるのだが，この政策の失敗が「学力低下」を懸念する人びとの格好の批判対象となり，「関心・意欲・態度」を重視する「新しい学力観」への批判と連動するという複雑な様相となったのである。

　しかし，そもそも「新しい学力観」は，それほど新しいものだとも言い切れない。戦後の教育学でもっとも知られた学力の定義—広岡亮蔵の学力モデル（図表1-2-4）において，すでに広岡は，学力のコアに「感受・表現・態度」を位置づけてきた。「学力」は，"achievement"でしかないが，「関心・意欲・態度」を削ぎ落としきれない学びの実態も否定しきれないまま今日まで，語られてきたのである。

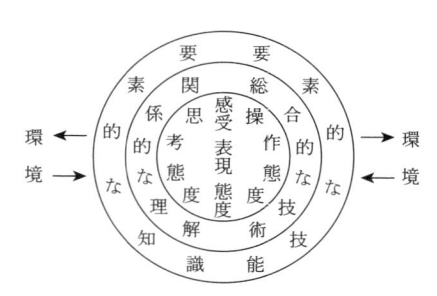

図表1-2-4
広岡亮蔵の「学力モデル」

(2) 学力モデルと本質的問い

　「学力」は，"achievement"でしかないが，学びの実態から否定しきれない「関心・意欲・態度」をどのように構造化するか，この問題を明らかにする必要がある。この点を踏まえ提案されているのが，志水宏吉らの氷山モデルである（図表1-2-5）。

　広義の「学力」といわれてきたものを，志水らは，「A学力」「B学力」「C学力」と区分する。B学力の半分の位置に海面があると考え，海面の上に位置するものをA学力とB学力の半分。海面の下に位置するものをB学力

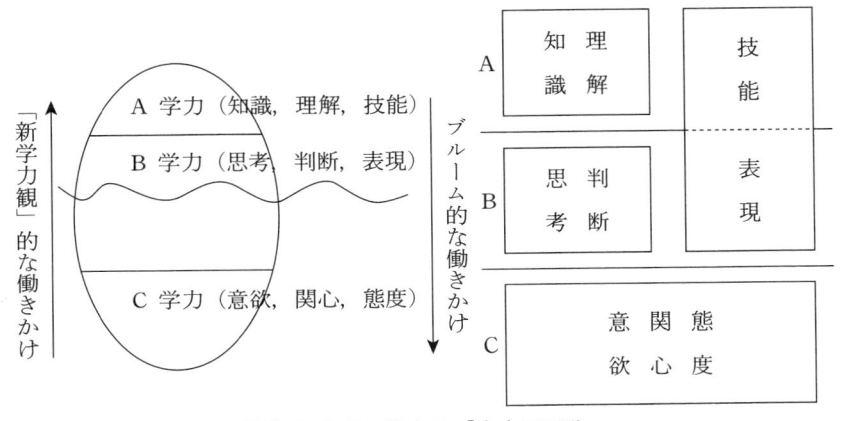

図表 1-2-5　学力の「氷山モデル」

長尾彰夫 他著『「学力低下」批判：私は言いたい6人の主張』アドバンテージサーバー, 2002, p.100

の半分とC学力とする。海面上のものが「点数化可能な学力」，海面下のものが「点数化不可能な学力」ということになる。

　志水らは，左側の矢印が示す「新学力観」的な働きかけと，右側の矢印の示すブルーム的な働きかけの適度なバランスが必要と主張し，ブルーム的な働きかけの強調による結果として「A学力」のみが肥大するこれまでの教育観を否定しながらも，新学力観の強調は，ある意味学力の構造そのものを覆すものであることを次のように指摘している[12]。

　　そもそも「A学力」がやせ細っているところで「B学力」が豊かに育つことなどありえず，また「C学力」が確かな存在感をもつものにはなりえない。双方の働きかけは，あくまでも相補的であるべきである。つまり，「A学力」「B学力」「C学力」の三者は，ともに手をたずさえて進展していくべきものなのである。

　学力をめぐる論争は，いうまでもなく，「学力とは何か」ということを定義づけただけでは，論争の終結には至らない。われわれが，何を学力と捉え

てきたのか，そのためにどのような実践をつくりだしてきたのか，そしてその結果，なぜ「論争」に至る問題が発生する事態となったのかという構造を問うべきであろう。

この論争によって，われわれは学力とは何かという根本的な問いに立ち戻らされると同時に，こんなにも人々を混乱させるこの問題の複雑さに直面するに至ったのである。

2. 新たな学びの姿として
―フィンランドの実践が与えた衝撃―

わが国の学力論争のもう1つの火種は，いわゆるPISAの結果である。OECDが発表した第2回（2003年度）国際学力比較調査で，わが国は，「読解リテラシー」が8位から14位となり，「数学リテラシー」が1位から6位と低下（2006年度はさらに下降）した。この事実が大々的に報じられ，学力低下の「客観的事実」として，示されるようになった。そして，ここに示された結果の中で，フィンランドの学力の高さに世界中が注目することになった。2000年から2003年において，フィンランドに何が起きたのか。いわゆる学力が伸びる教育とはどのようなものなのか，という世界中の関心を一度に集めることになったのである。

ここでも，われわれは一つの問いを置き去りにしている。確かに，PISAの結果（示された数値）によれば，フィンランドは間違いなく1位ということになる。しかし，ここで示された数値は，何を示していて，PISAにおいて，いったい何が測定されたのか。順位は何を意味するのか。そうした検証のないところで，「わが国の学力は低下した」ことのみを論ずるべきではないだろう。

ここでは，それらの問題を整理しつつ，フィンランドの教育を一つの事例として，それが示唆したものは何であったのか，考察してみたい。

第2章 「学び」の再考　47

読解力の国際順位		
	2003年度順位	2000年度順位
フィンランド	1	1
韓国	2	6
カナダ	3	2
オーストラリア	4	4
リヒテンシュタイン	5	22
ニュージーランド	6	3
アイルランド	7	5
スウェーデン	8	9
オランダ	9	＊
香港	10	不参加
ベルギー	11	11
ノルウェー	12	13
スイス	13	17
日本	14	8
マカオ	15	不参加
参加国数	41	32

数学的リテラシーの国際順位		
	2003年度順位	2000年度順位
香港	1	不参加
フィンランド	2	4
韓国	3	2
オランダ	4	＊
リヒテンシュタイン	5	14
日本	6	1
カナダ	7	6
ベルギー	8	9
マカオ	9	不参加
スイス	10	7
オーストラリア	11	5
ニュージーランド	12	3
チェコ	13	18
アイスランド	14	13
デンマーク	15	12
参加国数	41	32

科学的リテラシーの国際順位		
	2003年度順位	2000年度順位
フィンランド	1	3
日本	2	2
香港	3	不参加
韓国	4	1
リヒテンシュタイン	5	24
オーストラリア	6	7
マカオ	7	不参加
オランダ	8	＊
チェコ	9	11
ニュージーランド	10	6
カナダ	11	5
スイス	12	18
フランス	13	12
ベルギー	14	17
スウェーデン	15	10
参加国数	41	32

＊ 調査の実施段階で国際的な実施基準を満たさなかったため削除。
　すでに公表されている2006年度の日本の結果は、参加国57か国中、読解力15位、数学的リテラシー10位、科学的リテラシー6位であった。

図表1-2-6
PISA結果（2000年度および2003年度）
『OECD生徒の学習到達度調査』2000, 2003より磯部作成

(1)「質 (quality)」と「平等 (equality)」の保障が両立する教育

　図表 1-2-6 の結果を概観すると，フィンランドは日本よりも上位にあることは確かである。ここでの順位の実態は，何を意味しているのだろう。佐藤は，フィンランドのこの結果を受けて以下の 3 点に注目している[13]。

　第 1 点は，学力水準の高さ，つまり，平均点の高さである。平均点が高くなる理由は，成績下位層が他国に比べて少なく，その反対に成績上位者の数が多いことにある。わが国も成績上位者は，他国に劣らない点数をとり，人数も決して少なくはないが，成績下位層の割合が多い。これがわが国の平均点を下げている理由でもある。順位への着目も必要ではあるが，その内実をみる必要があることは，この項目を見ても明らかである。第 2 点は，学力格差の少なさである。ここでいう学力格差とは，生徒間の学力格差だけではなく，学校間の学力格差をも示している。つまり，フィンランドにおいては，生徒間，学校間の双方において学力格差が低いのである。第 3 点は，社会経済的背景の学力への影響が少ない点である。フィンランドでは，就学前教育から高等教育まですべて無償で，すべての子どもが均等な教育を受ける機会を保障しているのである。それにより，社会経済的背景の影響が少なくなるのは言うまでもない。

　こうした状況に対して，関係者はフィンランドの教育改革が，「質 (quality)」と同時に「平等 (equality)」を追求した結果であると述べている。

　フィンランドにおいて，教育の平等 (equality) は，きわめて重要視されている概念である。教育における平等の概念は，得てして機会の平等のレベルでの議論であることが多い。フィンランドの教育において，注目すべきことはこうした教育の機会の平等だけでなく，結果における平等についても十分な取り組みがされていることにある。その取り組みの具体としては，少人数クラスの実施，一人ひとりに対応したきめ細かい支援，各教育段階での学習水準の修得主義の徹底などがあげられるであろう。

　このようにフィンランドの教育の状況を概観すると，教育政策の具体的場面で，参考となる取り組みをみることができる。われわれは，注目しなけれ

ばならないことは，PISAにおけるフィンランドの順位ではなく，この国で実際にどのような実践が展開しているかである。順位の結果に振り回され，結果優先の政策に転換されることは，むしろ本質から遠のくことである。フィンランドの実践を一つの事例として受け止め，そこに何が起こっているのか。教育という営為，教授行為，学びの実際を再考する機会として，その事例を検証することに意味があるのである。

（2）教える教育から学ぶ教育へ

フィンランドの実践を「学び」の側面から検証してみたい。

フィンランドの教育の特徴の一つとして，あげられるのはプロジェクト型の教育の実践である。教育改革以前のフィンランドでは，一斉授業による教育が主流であったが，現在では多くの学校がプロジェクト型の学習，協同学習，教科横断的な総合学習を実施している。ポスト産業主義社会は，ますます急速な社会変化，価値の多様化が進むことになるだろう。それによって多様な場面での判断力，柔軟な思考，創造的な力が求められることにもなる。こうした時代に，教育もまた大きな転換を迫られることになる。これまでの教育が重視してきた教科に分断された知，伝達によって獲得される知とは異なる知が求められるからである。

フィンランドが取り組むプロジェクト型の教育は，これらの能力を育成するうえで一定の効果をあげているといえるだろう。

実際，PISAの問題は，TIMSS＊のそれと違って，「リテラシー・アプローチ」であるといわれている。つまり，問題文の中に問題を解くための様々な資料が示されていて，受験者は，記憶した知識を記述するのではなく，それらの資料を用いて問われている問題を解決していくのである。そのために，

＊ TIMSS（Trends in International Mathematics and Science Study：国際数学・理科教育動向調査）は，国際教育到達度評価協会（IEA）が行っている調査で，算数（数学）と理科だけのテストである。その対象は，小学4年生と中学2年生である。内容は，「アチーブメント・テスト」であり，教科書に準じた基本的な問いが多い。

これまで身につけてきた知識や技術を実際に活用しながら自分で判断していく必要がある。つまり、フィンランドの子どもたちは、こうした問題において測定可能な能力において、すぐれた成果を出したということである。

フィンランドが重視してきた教育は、与えられた情報を駆使し、これまで獲得してきた知を総動員して、自分自身で判断していく力を育成するうえで、効果をあげていると考えられる。その一つの方法としてプロジェクト型の教育は効果的であったのではないかと考えられる。

プロジェクト型の教育は、伝達された知、分断された知を獲得していく教育とは異なり、子どもたちの興味・関心に基づき連続した学びを提供する。

その具体例として、フィンランドが就学前教育段階から取り組んでいるバーサモデルという実践がある。川崎一彦の研究[14]によれば、バーサモデルとは、フィンランド西部に位置するバーサ市で実践された企業家精神教育であるが、それは狭義の職業教育や起業教育ではなく、主として① 自分で考え判断させる態度の育成、② 学ぶ動機の維持、③ 実社会との壁の払拭の3点を主眼とした教育である。

このプログラムでは、子どもたちは向き合っている様々な場面で常に自分で考え、その問題解決のために意欲的に探究活動をすすめる。教師は、子どもが失敗する場面や混乱する場面に直面しながらもそれを生かし、学びつづけることができるよう授業を展開する。また次の学習に対する動機づけをしつつ、子ども自身が主体的に学べる機会を重視する。そのうえで、今の学びが常に社会とどのようにつながりかかわっていくのかということを示し、学ぶことの意味を体験させていくのである。そこでは、子どもたちが仲間や教師と協働し、他者の意見や経験に出会いながら自分自身の意味をつくりだしていく。

こうした学習によって、フィンランドの子どもたちは、いわゆる「確かな学力」を身につけていく。PISAの調査は、いわゆる日常知と遊離した学校知を測定したものではなく、日常的な文脈における総合的かつ複合的な能力を測定することから、フィンランドが上位に位置することもある意味納得の

いくことである。

(3) 学ぶことを学ぶ

こうしたフィンランドの教育が、われわれに提示するテーゼの1つは、まさに学ぶことのパラダイム転換である。ポスト産業主義社会において求められる能力は、固定されたたった一つの正答に到達する力ではない。多様な場面に生成する問題を解決する能力が求められる。固定された学びから、多様な学びへ、固定された期間（空間）における限られた学びから継続的で多面的な学びへの転換が迫られている。

子どもを発見した近代化社会は、教育対象を「子ども」とし、子ども期イコール教育期（学びの期）として、位置づけた。この枠組みの固定化は、「学ばない子ども」「学校に行かない子ども」に対しての理解を困難なものにもした。しかし、ポスト近代化社会は、間違いなく学びの時期を子ども期に限定することの困難に直面している。

フィンランドの事例が示す、もう1つの興味深い取り組みは学びの時期を子ども期に限定しないことである。人が学ぶことを欲したときに、学ぶことができ、学ぶ必要性を感じたときに学ぶことができる、という人の生涯にわたる学びの機会を保障していることである。

庄井は、学ぶことを学ぶ（learning to learn）という学びへの転換が実現するフィンランドの社会背景に「誰もが（例外なく）人間らしく生存し、成長し、発達する権利を保障されなければ、本当の『安心と自由』はない、という人間発達援助の思想がある」[15]ことを指摘する。フィンランドの学力の高さは、近代社会が、教育の基本的概念として位置づけた価値観や発達観そのものを問い直したこと、そして社会構造そのもののあり方を明確に位置づけたところにこそその要因があるのかもしれない。

その意味でフィンランドが提示した問題は、これまで近代教育がよしとしてきた諸概念への問題提起ともいえるだろう。

3. 学びの質（quality）に対する問い

　フィンランドの教育改革が，質（quality）と平等（equality）の保障が両立する教育の実現であったことは，前項で述べたとおりである。
　わが国では，ゆとり教育後の学力低下の懸念から，再度授業時間と教育内容を増やす方向で改革の揺り戻しが起こっている。土曜日にも授業を行う私立学校への受験者の増加や，通塾率の増加もある意味で，学力低下を学びの「量」によって食い止めようとする動きの一つといえる。
　しかし，よく知られるようにPISAの結果によれば，学力上位に位置する国は，むしろ授業時間が少ない傾向にある（図表1-2-7）。つまり，21世紀型のリテラシーは，単に学校知をより多く獲得すること（学びの量）に左右されていないことを示している。わが国の教育の混乱の要因は，「教育内容3割削減」に象徴される教育の質を問うことのない量の削減に陥ったことであり，その量の削減に問題の原因を求めたことにある。仮に，教育内容が3割削減されたとしても，学びの質を伴った教育が実践されていれば，学びの量の削減イコール学力低下という不毛な議論を巻き起こさずに済んだかもしれない。
　今，問うべきは，学びの量ではなく，質だといえるだろう。学びの量は，ある程度計測しうるものであり，visibleなものに移行させやすい。「ある程度」と述べたのは，いうまでもなく計測できる学びには，限界と条件が伴うからである。それに対し，学びの質とはいかなるものなのか。学びの質は，いかにして高め，仮に高められたとする学びの質はどのように保障しつづけるのか。そもそもここでいう質の高さとは何なのか。そうした学びを保障する学校空間と時間とはいかなるものなのか。われわれは，この難問に向き合わなければならない。
　学校化社会の時代には，われわれはこうした問いさえも発することなく，学校的価値の中で生きてきた。しかし，もはや従来の学校的価値が崩壊しつつあることは，誰よりも教育対象とされてきた子ども自身が気づいている。

国公立学校の標準授業時間 (2005)			
国名＼年齢	7～8歳	9～11歳	12～14歳
オーストラリア	952	979	1014
デンマーク	671	763	880
イングランド	890	900	933
フィンランド	530	673	815
イタリア	990	1023	1082
日本	707	774	869
韓国	612	703	867
ノルウェー	599	713	827
スウェーデン	741	741	741
OECD各国平均	793	839	931

単位：時間

図表 1-2-7
授業時間数各国比較

OECD教育研究革新センター編『図表でみる教育：OECDインディケータ2007年版』明石書店，2007より磯部作成

　ポスト学校化社会の時代の学校に何ができるのか。そこで提供される教育とは何なのか。次節では，この難題を整理しつつ「学び」の意味を再考することにしよう。

§3　「遊びを通して学ぶ」というアポリア

　前節までに「学び」の概念についての課題を検証してきた。すでにポスト産業化主義社会は，学校知の蓄積を主とした学力，一つの回答を「正答」としてその獲得の量をもってして学力を測定しようとするアプローチに対して，その意味の問い直しを迫っている。
　近代主義社会（産業主義社会）は，システムに合わせ，他と歩調をそろえて活動する人材を求めてきた。よって教育はそれにふさわしい人材をつくるべくその方法と内容を実践すればよかった。しかし，ポスト産業主義社会は，もはやこれまでの教育によって生みだされる人材にNOを突きつけようとしている。
　日々，変化し，多様な価値基準を認め合う21世紀におけるリテラシーは，

多面的な判断力，柔軟な思考，創造的な力を内包した総合的な力を求めることになるだろう。そうであれば，教育はどのような方法論をとり，どのような実践を積み重ねていく必要があるのか。

本節では，あえて幼児教育の実践から「学び」の構造を検証してみることにする。それは，系統主義的な教科教育とは一線を画してきた幼児期の教育に，この問題の本質をみることができるのではないかと考えるからである。

1.「遊び」と「学び」の理解

幼児教育が，子どもの「遊びを通して」行うものであることは，フレーベルが，"Kindergarten"を創設した当初から，確認されていることである。幼児教育は，フレーベル以降，各国において様々な理論と実践を展開してきたが，一貫して小学校教育以上の知を系統的に獲得することを否定しつづけてきた。

平成20年に改訂された幼稚園教育要領においても第一章総則第1の2において，「幼児の自発的な活動としての遊びは，心身の調和のとれた発達の基礎を培う重要な学習であることを考慮して，遊びを通しての指導を中心として第2章に示すねらいが総合的に達成されるようにすること」と示されている。

「幼児は遊びを通して学ぶ」というテーゼが，この分野において当然のことのように語られ，幼児教育にかかわる者すべてが，このテーゼを否定することはない状況下で，今日の幼児教育は展開されている。

しかし，この「幼児は遊びを通して学ぶ」というテーゼには，きわめて難解な概念が内包されていることも事実である。幼児にとって，「遊び」とは何か。そして「学ぶ」とは何かという根本的問いがそこにある。「遊び」は多様であり，「学び」も多面的であるにもかかわらず，われわれは，この多様かつ多面的な現象と状況を「幼児は遊びを通して学ぶ」というテーゼで語ろうとしている。さらに，「学ぶ」という動詞にかかる「遊びを通して」と

いう際の「遊び」は，明らかに発達論的あるいは教育学的視点からみた目的をもった「遊び」として捉えたものである。「遊ぶ」という行為そのものに発達論的，教育的意味があり，その経験を通して学ぶと読み取れないでもない。

そもそも遊びは，ロック（Locke）以来の近代教育学思想の中で，発達論的，教育学的視点から論じられつづけてきた。「遊びを通して学ぶ」というテーゼは，発達・教育の手段としての遊びという近代教育思想が語りつづけてきた語りの延長線上にあることは間違いない。

しかし，そもそも人間が「遊ぶ」とは人間の発達や教育というある種の目的的行為であるのか。ホイジンガーの『ホモ・ルーデンス』に戻るまでもなく，遊びは，遊びそのものに目的がある。だとするならば，「遊びを通して学ぶ」というテーゼの中にある「遊び」とは，いったい何なのか。

矢野智司は，子どもの遊びには経験と体験という2つの側面があることを指摘したうえで，「そのどちらをみるかによって保育は変わってくる。経験としての遊びをとらえるときには，発達とのかかわりで評価するが，体験として遊びを生きるときには，ただ自由で比類なき喜びをもたらしているかどうかが問題である」[16]と述べている。矢野によれば，体験は，経験と異なり，一つひとつが蓄積されることで発達を促すものではなく，計画的にコントロールすることもできない。体験は突然出現し，消え去っていくものであり，偶然に左右される。こうした体験は，フレーベルが「生の合一」と述べたそれであり，保育という営為において重要なものではないかと，指摘する。

矢野が指摘するように，発達とのかかわりの中で経験を見るならば，遊び自体に価値があるとは見なされず，遊びがもたらす発達に価値を見いだすことになる。保育の中で，冠をつけた「遊び」という活動が計画され，プログラム化されている実践を目にするとき，もはや「遊び」は形と意味を変えた〈遊び〉になっていることに気づく。その実践は，「遊び」を通して学ぶのではなく，〈遊び〉そのものを学ぶという奇妙な構造をつくりだすことになる。

保育の中で大切にしたい遊びは本来,「遊び」そのものに価値を見いだした「体験」ではなかったのか。

　幼児教育の場が,システム化される中で,幼児教育理論もまた,近代教育思想の構造の中に位置づけられてきた。「遊びを通して学ぶ」というテーゼのアポリアは,「幼児」をも教育対象とした近代教育学の構造の中にあって,体験（生成の本体としての遊び）を通して「学ぶ」というアンビヴァレントな構造を実践しようとしていることにある。

　さらに,このテーゼは,「学び」の概念を考察することで,さらに複雑化する。繰り返しになるが,「学び」という言葉は,「学習」という言葉と対峙する概念として用いられてきた。わが国の教育界で90年代から使われはじめたこの言葉は,「対象と自己と他者に関する語りを通して意味を構成し関係を築きなおす実践」を意味している。学ぶ私は,教授される私とは異なる。学ぶ私は,自分自身で世界や他者とかかわり,他者世界との対話を必然とし,学びの成果を表現する。

　「遊びを通して学ぶ」というテーゼにおける「学び」もまた,同じ概念であると捉えておこう。それは,伝達,教授される活動ではなく,知識や技能を蓄積する行為でもなく,孤立化した営みではなく,他者と協同し,表現する行為である。

　このように定義すると,「こどもの日だからクラスで一緒に兜をつくって遊ぶ」という活動も,「教師が手つなぎ鬼のルールを伝え,クラスで一緒に楽しく遊ぶ」という活動も,〈遊び〉の場面であることには違いないし,幼児にとって一つの「経験」であることには間違いないが,「遊びを通して学ぶ」というテーゼを生成する営みとは異なる実践と言わざるをえないだろう。

2.「協同的学び」というアプローチ

　「遊びを通して学ぶ」というテーゼが,発達・教育の手段としての遊びという語りからは全く逃れることはできないとしても,「遊び」の価値と「学

び」という自立的な概念を，見直しつつ実践を生成することはできないのか。昨今，そうした実践が試みられている。世界的に注目されたレッジョ・エミリアの実践もそうした視点からのアプローチの一つともいえるであろう（p.37参照）。

「学び」が対象世界と他者と自己との出会いと対話であるとするならば，「遊びを通して学ぶ」保育もまた，対象世界と他者と自己とに出会う営為である必要があるだろう。そうした学びの世界を学校に就学する以前の幼児を対象とした教育において，どのように実現しうるのか。以下に検証してみたい。

（1）対象世界との出会い

秋田喜代美は，知の営みの展開過程を図表1-2-8のように表記している。対象世界との出会いは，表中の「五感を通しての出会い」であり，「知的な好奇心・関心の喚起」という部分に該当する。つまり，学びの出発点には，こうした対象との出会いが必要となる。そもそも，こうした出会いは，本来，人間が生きていれば，多様な場面で起こりうるものである。少なくとも，近代社会以前の社会においては，あらゆる時，あらゆる場面にその出会いが用意されていた。労働と学習と遊びは，区別されることなく子どもは

```
        五感を通しての出会い
              ↓ ↑
        知的な好奇心・関心の喚起
              ↓ ↑
              関わる
              ↓ ↑
        見出す・気づく・考える
              ↓ ↑
            挑む・表す
              ↓ ↑
        たしかめる・振り返る
```

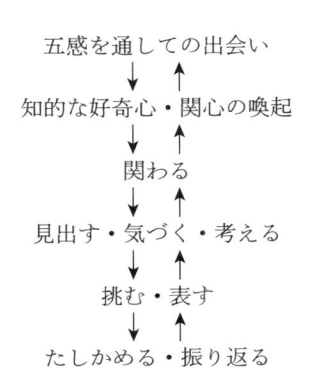

図表1-2-8　知のいとなみの展開過程

秋田喜代美『知を育てる保育』ひかりのくに，2000，p.31

（大人も）その世界に足を踏み入れることができた。しかし，近代以降，人々の生活が時間によって区分され，それぞれの対象にふさわしい活動拠点が用意されるようになると，子どもは子どもにとってふさわしい空間と時間の中で，生活をすることになった。子どもは，学校という日常生活とは切り離された囲い込まれた空間で，定められた時間に従って，生活するようになった。そこでは，日常とは切り離された知を教授され，対象との出会いは，専門職である教師によって計画的に用意された。「五感を通しての出会い」は，全くその機会をなくしたわけではないが，色あせたものにならざるをえなかった。新教育運動の推進者たちが，教育の場に，遊びや労働をもち込んだのは，まさに多様な出会いの場を意図的につくるためであった。

　それに対し，幼児教育の場は，学校制度上の学校には違いないが，「生活による保育」というテーゼが物語るように，限りなく子どもの日常に近い空間を用意することにその意味を見いだしている。したがって，対象との出会いを用意する点においては，保育者の役割は学校の教師に共通するが，子どもの生活する時間と空間に「五感を通しての出会い」の場を用意することは常に重視されつづけてきた。

　そうはいっても，これらの出会いは，囲い込まれ，ある程度用意されたものに頼らざるをえない。われわれが近代化以前の社会に立ち戻ることができない以上，もはや用意された出会いに意味をもたせるしかほかはないのかもしれない。しかし，子どもは，時に教師の用意（計画）をはるかに超えたものに出会い，その出会いの対象に不思議さ，面白さ，驚異，疑問を抱く。五感を通した出会いの世界の意味は，こうした教師の用意をはるかに超えたところにこそ意味がある。子どもの日常が，孤立化し，密室化し，ゲーム化する現代においては，むしろ教育にできることは，こうした「五感を通した突然の出会い」を教師が操作せず，同じ時間と空間に生きる生活者として，この出会いに追随することではないだろうか。

(2) 他者との出会い

「学び」が「真似び」を語源にしていることはよく知られるところである。「真似び」とは、他者の行為を真似し、体得して新たな創造をもたらすプロセスである。近代以前の社会においては、すべての生活の知は、真似ることによって成立し、そのことによって文化が伝承されてきた。そこには、「他者」が不可欠であり、「他者とのコミュニケーション」が必要とされる。図表1-2-8にある「関わる」は、対象にかかわり、他者にかかわることを示している。ここでは、他者との協同が重要な意味をもつ。他者と交流するコミュニケーションの過程において学びは成立するといってもよいだろう。

知識が教授される学習場面は、きわめて個人的で受動的な活動である。その学びは、子どもが他者とともに、かかわりつつ協同的かつ反省的に実践される。レッジョ・エミリアのプロジェクトが、他者（子ども同士、教師、親など）とコミュニケーションをとりながら、自分の発想や作品を提示し、表現し、パフォーマンスすることを通して他者とともに反省的実践を行っていることから、その協同性に注目された。そこでは、教師もまた他者の一人であり、教授する者ではなく対話する存在となる。

近代教育は、学校という空間に同年齢の子どもを囲い込み、子どもは子ども期の多くの時間をその空間で生活することになった。たしかにそこには他者との出会いはあったが、そこでの営みはむしろ個人的なものが優先されてきた。かかわりの生まれない他者とは、空間を偶然にも共有している他者でしかない。教育の場に集う他者は、かかわりをもつことに意味をなす他者である。意見や発想や表現の異なる他者と、協同することで初めて他者との出会いが意味をもつ。

他者との出会いに意味が生成する実践―協同する実践―への注目の意味はここにある。

(3) 自己との出会い

協同的実践の中では、子どもは、教師によって正答を出したかどうかとい

うただ一点において評価される存在ではない。表現する子どもは，同時に評価する私でもある。自分の学びのプロセスを問い，言語化し，表現することを通して，自分の学びの今を確認する。教授される私ではなく，学ぶ私は，自己を対象化すると同時に，自分自身を再構成するという作業を通して，学ぶのである。

　一斉授業による効率的な教育を目指してきた近代教育は，実践場面における「自己との出会い」は，むしろ否定されるべき事項であった。幼稚園は，むしろ学校教育を否定するところからスタートしたにもかかわらず，制度化されるに従い，学校教育と同様の道を歩むことになった。保育における一斉活動は，すべての子どもに平等な経験をもたらすことを保障したが，同質化された幼稚園文化においては，一人ひとり子どもがその経験を内在化し，対話し，表現する時間と場を奪うことになった。とくに幼い子どもたちにとって，自己との出会いをもたらすには，十分な時間と十分な空間が必要であったが，それが困難な状況下での実践が一般化していった。

　自己との出会いを保障する教育を実現するには，分断されない生活の中で，自己への出会いの意味を，子ども自身と子どもを取り巻く他者が互いに理解し合い，評価し合う状況をつくりださなければならないだろう。

（4）協同的な学びにおける対話的実践

　学びが実現するためには，対象と他者と自己とが出会い，対話的に実践されることが求められる。その出会いと対話は，「協同性」を生みだす。それは，単なる複数の他者が場を同じくする集団での学習ではなく，「協同的な学び」を目指すものである。

　加藤は，協同的な学びを「一人ひとりの子ども達の知的・探求的な要求が，響き合い，深め合いながら『知と探究の共同体』が形成されていくような実践」[17]と定義している。

　「対話」とは，モノローグな言語ではなく，ダイアローグな言語を意味する。「教師が発問し，子どもが答える」という構造（佐藤学は，これを「教室

言語」とよんでいる）は，両者が発話しているもののダイアローグな言語と化していない。「ひまわりぐみさん，元気ですか？」「はぁ～い」，「続きがやりたいお友だちは？」「はぁ～い」というやりとりの間には，自己の内なる言語を表現するために必要な時間も場もない。一人ひとりの子どもの興味・関心，自己との対話，他者との対話を通して，要求や探究の世界が深まり，それぞれの学びの今が共有され，さらなる学びの世界が実現する実践は，そこに関心を向けたい対象があり，かけがえのない他者の存在があり，学ぼうとする自己の存在があることで成立する。それは，効率性と画一性と誤った平等主義の中からつくりだされた一斉教授，一斉保育，集団主義とは本質的に異なるものである。

　「遊びを通して学ぶ」という実践は，「遊び」という生の体験から「学び」の実践をもたらす営為である。制度化された学校（幼稚園）空間では，この実践は，矛盾と限界を内包していることは事実であるが，協同して学ぶことの実現の可能性を秘めているのもまた学校（幼稚園）空間である。

　このように考えると，生活の中で教育することを一貫して重視してきた幼児教育の実践から学校教育に対して発信可能な課題を見いだすことができる。幼稚園もまた近代学校の一つのシステムではあるが，学ぶ世界を生きる幼児の生活を見るとき，われわれが今問うている「学びとは何か」の一つの答えをそこにみることができるからである。

第3章

学校のパラダイム転換

　2006年，戦後約60年間変わることなく日本の教育の根幹にあった教育基本法が改正され，続いて2007年，教育三法（学校教育法，地方教育行政の組織及び運営に関する法律，教育職員免許法）が改正された。近代化の道を突き進んできた20世紀が終わり，21世紀の初めのわが国の教育は，「改革」という名の下に，大きく変容しようとしている。

　「学校は変わらなければならない」―不登校の児童，生徒が増えつづけ，いじめが増加し，学力が低下している。悲惨な少年犯罪が増え，ニートやフリーターも増加している。こうした状況を改善する方法は，「教育を変えること」であり，「学校が変わること」である。だから改革だ，という論理の渦に巻き込まれて，われわれはどれくらいの時間を過ごしただろう。

　たしかに，時代や社会は変わり，子どもたちの生活を取り巻く環境も一世紀前のそれとは大きく変わった。それにしたがって，社会的営みとしての教育や学校が変わることは当然のことである。しかし，言うまでもないが，諸々の改正は，「改正」でなければならない。

　われわれは，いったい学校の何を正しく改めようとしているのか。何を改める必要があって，「改めること」を求めつづけているのか。そこに潜むわれわれの心性に迫りながら，学校のパラダイムの転換を再考する。

§1 「子ども」へのまなざしのパラドックス

　近代社会を構築していくための装置として機能してきた近代学校は，その基本概念として「発達可能態としての子ども」というテーゼを大前提としてきた。ルソーが発見した「子ども」には，「善さ」が内在しており，教育はそれを開花していく営みであり，ロックのみた子どもはみな「白紙状態」で，操作可能な対象だった。教育学が「科学的根拠」として拠って立った心理学が提示した様々なテーゼは，まさに右肩上がりに「よりよくなっていく子ども」の発達を物語ってきた。

　近代教育は，それを制度化するための根拠として，「発達可能態としての子ども」というテーゼを揺るぎないものとして位置づけ，学校は近代化社会における巨大な装置として完成を迎えることになった。

　この間，「発達可能態としての子ども」というテーゼの中で，子どもは，時に発達可能態を最大限に引きだす操作対象として，時にその内在する善さを保護すべき対象として語られ，前者は「教育」を子どものための善き行為として，後者は，子ども中心の教育という美しい物語を語りつづけてきた。子ども中心の美しい物語の中に登場する「子ども」は，純粋で無垢で限りない可能性を秘めた存在である。「子ども」を一旦こうした存在として捉えると，昨今の残虐な犯罪の舞台に登場する子どもたちをわれわれは全く理解できなくなる。そして，「子どもは変わった」ゆえに，「教育も変わらなければならない」。その結果として，「教育は子ども中心である必要がある」という語りを繰り返したくなる。

　学校が変わる前提として，大人は「子ども」に対してどのようなまなざしを向けてきたのか。子どもの語りの中に登場するテーゼをもとに検証してみることにしよう。

1. 子ども中心主義の難題

近代教育の思想の中でおそらく子ども中心主義というテーゼほど、人々が重要視してきたテーゼはない。ルソーに始まりアメリカの新教育運動に結実したともいえるこの思想は、近代教育を善きものとして意味づけるにはきわめてわかりやすいテーゼであった。

「このたびは子どもが太陽となり、その周囲を教育の諸々の営みが回転する。子どもが中心であり、この中心のまわりに諸々の営みが組織される」[1]と述べたデューイの『学校と社会』のあまりにも有名なこの一節は、教師中心の指導型の教育方法を否定し、子どもの輝かしい未来を支える善き教育実践の象徴的フレーズとしてたびたび引用されている。教育におけるコペルニクス的転換として華々しく語られた子ども中心の教育は、新教育運動以降、自明なテーゼとして、一定の評価を受けつつ実践されつづけてきた。デューイ＊のシカゴ学校での実践＊＊から100年以上も経た今日、時代が変わり、ポスト産業化社会を迎えた今日もなお、「子ども中心主義」というテーゼは、本質的には見直されることのないテーゼとされている。

この度改訂された小学校学習指導要領・第1章 総則・第4 指導計画の作成等に当たって配慮すべき事項の2においても、「子ども中心」の思想はみてとれる[4]。

　① 各教科等の指導に当たっては、児童の思考力、判断力、表現力等をはぐくむ観点から、基礎的・基本的な知識及び技能の活用を図る学習活動

＊　アメリカの児童中心主義運動の始まりは、デューイの実験学校での実践にあるとされているが、デューイ自身は、それを否定し、自分の思想はあえて言うならば「コミュニティー中心であった」としている[2]。

＊＊　進歩主義教育の実践が行われた学校は教師の意欲も高く、恵まれた家庭の子どもたちが通っており、豊かな資源の備わった特別に恵まれた環境にあった。こうした特別の条件のもとで成立した実験の成果が「子ども中心教育」の実践例として用いられていることの問題を刈谷は指摘している[3]。

を重視するとともに，言語に対する関心や理解を深め，言語に関する能力の育成を図る上で必要な言語環境を整え，児童の言語活動を充実すること。

　②　各教科等の指導に当たっては，体験的な学習や基礎的・基本的な知識及び技能を活用した問題解決的な学習を重視するとともに，児童の興味・関心を生かし，自主的，自発的な学習が促されるよう工夫すること。

　④　各教科等の指導に当たっては，児童が学習の見通しを立てたり学習したことを振り返ったりする活動を計画的に取り入れるよう工夫すること。

　⑤　各教科等の指導に当たっては，児童が学習課題や活動を選択したり，自らの将来について考えたりする機会を設けるなど工夫すること。

　⑥　各教科等の指導に当たっては，児童が学習内容を確実に身に付けることができるよう，学校や児童の実態に応じ，個別指導やグループ別指導，繰り返し指導，学習内容の習熟の程度に応じた指導，児童の興味・関心等に応じた課題学習，補充的な学習や発展的な学習などの学習活動を取り入れた指導，教師間の協力的な指導など指導方法や指導体制を工夫改善し，個に応じた指導の充実を図ること。（アンダーライン著者）

　子ども中心主義の思想とは，もはやわれわれが検証する必要もない，自明で揺るぎないテーゼなのか。

　宮澤康人は，こうした自明のテーゼとして語られつづけてきた子ども中心主義の思想を「空虚にして魅惑する思想」として2つの視点から，子ども中心主義の思想の台頭する要因を指摘する。

　1つは，子ども中心主義の教育方法は，ソクラテス的教育と似通うものであるという指摘である。ここでいうソクラテス的教育とは，ヤスパースが類型化した3つの教育—「マイスター的教育」「スコラ的教育」「ソクラテス的教育」の1つであるが，学校教育の歴史は，巨視的にみて，ソクラテス的教育へ進む力学が働いているのではないかと宮澤は指摘する。ソクラテス的教

育とは，カリスマ的教師の教えのドグマ化したスコラ的教育に対するアンチ・テーゼとしてあらわれたもので，この状態においては，教える教師もまた真理を把握していない。つまり，教師と生徒が意味の上では平等な水準に立っている。こうした状態は，教師が子どもと同等の立場にあって，ともに真理を探しだしていくということであるから，教師が知識を一方的に教え込む伝達型の教育を超えた，ある意味理想的な状態といえなくもないが，宮澤は，むしろその状態を「近代社会に生きる大人たちの知恵の行き詰まり」と指摘する。

現代社会に浮かびあがる諸問題は，既成の学問の枠組みに従って，文脈を切り離した「知識」として提供するだけでは，もはや若い世代に受け入れられることもなく，問題を克服することもできない。さらに，既存の知識では解決できないような諸問題は，誰もが「真理」を手にしていないという意味で「ソクラテス的」状況でもある。こうした状況下において教師は子どもと一緒に学ぶという方法を提案したとしても，解決には至らない。ある意味，こうした流れは，子ども中心主義の限界でもあるが，それでもこの思想は，子どもへの限りない信頼という発想によって乗り越えようとされる。それが宮澤がもう1つの視点として取りあげるロマン主義の思想である。

ロマン主義の思想は，産業化によって構築された合理主義に対する批判によって，根源的，本質的なものへの母体回帰であり，その自然観は，自然と精神とを融合しようとするものである。彼らは，大人になった自分たちの純粋な部分を子どもの中から探ろうとし，子どもに「神性」を見いだそうとした。

教育史を紐解くまでもなく，ロマン主義の思想は，教育学の学問的思考にも影響を与えた。その代表者が幼稚園の父とよばれるフレーベル（Fröbel, F. W. A.）である。万有在神論（汎神論）に立つフレーベルは，人間は，神的本質を有しており，「人間の本質は，それ自体において善であり，人間の中には，それ自体において善い性質や傾向が存在する」という徹底した性善説に立つ。そして，フレーベルのあの著名な一節，「われわれがもはや持ってい

ないものを,すなわち子どもの生命が持っているところのあのあらゆるものから生命を吹き込み,あらゆるものに形象を与えてゆく力を,それを,われわれは,子どもたちから,もういちどわれわれの生命のなかに移そうではないか。子どもたちから,学ぼうではないか。かれらの生命のかすかな警告にも,かれらの心情のひそかな要請にも,耳を傾けようではないか,子どもに生きようではないか」[5] という子どもの本性への揺るぎない信頼として結実していくのである。

　ロマン主義の教育思想は,こうした子ども観に基づき,子どもの中に無垢で純粋な本性を位置づけ,子どもの自己発展を期待する心性を核として,子ども中心主義の理論と言説を生みだしていく。

　宮澤は,こうしたロマン主義の運動が,キリスト教の正統的信仰の衰退によって生まれた精神的荒廃から逃れるための手段としての「絶望的な探究」の挙げ句,「救済者としての子ども」という「幻想」が生まれたのではないかと指摘している[6]。

　「子どもに帰り」,「子どもに学び」,「子どもの本性を生かす教育」こそが,「真の教育」であるといった魅惑的な語りの中にある子どもは,一つのイメージでしかない。イメージとしての子どもを追いつづける中で,私たちは,新たな教育に向かい具体的な実践を生みだすことができるのか。

　苅谷剛彦は,こうした子ども中心主義の渦の中にある教育観を次のように指摘する[7]。

　　こうした「子ども中心主義」の魅惑は,制度としての教育に困難な課題を突きつける。どの子どもにも「内部からの自己の内的必然性にしたがって自己発展する,〈有機体的発達〉」が備わっていると見なすかぎり,学習の失敗を,子ども自身に帰すことはできなくなるからだ。こうしたロマン主義の子ども観は,そもそも議論の出発点において,学習がうまくいかないのは,本来「自己発展」する仕組みをもっている子どもの学習能力をうまく引きだせない,学校や教師のせいだという論理を含み込んでいる。

今，問わなければならないのは，「子ども中心主義」のテーゼを前提として，それに従って実践することではなく，「子ども中心主義」の魅惑的な語りの中に埋もれそうなわれわれの心性を問い，学校制度の今を直視することである。

2.「子どもは変わった」という語り

子どもの本性に対するかぎりない信頼を前提とすると，昨今の子どもはこの前提と矛盾する姿を，われわれに突きつける。神戸の連続児童殺傷事件を始め，いじめによる殺人事件，同級生や肉親の殺傷事件などの悲惨な事件が起こるたびにマスコミは，それらをセンセーショナルに報道し，「子どもが変わった」ということを〈事実〉として，われわれに提示しつづけた。

たしかに，これらの事件は「事実」である。しかし，これらの事件をもってして「子どもは変わった」ということを「事実」と言い切れるのだろうか。少年が犯した凶悪犯罪の報道を耳にするたび，われわれは「またか」という思いを抱き，こうした事実を耳にする回数と印象をもってして「凶悪な少年犯罪が増えた」と信じ，「昔は違った」と語りたくなる。しかし，事実は，図表1-3-1である。少年による凶悪犯罪は決して増加傾向を示しているわけではない。それでも，なおわれわれが「増加している」という印象を抱くのは，そうした印象を与える装置が稼動しているからである*。

少年犯罪だけではない。われわれが「子どもが変わった」という〈事実〉として知っているものの多くの背景にある根拠は検証にたるものなのか。

それでもなお，実感として子どもが「変わった」というのであれば，比較する対象である「子ども」とはどのようなもので，その「子ども」は，普遍

---

* 滝川一廣は，殺人発生率と報道率との相関を調べ，殺人発生数が激減するのに対して，逆に報道率が上昇していることを示している。つまり，情報社会においては，奇異で特別な事件が，大々的に報道されているということである[8]。

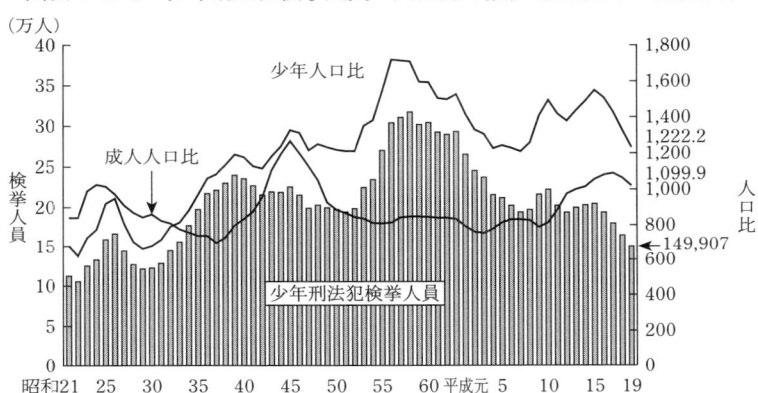

図表1-3-1　少年刑法犯検挙人員・人口比の推移（昭和21年〜平成19年）

注　1　警察庁の統計及び総務省統計局の人口資料による。
　　2　触法少年の補導人員を含む。
　　3　昭和45年以降は，触法少年の自動車運転過失致死傷を除く。
　　4　「少年人口比」は，10歳以上20歳未満の少年人口10万人当たりの少年刑法犯検挙
　　　人員の比率であり，「成人人口比」は，20歳以上の成人人口10万人当たりの成人刑
　　　法犯検挙人員の比率である。

法務省『犯罪白書』，2007

的かつ一般化できる「子ども」なのかということを，あわせて確認しなければならないだろう。

　さらに，「子どもが変わった」という文脈の中で，同時に語られる原因論についても同様の検証が必要である。「家庭の教育力の低下」「子どもの遊びの変化」「学校生活の課題」「地域共同体の崩壊」といった事項は，子どもが変わった要因として必ずといっていいほど取りあげられる要因である。たしかに，子どもをとりまく様々な環境は変わり，子どもの遊び時間や遊びの内容は変わってきている。核家族化により，かつてのような地域共同体は消滅しつつある。しかし，この「事実」をもってして，子どもが変わったこととを因果的に論じることは，できないだろう*。

　上記のことを大前提としながらも，「子どもが変わった」という語りを生みだす背景として，あるいはこの語りの本質にある問題をさぐる手がかりと

して，かつて近代の子ども観の自明性を問うたアリエスのテーゼに立ち戻って考えてみたい。

アリエスは，『子供の誕生』[10]の中で，中世の時代においては，今日われわれが当然のように子どもに抱いている子ども観は存在しなかったことをその膨大な資料によって暴いてみせた。「子どもは近代の産物である」という衝撃的なテーゼは，われわれが自明視していた子どもという存在—子どもはか弱くかわいらしいもの—は，歴史的，社会的につくられたものであることを示したものである。

言うまでもないが，アリエスのテーゼが示したことは，単純に近代的子ども観が，近代社会が成熟するとある時期につくられたものであるということを意味しているわけではない。アリエスが提起したことは，そこに客観的な存在としての「子ども」がいるのではなく，子どもという存在を語る際の大人のまなざしが子どもを規定するという構造そのものである。

アリエスに従うなら，「子どもが変わった」という語りを検証するには，このように語らずにはいられない大人の心性とそうした大人の子どもに対する「まなざし」を検証することから始める必要があるだろう。

3. 子どもに対する大人のまなざしの本質

近代社会は，「子ども」を大人とは異なる固有な存在として，子どもにふさわしい多様な環境を用意してきた。近代が発明したその最善なる空間が，家庭と学校であった。大人は，保護と教育の対象としてのまなざしを子どもに向けて，より善く発達する子どもをイメージしつつ，子どもとのかかわり

---

* 教育社会学者の広田照幸は，子どもの変化に対する研究において，研究が扱っている要因を示す変数とは無関係のマクロな要因が十分な吟味もなされないまま唐突に採用されていることを指摘し，子どもを取り巻く諸エージェントの変化を細かく再吟味する必要があることと，〈常識〉ないしはイデオロギーとして流布している「環境→子ども」の誤った因果図式を批判していく必要があることを指摘している[9]。

を維持してきた。

　しかし，ポスト近代化社会においては，「か弱くかわいらしい子ども」は，大人を超えるスピードと技術で，情報を獲得できるようになり，学校は，新たな情報と正しい知を獲得する場ではなくなり，教師はそれらを提供しうる唯一の優れた大人ではなくなった。多様化する価値観の中で，親が指し示す限られた価値は，子どもにとっては魅力あるものには見えなくなった。こうした状況にあって，近代化社会を生きてきた大人もまた，ポスト近代化社会において混乱の中にある。

　「大人たちはいま，それらのすべてが覆される激震のさなかにあって，『いま子どもである』人たちに手渡すべきなにものも所有してはいない。大人をも適応困難に陥らせるほどの『変動因子』の急浮上に，大人たち自身も自らと周辺環境との調整に難渋し，行方を見失ったままに浮遊しているのが現状」[11]ともいえるのである。

　こうした中で，大人は，新たな子どもとの関係を見いだせずにいる。変わってしまった子どもという存在を探りながら，かつて近代社会が大人とは異なる固有の子どもを「大人」にすることに成功した装置—家庭と学校—に期待し，かつてのような大人—子ども関係の修復に奔走する。本田が指摘するように，変化したのは，「子どもそのもの」，つまり実体として存在する子どもではなく，子どもとの関係の担い手としての「大人」をも含めて，子どもと大人との間に結ばれていた「子ども—大人関係」なのではないか[12]。

　かつて大人が，家庭や学校で「発達可能態としての子ども」に向けつづけたまなざしは，大人とは，異なる独立したカテゴリーとしての子どもに向けられたものであった。今，子どもたちは，大人と子どもという2つのカテゴリーによって語られる関係の修復とそのまなざしの変更を迫っているのではないだろうか。

§2 心の時代が物語るクライシス

　近代という時代に保護と教育の対象として発見された子どもは，「学校」という装置の中で，「子ども」でありつづけることを余儀なくされてきた。近代学校と近代家族を成立させてきた諸要因が変容している今日，依然として変わることなく存在する学校システムに対して，その破綻を指摘しているのは，他ならぬ近代に誕生した子ども自身である。

　そうした子どもに対して，大人たちは何とか従来のシステムの中で，「子どもを教育できないか」と考え，何とか「子どもを理解できないか」と翻弄する。子ども問題の原因が，家庭の教育力の低下だとすると子育て支援のシステムを充実させようとし，教師の指導力不足が原因だとするとその力量強化の必要性が叫ばれる。それでも，子どもが理解できないとなると子どもの内面に迫ろうとし，子どもの前に「心」を理解する専門家を登場させる。

　こうしたアプローチは，崩壊しそうな近代のシステムを，改善するための新しい時代の優れた教育方法でも戦略でもなく，近代のシステムの形を変え，非可視化し，強化するだけである。

　本節では，大人が従来の方法では，操作できないほどに「変わってしまった子ども」の心―それは本来最も理解できないものではなかったのか―を理解しようとする大人のアプローチの問題から，ポスト近代の新たな〈大人―子どもの関係〉を読み解いていくことにする。

1. 子どもの前に登場した「心の専門家」という新たな大人

　「心のケア」という言葉が，教育界に登場するきっかけとなったのは，1995年，阪神・淡路大震災後のことである。64,000人あまりの犠牲者を出し，長期にわたる避難所生活を余儀なくされた被災した人々に手を差しのべ

たいという思いを抱くのは、直接、間接を問わずこの状況を目の当たりにした多くの人の当然の感情であった。延べ138万近いボランティアの人が被災地に駆けつけ様々な活動を展開した。救援物資の搬出・搬入、避難所での作業補助、安否確認、炊き出し、水くみ、介護等の生活にかかわる具体的なケアに携わるボランティアが活躍する一方で、24時間「心のケア」電話相談という活動がスタートした。

　肉親を亡くし、生活の拠点も地域のコミュニティーさえも失った人々がどれだけ傷つき、これから先の人生をどのように生きるのかという戸惑いと苦しみの中に立たされているのかを思うと、微力でも、その心に寄り添いたいと思うのは、心の専門家でなくとも抱く思いである。一方、この状況におけるいわゆる「他者」が、本当の意味で、被災した人々の「心」に寄り添うことができるのか、やすやすとそこに立ち入ることの背後にある危うさを感じずにはいられないのもまた事実である。

　その後の1995年に、教育界にも「心の専門家」が登場する。それ以前にも学校教育の場でのカウンセラーの登用については、しばしば検討されていたが、この年、文部省（現在の文部科学省）は、スクールカウンセラー（以下SC）活用調査研究委託事業をスタートさせ、SCを委託先の学校に配置した。この事業が具体化した前年の1994年に、愛知でいじめを受けて中学生が自殺をするという事件があったことが発端とされているが、不登校やいじめといったこれまでの学校が遭遇したことのないいわゆる学校問題が次々と表面化していた時期でもあり、その解決策の一つとしてのSC導入であったといえる*。

　しかし、導入当初は、学校側も手放しでSCの配置を歓迎したわけではなかった。そもそもわが国の教師は、歴史的に、教科の内容を伝授することだ

---

*　小沢牧子は、SC導入の背景には、臨床心理学の専門家らによる強いPRがあったと指摘する。1988年、日本臨床心理士資格認定協会が発足し、1990年には、この協会が文部省を監督官庁とする財団法人となり、「臨床心理士」の資格を発行するようになる。「心の専門家」は、その高度な資格を認定され、学校は、彼らの一つの職場となっていった。

けが，教員の職務であるという文化の中には生きていない。森有礼に立ち戻るまでもなく，近代学校のシステムの中にあっても，わが国においては教師は人を育てる仕事であるという文化が，きわめて重視され，事実その文化が根づいていた。それは，教師という仕事の領域を曖昧にもしてきたが，他国に誇れる教師文化でもあった（第1章参照）。したがって，多くの教師は，授業外にも子どもたちの遊びやクラブ活動に付き合い，勤務時間外であっても保護者と対話し，子どもとともに生活することが，当然のことであり，それが教師のやりがいにもつながっていた。

　そうした教師文化が定着しているわが国の学校に，子どもの心の悩みだけを切り離して，それを担当するSCが入ることには，教師側に抵抗があったのも当然のことである。

　しかし，90年代に入ると，不登校，いじめの問題に続いて「学級崩壊」なるあらたな問題が表面化してきた。どんなに子どもたちとかかわりを深めようと，管理を強化しようと，子どもたち自身が大人の思惑からすり抜けて，近代学校がつくりあげてきた学校文化—時間になったら授業に参加し，教師の指示のもと，一定時間，みなと同様の生活態度で振舞う—から逸脱していく子どもが登場するのである。学校文化の中で生き，それを自明視し，それに適応する子どもを育成することが学校の役割であると信じてきた教師にとっては，この現象は，理解不能な状況であり，無力感を増大させた。さらに，学級崩壊は，それまでの学校問題と同様，その背景にある原因やシステムの問題を分析されることなく，その要因を「教師の力量不足」として帰結していった。

　そうした状況の中で，SCの導入も，もはややむなし，何らかの解決策の一助になるのではという空気が蔓延していく結果となった。こうしてSCが導入され，導入から10年を経た2005年には，スクールカウンセラーの配置校数は，9,547校になり，全国の公立小，中，高の，24.1％にスクールカウンセラーが配置されていく。

　しかし，SCは，基本的には非常勤職員で，常に子どもの心に付き合える

状況にはない。決められた日の決められた時間にやってきて、子どもが自ら、相談室のドアをたたいた場合に相談にのる。たたいたドアの向こうにいるのは「心の専門家」という子どもと生活を異にする大人である。彼が専門家として、子どもにかかわることには当然、限界が生じる。

　こうした限界をカバーする意味で、文部省（現文部科学省）は、1998年「心の教室相談員」の配置を決定する。心の専門家ではないが、子どもの心に付き合ってくれる大人の配置事業のスタートである。

　以降、学校には子どもの教師とは異なる「心」に付き合う大人が、数多く出入りすることになる。

　京都市の「心の居場所推進事業」の実際を見てみよう（2008年時点）。

① **スクールカウンセラーの派遣**〈平成7年度～〉

　児童・生徒の心理相談に関して高度に専門的な知識・経験を有する者（臨床心理士）を「スクールカウンセラー」として派遣し、各学校（主として中学校）において生徒指導に関する校内体制の一つの柱に据え、教職員と一体となったカウンセリング体制の整備を図っています。（配置校；111校）

② **子どもと親の相談員の派遣**〈平成16年度～〉

　不登校などの課題に早期に対応するため、小学校に元教員等を「子どもと親の相談員」として派遣し、児童の悩みの話し相手となり、ストレスを和らげ、心にゆとりを持てるような環境づくりを行っています。（配置校；11校）

③ **生徒指導推進協力員の派遣**〈平成17年度～〉

　生徒指導体制の充実と関係機関との連携強化を図るために、小学校に元教員等を「生徒指導推進協力員」として派遣しています。（配置校；1中学校区の2小学校）

④ **学びのパートナーの派遣**〈平成13年度～〉

不登校傾向にある子どものうち，いわゆる「別室登校」の状況にある児童・生徒等が悩み等を気軽に話せる環境づくりを行い，ストレスを和らげるとともに，学習効果も上げながら教室に復帰することを目指して，子どもたちの相談相手，学習の補助者として，教職員やスクールカウンセラー等と連携して活動する学生ボランティアを，「学びのパートナー」として，全国に先駆けて派遣しています。（配置校；80校）

⑤ ハートケア・ボランティアの派遣〈平成9年度～〉
教育相談総合センター（こども相談センター：パトナ）のカウンセリングセンターで相談を受けている，不登校をはじめとする多様な課題をもつ子どもたちを対象として，カウンセラーの指導助言のもと，家庭訪問等を行う学生ボランティアを「ハートケア・ボランティア」として，教育相談の補助的活動を行っています。

さらに，各家庭に対して，保護者として果たすべき役割や子どもとのかかわり方を提言した保護者啓発資料として『育てよう　たくましい心　思いやりの心』を配布し，教職員に対しては，「学校教育活動に教育相談の精神（カウンセリングマインド）を生かし，不登校児童・生徒の早期発見を図るとともに，問題解決に強い使命感をもって取り組む教職員の育成を目指して，研修の充実を図っています」と，行き届いた体制が整えられているのがわかる。

こうして，立場を超えた大人たちが，子どもの「心」に向き合おうとしている。一見，「変わってしまった子ども」を理解しようとする大人たちが用意した新たな優れたシステムのようにも見てとれる。

小沢は，設備の整ったカウンセリング・ルームや心の相談室をよそに保健室に群がる生徒の様子を吐露する養護教諭のコメントを引用して，「なぜ，保健室は生徒の群れかといえば，そこには子どもの心の相談室として指定された場ではなく，子どもたち自身が学校の中に嗅ぎつけ見つけた，ゆるみのある場所だからであろう。制度化された場に『悩みのある子どもはどうぞ』

と言われても，子どもははいはいと出かけていくものではないのだ」[13]と指摘したうえで，次のように述べている[14]。

　　「心の相談」システムの充実は，ていねいに張りめぐらされたカスミ網のように，子どもたちを囲い込む。親切な管理。しかし「問題の子ども」へのやさしく熱心な特別扱いは，結果として当人を苦しめ追いつめる。─中略─抜け穴のあいた網を適当に出入りできるくらいのおおらかな空間，それを子どもたちと作り出せる可能性を手にしているのは，やはり教職員たちだ。何といっても，学校という暮らしの場を，いつも子どもたちと共有しているのだから。

　文部科学省は，平成13年に開催された少年の問題行動等に関する調査研究協力者会議において，「心と行動のネットワーク─心のサインを見逃すな，『情報連携』から『行動連携』」へをキャッチフレーズとして具体的な対応策の一つに，養護教諭の複数配置やスクールカウンセラーの配置の拡充を目指し，「スクールカウンセラーを活用して学校の教育相談体制を充実させることも重要であり，国や地方公共団体においては，今後，スクールカウンセラーの配置を拡充し，<u>すべての児童生徒がSCに相談できる体制を早期に整備していくことが必要である</u>」と表明している。

　すべての児童・生徒がSCに相談できる体制とは，具体的にどのようなもので，そこですべての児童・生徒は，何を求めるのか。大人の知恵を超えて網の目を潜り抜けたいと画策する子どもと，さらに子どもに対するみえない管理を強化する大人とのせめぎ合いが続くかぎり，両者にとって幸福な学校空間は誕生させることは不可能ではないのか。

　「改革」の一端として登場した心の相談を担当する大人たちの親切は，かつて近代学校を誕生させた際，発達可能態としての子どもを信じ，子どものために善き空間としてパノプティコンと同様の学校を用意したときの大人の「善意」と重なる。

　近代学校が制度疲労を起こしている今，学校制度の網目を強化すること

で，学校は変われるのか。「心」の専門家の登場によって結果的に見えてきた学校の可能性を探ってみることにしよう。

2. スクールカウンセラーとパストラル・ケア

学校という空間に「心の専門家」が登場するようになったのは，河合隼雄らの功績が大きいといわれている*。1990年代の学校に表面化していた様々な問題を解決したい学校と心の専門家を専門職化することを期待する河合らの意図とが一致したことにより，わが国においてもSCの配置は急速に進められていった。

近代学校の制度疲労は，わが国に限ったことではない。アメリカ，イギリスを始めとする先進諸国もまた同様である。アメリカにおいては，すでに多くの学校にSCが複数配置されており，イギリスにおいては，パストラル・ケアのシステムが構築されていた。専門職が分化しているアメリカにおけるSCは，河合の目指すそれと似ているところがある。つまり，教師とは専門性の異なる人材が学校に配置され，それぞれ異なる専門性を発揮し合い，協働して子どもの教育とケアを担当するというものである。

それに対して，イギリスのパストラル・ケアは，アプローチが異なる。パストラル・ケアとは，パスター（pastor：羊飼い）が羊飼いを世話するように対象をケアするというキリスト教的発想に由来するタームである。イギリスでは，1950年代後半から，教育界で用いられ，「あたかも牧師が信者に接するように，教師が生徒の学習・人格・生活の指導をすること」を意味している[15]。イギリスの教師は，歴史的に教科を指導するだけでなく，子どもたちにかかわる場面を多くもちつづけてきた。名門校の多くが寄宿制学校であ

---

* SC導入の経緯は，専門家の間でも決して一枚岩ではなかったといわれている。すべての教員が子どもの相談にのれるようなカウンセリング・マインドをもつべきであるという国分や江幡らの立場と，より高度な専門性を身につけた専門家を配置すべきとする河合らの立場との長期にわたる議論の末，後者の立場が採用されるに至った。

ったことからも、教師は子どもたちと生活をともにし、学業や進路について、親代わりのような役割も果たしてきた。こうした教師観は、今日でも継承され生徒指導や進路相談といった教科指導以外の業務も教師の仕事と広く認知されてきているという[16]。このような点において、イギリスのパストラル・ケアのアプローチは、これまでの日本の教師文化とその役割に類似した点があるといえよう。

わが国のSCの導入は、イギリス型のパストラル・ケア的なアプローチとはあきらかに異なるものである。アメリカの多くの学校で見られるように、教師は授業をする人、カウンセラーは相談を請け負う人というように、その担当を分化していこうとするものである。それは、子どもの問題を、一旦子どもの授業や生活の様子から切り離し、「心の問題」として、あるいは「心の問題」から読み取ろうとするものともいえるだろう。今日の子どもの生きている状況は、言うまでもなくきわめて複雑で総合的なものである。「子どもの心」によって問題が起こり、「子どもの心」の解決が問題の解決であるというような単純な構造の中から読みとることの危険を確認する必要がある。

SCの導入は、昨今の学校問題への ひ と つ のアプローチではある。しかし、学校の問題を、子どもの「心の問題」として、個人還元主義的な考え方に収斂してしまうことは、その本質や背景にある社会的な問題を見失うことになる。それはベックのいう「個人化」をもたらす。

日本の教師文化には、ある程度パストラル・ケア的な側面が息づいていた。SCの導入は、むしろそうした教師文化と決別し、子どもの問題をきわめて個人的な問題として収斂していくことをも意味する。「心」の専門家の登場によって、皮肉なことに、子どもの生きる複雑な様相から心の問題が切り離され、学校の諸問題も子どもの抱える諸課題も「個人化」の方向に向かっていくことになるのではないか。

現在表面化している学校の諸課題は、言うまでもなく、ポスト近代の社会に起こっている複雑な要因が絡み合ったうえでの問題である。様々な問題の

背景にある複雑な要因をSCの導入によってのみ解決することはできない。むしろ,「解決できない」という事実が物語る要因を整理していくことが必要なのである。

ヌーバーは,社会の心理主義化は,個々人のもつ問題を告発することによって,実際の問題を見過ごすことになることを指摘し,以下のように述べている[17]。

> この国の多くの人の政治的・社会的無関心の責任を,心理療法だけに押しつけるのは,たしかにフェアではないだろう。だが,部分的には責任はあるのである。個人にだけ注目し,問題を個人の問題とすれば,社会状況が無視され,その結果,自我とか,自己向上や自己実現への極端な努力だけがますます注目されて,脱政治化が助長されることになる。

3. 空間と関係の構造の見直しへ

「子どもが変わった」という語りの中で,たびたび変わった子どもの姿として登場するのが「コミュニケーションの取れない子ども」と「人間関係づくりが下手な子ども」である。この語りの中にある子どもは,本当にコミュニケーション能力が劣り,人間関係づくりの能力が,欠落しているのだろうか。仮に,人間関係づくりが苦手な子どもが増えている傾向があるとしても,それらを改善する方法は,そこに専門家が介入して,指導したり,援助したりすることでこの課題は解決に向かうのだろうか。

小沢は,われわれの普通の暮らしの中にある,わずかに残る自前の領域こそが「人と人の関係である」として,「心の専門家」の登場は,むしろそうした最後の砦を市場化し,管理していくことにつながると,その問題点を指摘する。

人と人との関係は,「消費社会が進行し,すべてが商品化の波に洗われる現在の生活のなかで,わずかに残る自前の領域だった。そのなかで人は,感じ,考える。面倒でも,そうする。なぜなら,人と人との関係のなかで感

じ，考えることが自分の核であるとやっと感じられるからである。『心の専門家』は，最後に残ったその部分を仕事の対象としている。これまで管理の及びにくかったプライベート領域が，管理の対象とされることである」[18]と述べ，自分の身体は，医療に，子どもは学校教育に預けられるものとなり，家事，娯楽も商品化されるのに対し，「人と人との関係は，それらの隙間にわずかに残る『生活の地』ともいうべき私的部分で空気のようにとらえにくく，商品化になじまない」と指摘する。

　かつては「教育する大人」と「教育される子ども」の関係が学校という近代空間の中で機能し，バランスよく存在し合えていた。しかし，社会の変動因子が増大する中で，学校は機能不全の状態にあり，均衡を保っていたバランスが崩れようとしている。そうした空間の中で，心の専門家は，学校という空間をそのままに維持しながら，そこに生きる「子どもの心」の前に登場する。その子どもはほかならぬ社会の中で生きる（生きざるをえない）子どもなのである。

　近代的市民を育成するための管理空間として誕生した近代学校に起きている諸問題は，さらなる管理の強化と市場化によってではなく，空間としての他の可能性を探ることでしか解決しない。これまで通りの学校の枠組みだけをそのままにして，「人と人との関係」までも，学校という強力な枠の中にすっぽり位置づけるのではなく，一方で空間の構造の見直しを，一方で関係の構造の見直しをしていく必要があるのではないだろうか。

§3　新たな学校空間の再構築へ

　〈教える大人〉と〈教えられる子ども〉の関係が解体し，近代教育遂行の場としての学校空間が混乱している。これまでの枠組みをそのままにして，変わってしまった子どもと親を責めても，機能不全状態にある学校とかつて

のような権威をもちつづけられない教師に責任を負わせても，生きる総体としての子どもの一部分を取りあげてアプローチしても，本質的な問題解決にはならない。

　今，問われているのは，これまでわれわれが自明視してきた学校に対する枠組み（パラダイム）そのものである。ポスト近代化社会の学校は，どこに向かおうとしているのか。どのようなパラダイムを見いだそうとしているのだろうか。

　われわれは，この壮大な問いに対する，一つの明確な答えを見いだせずにいる。まさに，この問いの真っ只中に立たされている。この空間の構造を問い，新たな空間づくりの可能性を探ること，ここに生活する〈教える教師〉と〈教えられる子ども〉の関係を再構築すること，ここで繰り広げられつづけてきた教授と学習という行為そのものを再考することなど，学校をめぐる自明性を問い，再構築することが，今求められているのである。

1．教育の市場化への問い

　民主主義社会を構築するうえで，社会の市場化は，ある意味当然のことであり，基本的に，それをよしとしてわれわれはこの社会システムをつくりあげてきた。教育もまた社会システムの一つであるから，教育を市場化することは，選択肢としては当然ありうることである。しかし，そこには，同時にいくつかの問題があることを確認しておく必要がある。

　教育の市場化は，強者（いわゆる経済的にも環境的にも恵まれた家庭）側の子どもたちにとっては，有利に働く。たとえば学校選択制を例に考えてみる。これまでわが国の義務教育は，基本的に通学区制（居住地内に定められた学校への就学）をとってきた。学校選択制とは，この定められた通学区以外の就学を選択できるもので，学校教育法施行令によって以下のように定められたものである。

市町村教育委員会から指定された就学校が，保護者の意向や子どもの状況等に合致しない場合において，保護者の申立により，市町村教育委員会が相当と認めるときには，市町村内の他の学校に変更することができる。
(学校教育法施行令第8条)

　教育的に配慮の必要性がある場合（いじめ，不登校，その他の個別事情等），通学区外の学校への就学を弾力的に認めるという意味では，この制度は有効である。しかし，学校選択が自由化されれば，これまでわが国で維持されてきた通学区制度は，崩壊する。通学区制度にも問題がないわけではない。しかし，地域の子どもたちが，同じ学校に通うという制度によって学校文化が形成され，地域と連携した学校づくりが自然と出来上がり，学校が地域の拠点となってこられたのも制度の一つの成果である。

　学校選択制は，当然のことながら学校の序列化を生む。そしてその序列化された情報により，学校の選択がなされる。序列の上位にある学校は「よい学校」，つまり商品価値のある学校となる。市場化された社会においては，商品判断基準は消費者が握ることになる。「人びとは，消費者としてのニーズがみたされているかどうかというまなざしで学校をとらえるようになり，そのレベルで学校を評価するようになる。―中略―そのとき学校は公論の対象としての地位から市場における商品の地位に転落することになる」[19]。

　当然のことながら，資本（時間，労力，資金）の有無によって選択可能性は，変動するため，より資本のある者が，より商品価値の高い学校への就学の機会を手に入れることになる。

　学校間競争が生まれることは，一概には否定できない。教師や地域が一体となって，「オラが学校」*をよきものにしようとすることは，望まれること

＊　明治初期の学校は，「民費」とよばれた地域共同体の積立金や寄付金で，建設された。中には，当時一軒の家を建築するよりはるかに高額なスタンウェイのピアノを購入した学校もあった。民衆は，「オラが町」の「オラが学校」を誇りに思い，他に負けないよき学校づくりのために資金を集め，惜しみない協力をした。

でもある。しかし，学校を市場化することで生まれる競争原理は，資本のある者にとってはより有利であると同時に，より激化した競争の渦をつくりだし，資本のない者にとってはより不利な状態をつくりだすことになる。前節で述べてきたように，教育における再生産の構造は，それが近代の教育システムを維持する以上，全くなきものにすることはできない。しかし，教育の市場化によって，この再生産構造は，より強固で強烈なシステムとして人々の前に立ちはだかり，顕在化していくことになる。それは，わが国の教育文化の中に，根づいていた共同体的風土──どのような家庭の子どもも，どのような能力の子どもも，みんなが地域の学校に通うことで，互いを理解し合う関係づくり──と地域の拠点としての学校との決別と，さらなる教育の個人化をもたらすことになる。

2. 構造から分断された問題を解決することへの問い

　学校問題が表面化し，学力低下が叫ばれると，学校現場は，何とかそれらの問題を改善しようとする。しかし，繰り返し述べてきたように，今われわれが学校をめぐって由々しき事態だと認識している多くの問題は，近代社会そのものが突きつけられた構造的な問題であり，構造的な問題に目を向けないまま，表面化している問題の一部を取りだし，それを改善するような安易な方法で解決できるほど，単純なものではない。

　わが国において学力低下論争の最中，それを改善するためのひとつの方策として導入された「習熟度別学習」を例に，考えてみよう。「習熟度別学習」とは，それぞれの教科における習熟度（到達度）別に一つのクラスを複数に分けて，それぞれのレベルに合わせて授業方法，授業内容を変えて，授業を行うものである。文部科学省は，学力低下を食い止める切り札として，2001年から導入を推進し，現在では，全国の小中学校の約6割の学校が何らかの形で習熟度別学習を実践している。

　習熟度別学習に賛同する立場は，こうである。そもそも子どもの能力の個

人差を無視した一斉授業には限界があり，それぞれの子どもの能力にふさわしい方法と内容の授業をすることにより，理解を深めることができる。一人ひとりにわかることの喜びを体験させ，それが学ぶことへの意欲へともつながるのだ，と。

一見，「一人ひとりを大切にする教育」という近代教育学が，標榜してきた語りを実現する理想的な教育方法にも読み取れるが，現実的には多くの問題を内包している実践であることは，先行研究が示しているとおりである。

佐藤は，習熟度別学習の問題点として以下の4点をあげている[20]。

① 習熟度別学習は，民主主義に反する差別的教育である。
② 習熟度別学習の導入は，教師の人数を増やさない限り，更なる煩雑さを生み，指導が困難になる。
③ 教育目標を到達目標で明示し，学習を細かな段階で組織している授業でない限り，効果がない。
④ これまでの研究によって習熟度別学習の効果は，検証されていない。

逆説的ではあるが，到達目標で明示した段階的教育内容（ブルーム型の完全習得学習）であれば，習熟度別学習は一定程度の効果があるということでもある。そして，成績上位の子どもには，さらに高度な学習内容に進む機会を与え，それを実現することも可能でないわけではないということでもある。

しかし，われわれは，今近代学校がよしとしてきた完全習得学習＊を見直すべき時にきている。むしろ，それらを乗り越え新たな学びの世界をつくりだそうとしているのである。

───────────────────

＊ 前述したフィンランドでは，1980年代半ばの教育改革で，習熟度別学習を廃止した。クラスの中には，様々な能力の子が一緒になって学習する。一見，勉強のできる子どもにとっては，効率の悪い学習のように見られるが，クラスの中にわかっている子どもとわからない子どもが，ともにいることでわかっている子どもはわからない子どもの「なぜ」に付き合う機会も生まれる。それによって本当に「わかること」の意味に出会うことになる。学びの転換がここにある。

たしかに，成績下位の子どもは，「わかる喜び」を体験するかもしれないが，彼らは，それと引き換えに，低度な学習内容の枠組みから脱出する機会を失うことになる。それは，われわれが目指した「すべての子どもの能力を尊重する教育」とは大きく矛盾するものである。習熟度別学習の推進の向かう方向にも，個別化されていく教育の実態を見ることができるのではないか。

そもそも習熟度別にグループ分けしなければならないほどに学力差が生まれていることの問題を問うことなく，またそこで習熟しているか否かを決定づけている学力とは何かをも問うこともなく，解決しようとしている問題は何なのか。それを問うことなしに，本質的な問題の解決の道は開かれないのではないか。

われわれは近代学校の諸問題は，さらなる個別化と個人化に向かうことでは，決して解決しないことを確認する必要がある。

3．教育の〈個別化〉・〈個人化〉からの解放

個別化と個人化の方向に突き進んだ近代教育を，われわれはどこで方向転換すればよいのだろう。教育が社会の一つのシステムである以上，そこにたった一つの明快な答えを見いだすことはできないだろうが，ここでは，いくつかの国の教育改革の試みから，次なる時代の教育の方向性を模索することにする。

① 多様な人との出会いと学びの場としてのフィンランドの学校

学力世界一と賞賛されたフィンランドの成功は，個別学習の解体にある。成績上位者も下位者も様々な子どもがともに学ぶことによって学ぶ。わからない子に教えるということも大事な学習の一つと位置づけられている。多様な能力，思考，関心をもった子どもたちが個別に学ぶのではなく，ともに学ぶという協同化の実践である。

それは，一つの正答を獲得する教育ではなく，他者とともに探究し，わかることの意味を探る学びである。

② アメリカのチャーター・スクールにおける多様な選択

1991年にミネソタ州にチャーター法が制定されて以来，アメリカ各地に様々なチャーター・スクールが誕生している。チャーター・スクールは，官僚制の下での学校のあり方を否定し，父母が納得する学校を自らの手で設立していくものである。教師や父母でつくられたグループが学校づくりのプランを教育委員会に提出し，承認されると学校新設の許可が得られるというものである。子どもの就学人数によって学校運営の予算が配分されるため，教育に競争原理を導入し，自由化した学校ではあるが，単なる教育の市場化ではなく，父母も子どもも学校づくりに参加する主体となって学校をともに運営しているところに意味があるといえるだろう＊。

③ レッジョ・エミリアのプロジェクト・アプローチ

レッジョ・エミリアの保育が，世界的に注目を集めた一つの理由は，そこで展開されている「プロジェクト・アプローチ」が，幼児教育独自の教育方法ではなく，他の教育段階にも意味をもたらす教育実践であったからである。少人数のグループで取り組まれるその活動は，これまでの教師が教育内容を計画し，子どもがそれに従うといったカリキュラム観の構造的な改革であった。それは単なる体験主義ではなく，子どもと教師と（時に父母）が，ともに学び，ともに振り返り，ともに知を構築していくカリキュラムともいえるだろう。

これらの実践が，示している共通項は何だろうか。それは，近代教育が誕生して以来，自明なものとして守りつづけられてきた既存の価値と制度への

＊ アメリカのチャーター・スクールは，法律制定直後には，多くの学校が誕生したが，その後それほど増加しているわけではない。教育水準を維持すること，学校運営を人的にも経済的にも安定化させていくことは，それほど容易なことではないことを物語っている。

アンチテーゼである。フィンランドの事例は，科学的かつ系統的につくられてきた知の体系としての学校カリキュラムの枠組みを取り外し，総合的，横断的な学びの中で子どもが集い，かかわり合いつつ確かな学びを実現していく実践である。アメリカの事例は，教育の市場化をはかりつつも，父母が学校づくりに参加することで，単なる教育サービスを受ける消費者と化すことなく，学校にかかわるすべての人が，学びの空間のつくり手となること，それは統治者と市民という関係でなく，商品提供者と消費者という関係でもない新たな関係の構築である。イタリアの事例は，子どもがその興味・関心に従い，創造的な活動を仲間や教師とともに共同的に行いつつ学ぶという「協同的な学び」の実践であり，教師が教え，子どもが学び，教師が評価するといった構造の転換である。

　これらの実践から，われわれは，閉塞した近代学校の壁に小さな風穴をあけるためのヒントを得ることができる。学校知を獲得することをもってして学習と捉えてきたわれわれの学習観の再考と，保護し教育すべき対象として捉えてきた子どもという存在の捉え直し，さらには知の伝達者としての教師と受け手としての子どもの関係性の読み直しから始めよということかもしれない。あるいはパノプティコンとしての学校空間を開放し，子ども自身と父母や地域の人々が学びの場のつくり手としてともにいる空間の再生から始めよということでもあるかもしれない。近代教育が誕生してから200年あまりの中で，巨大で強固なものとして完成した教育システムは，さらに個別化し個人化する方向に向かうのではなく，見えないが細かな網の目によってやさしい管理をするのでもなく，他者の存在（それはクラスメートであり，教師であり，地域に生活する人々）と関係をつくり直すことで互いに学び合う社会を構築するという，大きな方向転換を求められているのである。

第 2 部

教育学における思惟と行為の基底

　教育が学問としての体系をもち議論の対象となった時代から，教育学は重い荷物を背負うことになった。自然的教育の枠組みが人間を陶冶した社会から，社会的営為として人格の完成を企図する社会を目指すことになったからである。近世の賢人たちは果敢にもこの課題に挑戦し，独自の境地を切り開いてきた。
　しかし教育学は，社会全体の学校化によって硬直化し，ふたたびその限界を発生させている。第 2 部第 1 章では，そもそも教育学とは何か，学の歴史的変遷を踏まえてその構造および日本の教育学の命題を整理する。第 2 章では，教育の対象を子どもや生活から場所(トポス)へと転換する根拠をあげ，その教育学試論に就学前教育の視点から挑戦している。新たな論理には当然，論理矛盾や不整合性があるに違いない。しかし，実践から遠く離れてしまった教育学をふたたび実践の演繹・帰納に近づけることを目的にチャレンジしている。第 3 章では，「構造」と「循環」というテーゼに言及しつつ，循環型社会と理性的共同体の位相を捉えている。

第 1 章

教育学の構造と原理
―位相の変遷を中心に―

§1 「学」とは何か

1. 学と基本命題

　生きることの問いの先に，今ある社会を学的視点から記述する文化が生まれる。私たちが歴史として学ぶ多くの哲学的・論理的事柄は，学的視点に立って切り取られた側面であり，その視点からみた人間の生きる意味への問いである。神話として語られ，悲喜劇として演じられた古代ギリシャの時代から今日に至るまで，多くの先達が「学」としての教育を哲学してきた。なぜ学校に行くのか，学校で何を学ぶのか，それはよりよく生きることにおいてどんな意味があるのか，教育も生きることの意味を問う学の対象である。脱学校化社会へと移行しつつある現在，原点に立ち返って教育の"学"を捉えるために，まずは学として論じられる条件とは何か，学的視点が生まれる背景には何があるのかを捉えておきたい。
　それは，保育学あるいは幼児教育学がいまだ"学"を構築しえないといわれる根拠を読み解く鍵になると考えるからである。教育学は，児童・生徒・

学生と対象を広げても児童教育学，生徒教育学，学生教育学などといわないのに，なぜ幼児教育だけが保育学とか幼児教育学を守り通しているのか。さらに保育学と幼児教育学は同じ時期の幼児を対象にしながら，なぜ冠する言葉も論拠も違うのか。保育学・幼児教育学は哲学的思索の対象とはならないのか，哲学的思索の対象とならない"学"など存在するのか。さまざまな疑問の出発点を整理することにつながると考える。

(1) 哲学的に思量する

学とは何だろう。一般的には，ある分野の専門性に関して追求することと捉えられるが，『広辞苑』（第6版）には「現実の全体あるいはそれの特殊な諸領域または側面に関する系統的認識，哲学ないし専門諸科学を含む」と書かれている。学の系統的認識を形成する哲学ないし専門諸科学による問いの原点は，東洋でいえば孔子，孟子，釈迦に，西洋でいえばプラトン，アリストテレスらに遡る。よりよく生きたいと願う人々は，「よく生きること」に光を当ててその概念を分析・闡明（開いて明らかにする，はっきりと明らかにする意）してきた。善とは，幸福とは，徳とは，思量（考えをめぐらす）とは，正義とはといった，生きることの命題を問うことは，やがて市民の普遍意志（意志として共通する道徳観，倫理観）となっていく。

① 魂が真を認識するもの：アリストテレス

魂が真を認識するものとして，技術（テクネー），学（エクステメー），知慮（フロネーシス），智慧（ソフィア），直知（ヌース）*の5つをあげたアリストテレスは，「いかなる研究も，同じくまた，いかなる実践や選択も，ことごとく何らかの善（アガトン）を希求していると考えられ

---

* アリストテレスが「真を認識するところのもの」としてあげた5つの言葉の意味。
　技術（テクネー）：真を失わない理（ことわり）を具えた制作可能の状態。　学（エクステメー）：必然的，永遠的な教え，学ばれうるもので論証ができる状態。理を具え推論を立て前とするもの。知慮（フロネーシス）：人間にとっての諸般の善と悪に関しての理を具えて真を失わない，個別的な事柄にもかかわる実践可能の状態。
　智慧（ソフィア）：本性的に最も尊貴なものを取り扱うところの学でもあり直知でもあるごときもの。
　直知（ヌース）：観照的（直観・美意識の知的側面の作用を表示する概念）な知性。

る。『善』をもって『万物希求するところ』となした解明の見事だといえる所以である」[1]として善，倫理的な卓越性（徳），正義，知性的な卓越性，抑制と無抑制，愛，快楽などを追究する。この中の知性的な卓越性に"学とは何か"がある。

　アリストテレスは，「学」のかかわるものは必然的・永続的なもので，教えることができ，あるいは学ばれうるものであるとする。教えることは基本命題*への帰納，普遍的なものへの帰納であるが，推論を出発点とし，「『学』とはそれゆえ，『論証ができる状態』」で，「人が何らかの仕方で確信に達していて，もろもろの基本命題が彼に知られてある場合に，彼ははじめて『学的に認識』している」[2]といえるのであって，基本命題が結論以上に知るところとなっていない場合は，偶有的な仕方で「学」を有しているだけと規定している。つまり「学」は，普遍的・必然的なものを対象とし，確信をもった基本命題として知られているもので，結論を知っていても論証できる状態でなければ"学的に認識している"とはいえないということになる。私たちが，教育に対して「教育は大切だ」という結論を知っていても，学的には認識していないということである。「遊びが大切だ」「保護と教育が一体である」「子どもと向き合うことが基本」などという結論を知っているだけでは学にならない。学的に認識しない言葉をどれほど語っても，実践や研究は希求するところに向かわないといえよう。

　またアリストテレスは，「『学』は，種々の基本命題の上に立っている。（学は，実に，理(ことわり)を具えた推理ということを立て前とするものなのである。）だとすれば，学的認識の基本命題それ自身にかかわるところのものは「学」ではなく，いわんや『技術』や『知慮』ではありえない」[3]として，学は基本命題の上に立っていても，基本命題は学ではないと区分する。基本命題を論証

＊　**命題・基本命題**　　真偽のいずれか明確に決める事柄を命題（statement）という。その真偽を証明するため2つの条件，仮定と結論をAはBなりの類で表す。基本命題とは，これ以上分解できない命題をいう。

し学とする智慧（ソフィア・哲学）が必要で，智慧は「本性的に最も尊貴なものを取り扱うところの学でもあるし，直知でもあるごとき」[4] もの，つまり"直知プラス学"だとする。

この概念規定に基づいてアリストテレスは，知者と学者の状態を，知性的な状態に必要な経験の有無によって区分し，次のように語る。若くても知者として数学者となることはできるが，それは知慮（プロネーシス）ある人ではない。若き知者は抽象によって成立する数学を教えることができても，「学問の領域にあってはもろもろの基本命題が経験に基づくもの」[5] なのに，若き知者には経験に裏づけられた確信がないからである。「個別が知られるのは経験」「久しい歳月が経験をつくりだす」その経験が，真の学がある状態をつくるとするのである。学の領域においては，知のない状態もありえず，経験に基づかない状態もありえないとすると，真を認識する5つの"知性的な状態"の相互関連が意味をもってくる。学を言葉によって"論証ができる状態"は，基本命題によって構成されていくことになるが，基本命題も知と経験に基づいた確信が言葉になっていくということになる。

② 正義とは何か：プラトン

プラトンの『国家』[6] の基本命題は，正義とは何かから始まる。正義についてのいくつかの見解を検討し，"AはBなり"を導くのである。対話法による論証によって国の守護者の教育を論じ，教育内容を語り，守護者についての諸条件を明らかにして，国家の〈知恵とは〉，〈勇気とは〉，〈節制とは〉，〈正義とは〉を定義する。そして哲人統治者の学ぶべき認識の最高目標としての"善"に至る知的な卓越性（学）の内容を布置する。子ども時代に音楽・文芸など物語を聞くことに始まり，少年時代に予備教育としての事柄を課し，次に算数，幾何学，天文学，音楽理論，哲学的問答法を学習・研究させる随年教法によるプログラムを構想する。教授法についても身体の苦労は可としても魂（精神の意）の場合は奴隷状態におく無理強いはしないとする。この後，戦争を体験して20歳になった若者の中から選ばれた者は，少年時代の教育で雑然と学習したものを総合して，学問と実在（実際に在るもの）

と本性（善の実相）との結びつきを総観するところまでいき，第3階級としての守護者階級に登る。第1の労働者としての職人階級，第2の軍人階級それぞれも教育によって"よく生きること"を目指す。プラトンの命題は，正義，善き生き方，教育に対する国家の役割，教育の目的，階層に応じた身体鍛錬と徳性の鍛錬，カリキュラム，教育の方法とは何かに及んでいる。

(2) 命題を語る立場

　プラトンとアリストテレスでは，生きることの基本命題である善一つとっても語る立場が異なる。基本命題を立てるにしても，語るにしても立場があり，立場がなくては命題は論証できないといえよう。教育を実践し哲学的に思量して"学"を構築しようとする場合も，基本命題を語るその立場が内容を方向づける。性善説をとるのか性悪説をとるのか，無始無終をとるのか有始有終をとるのか，民主国家を描くのか社会主義・共産主義国家を描くのか，あるいは体系的な知の立場をとるのか，非体系的な知の立場をとるのか，それぞれの立場は哲学的な問いの立て方にかかわってくる。その立場への問いが哲学の歴史を形成している。

① 理想の国家と哲人政治：プラトンの立場

　さてプラトンは，物欲に走る僭主独裁制国家（独裁国家，以下"制"は文献に依拠）の生の不幸を嘆き，自由・平等を謳う民主制国家が生みだす民主制的人間の傲慢や無統制，浪費，無恥（「〈傲慢〉を『育ちのよさ』とよび，〈無統制〉を『自由』とよび，〈浪費〉を『度量の大きさ』とよび，〈無恥〉を『勇敢』とよんでそれぞれの美名のもとにほめ讃える」放縦な民主制）[7]を嘆く。衆愚の民主制国家は，寡頭制国家と裏腹にあるとして退ける立場をとり，理想国家を創造するための正義を語り，善を語り，すべての男女の教育を論じる。階級によって受ける教育が異なるのも哲人による統治を理想国家とするからである。師ソクラテスが国家の名のもとに処刑されたことから哲人政治が行われることなしに正義の徳が実現することはありえないと考えたのであろう。

② 現実の共同体：アリストテレスの立場

 一方，アリストテレスは現実主義の立場から思量する。彼もプラトン同様，統治者，職人，奴隷など人間の機能の区分を了解し，人々が生きるにふさわしい持ち場で教育されるとする国家社会だが，善きものの基準も理想国家ではなく現実の生活の中に求めている。また，「種々の共同体は，すべて国という共同体の一部分である」[8]というように共同体主義の立場を掲げる。これについてノディングズは，"道徳的な生活は共同体の中での実践（practices）と，実践が私たちに出す要求（demands）から生じるものであると主張するアリストテレスの見解は，共同体の必要と繁栄は個人の権利に優先することを意味し，善き市民は国家に貢献しようとするのであって個人の権利擁護を国家に要求しない"[9]立場にあるとする。そして，この国家観が，19世紀から20世紀前半の人格教育のモデルとして「従順，正直，無私，義務への献身，勤勉，勇気，正義，愛国など」[10]を実践することによって徳目を学び，人格を確かなものにしていく道徳教育の範になってきたとする。

 プラトンが理想国家のもとにおいてしか正義は実現できないと考えたのに比べ，アリストテレスは卓越性（徳）も「多数の人々と生を共にするものなるかぎり，徳に即するもろもろの行為を選ぶ」[11]と考え，共同体がその価値を人々に染み込ませるとしている。ノディングズのいうように，現実主義にみる共生と自己実現の立場ということになる。

③ 自然の理想状態：ルソー

 同じ共生と自己実現を掲げて近代学校教育の思想に大きな影響を及ぼしたルソーにも立場がある。ルソーは，自由の哲学者，時代を先取りした自然主義の哲学者として，『エミール』を通して自然の理想状態のもとでの教育物語を描いている。ノディングズは，ルソーが「人間は自由で善き者として生まれ，自然の理想状態のもとでならばこの状態でいることもできた，と考えた。他の人々とともに生き，他の人びとの必要と調整しなければならなくなったことから人間の退廃の過程が始まり，それはルソーの時代に特徴的な社会においてピークに達した」[12]からこそ，彼の教育論も思考実験以上のもの

ではありえなかったと分析する。そして，自然主義の立場でもって，「共生（conjoint living）の必要と自己実現（self-actualization）の必要との均衡をとることが，ルソーの試みであった」[13]とするのである。

　プラトンにしてもルソーにしても，真を認識する状態を哲学的に思量することで教育学をつくりだそうとしても現実に立場を置くことが不可能な場合，現実を超越した立場をつくりだして教育を論じている。日本でも幕府の朱子学に反対する者は，新という言葉を使うこと自体幕府への反逆と受け止められる現実社会にその立場を置くことができず"復古"の言葉を置き，「古学」として新の教育を語ってきた歴史がある（伊藤仁斎の『童子問』[14]は儒学を再構成して古学と称した新しい学問である）。このように，基本命題を置いて論証する立場は，個人の思想の産物でもあるが時代の産物ともいえよう。社会が混沌として教育学が低迷する時代，あるいは社会が封建で新をうち立てられない時代は，混沌の中から新たな"新"をつくりださなければならない。

2．西洋と東洋の思考の枠組み

　私たちは，西洋の哲学によって思量すること，論証することを学んで久しい。しかし，生きるとは，善とはを問うことは，洋の東西にかかわらず人間の生きる原点にある。ただ，歴史がつないできた文化のありようによって，問いの答えが共同体の普遍意志にまで高められているのかどうかの違いはある。

（1）知の循環

　プラトンやプロティノス，デカルトなど"笑止千万"と喝破し「わが日本 昔 より今に至るまで哲学なし」[15]とした中江兆民＊の遺言が戦後まで生きていれば，日本の民主主義はもう少し違ったかもしれない。戦後の民主主義は，兆民が"笑止の極"としたプラトンでさえも否定した民主制的人間をつ

くる国家，つまり"〈傲慢〉を『育ちのよさ』とよび，〈無統制〉を『自由』とよび，〈浪費〉を『度量の大きさ』とよび，〈無恥〉を『勇敢』とよぶ放縦な民主制"の実験がなされた期間とも言い換えることができよう。そこには人間を哲学的に思量する文化土壌ではなく，大衆が慢心した現象があったことは否めない。

　明治維新以降の国家建設における過程で，日本の教育も哲学なしの現象に巻き込まれてきたかどうかは人によって見解が異なるだろう。しかし，構造主義**の出現によって脱中心化が企図され，世界の哲学自体が大きく転換している今，その哲学と関連させていくことが教育学（幼児教育学・保育学）を再構築する視点につながると考える。教育行為によって帰納する知見も，哲学の歴史と深く関係しているからである。

　幼児教育を長年の仕事としてきた筆者は哲学に疎い。幼児教育界にはすでに言説化したフレーベルや倉橋惣三の思想があり，哲学的に思量することを求められることも自ら求める必要もないままにきたからである。教員養成課程も哲学を必修科目に入れていないので，教育学を語るのになぜ哲学が登場するのか不思議に思う読者もいるに違いない。しかし，教育は，哲学の歴史そのものといっていいほど，哲学的な人間観，道徳観，科学観などが教育的作用，内容に織り込まれた坩堝(るつぼ)であり教育学と哲学は本源的に不可分の関係

---

*　中江兆民（1847－1901）　　土佐藩出身。江戸時代後期から明治の思想家，ジャーナリスト，政治家（元衆議院議員）。自由民権運動の理論的指導者で「東洋のルソー」といわれている。著書に『一年有半』『三酔人経綸問答』やルソーの『民約論』の翻訳がある。

**　構造主義（structuralism）と脱中心化　　「構造主義とは，人間の社会や文化に構造という鍵概念を適用し，これによってその本質を理解していく人間科学の方法論をいう」（『新教育学大事典』）。構造とは，① 諸要素の総和でなく密接にかかわり合った全体的なまとまりでシステムとしての特徴をもつ。② 構造は変換システムで，構造の中の諸要素を変換してもその中の結合関係は不変のままである。③ 構造は自動調整の機能を備えていて内部から抑制される（数学的構造を理論モデルとして援用）。

　脱中心化とは近代学校の国民化が目指した教育のナショナル化（中心化）の構造，西洋的理性主義の構造から脱却して，言葉・文化・制度・慣習および認識的所産（親和や思考など）の共時的な構造に人間的意味を見いだす考え方。

にある。

　また，実践現場などでなぜ太陽，雨風，気温の変化が起きるのか，自らの行為の善悪が共同体に投影されるのか，誰が数を決めたのかなど，哲学的問いをもつ幼児と暮らしていると，その幼児の問いは哲学者の問いであったことに気づく。幼児教育にかかわる教師は，話し言葉によって対話する幼児の問いから哲学を学ぶことにより，論理学，倫理学，教育学など学を規定する原点が古代ギリシャの時代にあったこと，観念を考究する形而上学が神学に代わり，カントによって再び形而上学の再構築がなされても，形而上学が現実と離れすぎると現象学が台頭したり，現象に流されすぎると再びアリストテレスの形而上学に光が当たったりと世紀を越えて知の循環があること，そして，知を構築する人々が歴史をつないできていることなどを発見する面白さがある。

(2) 言葉の概念整理の必要性

　哲学用語として使われる言葉は非日常にあるものも多く難解である。コギト，善，純粋理性，純粋経験など，理(ことわり)を明晰にするための表現が，哲学辞典を引かないと理解できない。また，同じ日本語を当てていても洋の東西によってその言葉の概念は大きく異なっている。教育の命題を論じるためには，日常の言葉と，教育現象を語る言葉と，思惟的世界を語る言葉とをつなぐ必要がある。ここでは基本的な用語について洋の東西の違いを捉えておくことで，以下の節で教育学を論じる命題の思想的背景の理解を容易にしたい。すでに深く理解している人々にとっては今さらといわれるだろうが，就学前教育界にとっては曖昧なままにしてきた分野ではないかと考えるからである。

① 創造主・神とは

　日常の保育にしばしば神が登場する。「神様，おいしい給食をありがとうございました」「神様，悪いことはいたしません」「神と聖霊の名において」教師が子どもたちにそう言わせている神とは誰か。仏教園では釈迦や仏様，

キリスト教園ではイエス・キリストであろうか。宗教と関係ない園、あるいは家庭などで「神様が見ている」という神とは誰か。幼児が「神様って誰」「どこにいるの」と問う神は、哲学者の問いの始まりでもある。

　神学者アウグスティヌスがギリシャ思想とキリスト教思想を統合したころより、西洋の神(ゴッド)は世界の創造主である父とその子イエス・キリストと聖霊の三位一体とされる。彼は、人間の意志は無力で神の恩寵がなければ善をなしえないとして神を賛美する。人間が不完全で有限を意識するのは、より完全なものの観念を有しているからで、この世で失われず真に存在するものは神であり神は真であるとする論構築である。人間の理性がこの永遠で不変なものを見いだすとき理性は神を発見するとして、内面への喚起と自己の超越を行うことが弱い人間が理性の光に向かう道であると考えている。アウグスティヌスの時間意識に、"未来も過去も存在せず、過去、現在、未来が存在するということも正しくない。過去についての現在、現在についての現在、未来についての現在が正しい。過去についての現在は記憶で、現在についての現在は直覚で、未来についての現在は予期"で、"心の存在がなければ時間の存在もない"。そのわたしの時間を支えているのは神で、神は永遠の現在の中にあるとした。これが中世キリスト教社会の礎となって近現代まで神とともにある生活様式を生みだしている。中世の形而上学を再構築したカントは、霊魂や神について理論的・科学的知識は成立しないとして、これらを形而上学的証明命題とすることは否定している。

　一方、日本の神は神道(しんとう)と仏教の流れにある。八百万(やおよろず)の神(かみ)を置く神道思想の表れとして古代の共同体の祭事で祭った神(かみ)は、自然物や自然現象を神格化したアニミズム的な神(かみ)(山、川、巨石、動物、植物などの自然物や火、雨、風、雷などの自然現象の中に、神々しい「何か」を感じ取り、祟(たた)りを回避し恵みを願って道祖神や自然神や天や宇宙の働きを崇拝(こうはい)した)である。また仏教は、『日本書紀』にみるように国家鎮護の道具として全国に広められ、とくに平安末期から鎌倉期に広く一般民衆の信仰として定着した。現実の人間の存在と行為によって人間の価値が決まるとして、欲望を越えた悟りの世界

を説く。悟りに至る道は，縁起（万物の生滅変化の理法を発見し），四諦（人間苦を滅する道順を学び），八正道（涅槃に至るための実践徳目を行う）である。

人々の信仰心が希薄になったとはいえ，今でも道祖神や仏に祈り，プール前には水の神に祈り，神棚を設けたり，神社で結婚の儀を行ったりして，人々の生活に根を下ろしている。ご飯を粗末にしたり悪事に手を染めたりすると罰が当たる神様が人々の生活の中にいるのである。

中江兆民は，神について「神に至ては，その唯一たると多数たるとに論なく，その非哲学的なる尤（もっとも）も甚しといはねばならぬ。先づ多神から点検しやう。即ち太陽，太陰，その他山川，雲物等を神としてこれを祭祀（さいし）する等の如（ごと）きは，一嚼（いっきゃく）にも直（あた）ひせぬ，論破する価値はないのである」[16]に始まり，唯一神（波羅門（バラモン）教，仏教，猶太（ユダヤ）教，基督（キリスト）教，回教（イスラム）などをあげて神仏同体説と主宰神の説，造物の説）を唱える者は哲学者でなく盲信する僧人として，これを攻撃するのさえ恥ずかしいとする。神など絶対になく，元素離合の作用で世界の大歴史を成しており，無始である以上造もなく，世界万有は無終であるとする。

しかし，西田幾多郎は神について「神とはこの宇宙の根本をいうのである。―中略―余は神を宇宙の外に超越せる造物とは見ずして，直ちにこの実在の根底と考える。―中略―本体と現象との関係である」[17]とし，自然と精神の二者の根底にある唯一の統一力とする。その統一力を人格と名づけるならば，宇宙は神の人格発現である。そして人間は心理学でいうように，自覚し内省する意識があって統一が行われるという論理ではなく，統一あって意識が生ずるのであり，統一そのものは知識の対象とはならないと捉える。宇宙現象の統一が神の人格の自覚ということはありえないように西田や鈴木大拙[18]の禅宗の空観をふまえた"神は一（いつ）の生きた精神である"とする立場が，神道のアニミズム的な神と兆民の神など存在しない無始無終と仏教とを混在させた現在の日本人の神の居所といえようか。

意識世界の外に超越した神を置き二元論を説く西洋に比し，内でもなく外でもなく"自然と精神の一"に置くところに，東西哲学における神の根本的

な異相がある。そうした中で西洋の神に立脚したフレーベルの幼児教育学を日本が取り入れやすかったのは，万物が永遠の法則に支配されており，一切は統一だとした"一"の思想に，共通する感覚を得たからであろうか。「保育」で語る神がどのような思想を背景に理念とつながっているのかを理解し，使い分けていくことが必要である。

② 自然とは

私たちは自然という言葉が好きである。四季の自然の移ろいや子どもたちの自然な笑い声，自然なしぐさなどを日常の話題にする。自然には，2つの意味がある。1つは自然(じねん)といわれる万物のおのずからあるあり方，人為，作為が加わらない"あるがままの状態"をいう。中国語の悠然，浩然の状態を表す"然"を語源にもつ農耕民族の自然観（以下「じねん」のルビは，この自然観を表すものとして使い分ける）である。もう1つは，人間社会と区別された特定の領域で，自然と科学，自然と歴史・文化，自然と芸術といった対概念で使う自然である。古代ギリシャの時代まで，西洋においても自然は前者の万物のおのずからある状態を意味し，真理は自然(じねん)の中にあると捉えられていたといわれる。人為的存在が自然に対立し，「自然と人為」「自然と芸術」といった後者の対概念がみられるのはプラトンの『ティマイオス』の宇宙論以降である。彼が「宇宙は，言論と知性（理性）によって把握され同一を保つところのものに倣って製作された」[19]もので，「宇宙は何らかの似像」として，認識主体たる人間が自然界を生成界として捉え，イデア界と峻別したところに始まっている。

一方，東洋の思想では，自然とは前者のあるがままをいう。人間も自然界の元素にすぎず「空間，時，世界てふ物の始めのあるべき道理がない，終のあるべき道理がない。また上下とか東西とかに限局のある道理がない」[20]とする兆民は，プラトンやライプニッツらの人間に都合のよい対概念を批判し，精神とは本体（身体）より発する働きで，体殻（身体）が死ねば精魂も滅びるとする。人獣草木，元素が合い抱合して形になっているのである。兆民の論は，ライプニッツのモナド論とは異なる超然的"無"であり，万物が

自然にかえる還元的存在としての自然である。

　西田も，実在は一つとする。「自然とは，具体的実在より主観的方面，即ち統一作用を除き去ったものである。それ故に自然には自己がない。自然はただ必然の法則に従って外より動かされるのである」[21]として，自然の法則を時間空間上における偶然的連結，人為，作為を除き去った実在に置いている。それと同時に「真に具体的実在としての自然は，全く統一作用なくして成立するものではない。自然もやはり一種の自己を具えているのである。一本の植物，一匹の動物もその発現する種々の形態変化および運動は，―中略―いちいちその全体と離すべからざる関係をもっているので，つまり一の統一的自己の発現と看做すべきものである」[22]として，生物，鉱物，無機物の結晶などすべてにおいても同じとみる。そして，実在は主客の分離しない意識の統一作用であり，純粋経験からいえば精神と自然とを二種の実在とするのでなく同一とするのが妥当とする自然観である。

③ 自由とは

　幼稚園等では自由遊び，自由表現に始まり，自由画帳，自由粘土などいたるところに自由がついている。なぜ，幼児期の教育に限ってこれほど自由という言葉が使われるのであろうか。幼児の自由な意志や自由な自己活動が重視されることの意味および自由の概念については本シリーズ第2巻第3部でも取り扱っているが，自由に対する東西の哲学的相違があるのだろうか。教育は自由に関することを取り扱うだけに，洋の東西の"自由とは何か"を捉えておくことが命題を論じる立場に関係すると考える。

　西洋の自由といえば，ルソー，シェリング，ベルグソンである。自由の哲学者といわれるルソーは，人間は自由で善きものとして生まれたことを前提に，この善きものを護ることを教育目的に掲げた。「自分で自分を支配するように，ひとたび意志をもつにいたったら，なにごとも自分の意志でするようにしてやることによって，早くから自由の時代と力の使用を準備させる」[23]ことで，「子どもの幸福も大人の幸福も，その自由を行使することである」[24]とする。そして子どもの自然な自由が護られれば悪を生みだすことはないと

考えるのである。"雪上で遊ぶ腕白小僧が火に温まりにも行かず，皮膚が紫色になりこごえているのを，火に温まるよう強制すれば子どもは寒さの厳しさより百倍も人間の束縛の厳しさを感じる"[25]自由である。この意志の自由についてシェリングは，自由は人間存在の根拠に属していること，自由の体系は自ら開始し，拘束されない消極的自由と，自らを拘束する決定の自由と，感性を支配する理性の自由と，本質法則に基づく自己規定としての自由をあげている[26]。また，ベルグソンは，自由は「具体的自我とそれがおこなう行為との関係である。この関係は，まさに私たちが自由であるが故に，定義できない」として，「具体的持続においては，行為のその瞬間に身を置く」[27]ことであって，自由を外において定義するのはカントに始まる継起と同時性，持続と拡がり，質と量を混同した誤謬の問題であるとする。つまり自由は，その諸瞬間が類似している持続の中で展開され，時間は空間と同じように等質的環境で，自由は流れた時間ではなく流れつつある時間の中での一つの事実である，ということになる。ベルグソンの自由を除くと西洋の自由は，個人の意志の自由にあり，観念の結合の外にこれを支配する一の力，つまり神の力がある中での自由である。

　共同体の中に身を置いてそこに理想的要素をみる日本人にとっては，異なる概念をもたざるをえないであろう。「民権これ至理なり，自由平等これ大義なり」[28]とする兆民は，自由の意志について，古来西洋の「哲学家は，皆意志の自由を以て完全なるものとなして居る。―中略―けれども深く事項を研究したならば，奈何せん，実際意志の自由といふものは極て薄弱なものである」[29]として意志の自由があるのではなく「平生習ひ来たつたものに決するの自由があるというに過ぎない」[30]ので，幼時よりの教育，朋友の選択が肝要とする。

　他方，西田は論理的に「自由には二つの意義がある。一は全く原因がない即ち偶然ということと同義語の自由であって，一は自分が外の束縛を受けない，己自らにて働く自由である」[31]とし，後者の必然的自由の意味を自由と捉えている。しかし必然的自由も，自然界の必然の法則に従って生じるもの

ではなく，現実の中で理想的要素（意識の根底にある統一作用）を含み，意識される現象として生じ，生じたことを自知しているという可能性をもっている自由である。換言すれば"よく理由を知って自己の自然に従う自由"を自由という。

戦後の幼児教育が掲げた自由は，西洋に近い自由の概念といえよう。しかし，「観念の結合の外にこれを支配する一の力」[32]つまり，神(ゴッド)のいない日本の自由は，放縦ともいえる現象を巻き起こしている。

④ 自己とは

幼児期は，自我が芽生え，我を対象化して認識する自己が形成される始期として，学齢以上の児童とは異なる教育の形式をもつとされてきた。自己主張，自己発揮，自己充実，自己実現といった具合に，幼児の内面世界を表すのに自己という言葉が付されるのが日常である。「まいちゃんが」「たくくんが」と自分を三人称で表現していた幼児が，「わたしが」「ぼくが」「俺が」と一人称に変わり，わたしが為すこと，為したこと，為さねばならないことを意識するようになる。そして「なぜ，わたしなのか」「わたしはどこから来たのか」とわたしを問う。これはまさに哲学の命題への接近であり，幼児期からすでに自己とは何かの問いが始まっているのである。

洋の東西の「自己」の概念も大きく異なる。デカルトの「われ思う，故にわれあり〈cogito ergo sum〉」に始まる自己は，私は考える(コギト)に代表される。彼は「自己の精神に明晰かつ判明に認知されるところのものは真である」[33]とする明晰的判明の規則を用いて，神の存在証明，物体の本質と存在の証明を行う。弟子のスピノザらによってこの論は批判されるが，それは心身二元の論理で，精神の主座は脳の中心にある小さな腺で，それが精神を動かし（能動），動物精気が身体を動かす（受動）とするものである。カントが，人間は自我を表象することができることにより無限に高めることができ，意識の統一性によって同一の人格として存在し，「人間がまだ自我を語ることができないような時（幼児期）でさえ，そうである」[34]としたように自己は今日でも多くは「わたし」という主観的"自我"とその「わたし」を対象化し

客観視する"自己"によって意識の統一がなされると捉えられている。

　一方,兆民の中に自己という語はない。「自省の能」として,我を捉える存在を置いている。「自省の能とは,己れが今何を為しつつある,何を言ひつつある,何を考へつつあるかを自省するの能」[35]で,自省の能の是非は,賢愚の別というより人獣の別とする。そして空間・時間の二者は主観であり客観であるとして,西洋の天姿高邁(てんしこうまい)な哲学者が主観客観の別をいうことを物好きと揶揄する。自省の能を支える意象,思惟,記憶の連結についても独自の論を展開している。日本で"自己"という言葉が用いられるようになったのは明治になってからである。

　中村雄二郎は,西田の「自己」は西洋における「思考の自律によって根拠づけられた意識的自己,自由で開かれた能動性あふれる自己」ではなく,「挫折感・悲哀感をもった悩める自己」[36]から出発しているとする。西田はまずは純粋経験について論究する。「毫(ごう)も思慮分別を加えない,真に経験そのまま」[37]を純粋経験とし,純粋経験は主もなく客もない,知識とその対象が合一している状態で,この純粋経験が最高のものだとする。純粋経験は,どんなに複雑であっても瞬間においては単純な一事実で,統一作用が働いている状態だからである。この純粋経験の「統一が破れた時,即ち他との関係に入った時,意味を生じ判断を生ずるのである」[38]。つまり「純粋経験とその意味または判断とは意識の両面を現すものである。即ち同一物の見方の相違にすぎない」[39]としている。中村は,西田の悲哀感を帯びた悩める自己は,「感情を帯び身体性を備えた自己」「受苦を帯びた好意的な自己(パトス)」「宇宙性を帯びた自己」であるとする。「主客を没した知情意合一の意識状態こそが世界のうちで唯一の真実在であり,実在としてわれわれに知られうるものは―中略―純粋経験の事実だけである」[40]西田の自己の捉え方は,20世紀初頭の実証主義,経験主義,心理主義の哲学とかかわりをもちながら日本人としての独自の内容をもっているとする。これはまた禅に通じる世界観でもある。

⑤ 善・徳とは

　幼年期の教育は善を志向し，徳性を陶冶することを目的とする。それは多くの哲学者，教育者が導きだした人間発達の道筋である。幼稚園等では「よい子のみなさん」「手をお膝に置いたよい子」など"よい子"の言葉が溢れている。教師が乱用するよい子の言葉によって，本当によい子が育つのか。モデシットの作品に『いいこってどんなこ？』[41]がある。この本には幼児が親や社会がどんなよい子を求めているのかを敏感に嗅ぎ取って，求められるよい子を演じようとする関係性が描かれている。その幼児の心理を利用してよい子を操作する教育の方法論が生まれている現状を問題視しているのは筆者だけではあるまい。善とは何か，それは子どもたちが最も直面している命題であり，教師が抱えている問題なのである。

　西洋の「善」の見解はプラトン，アリストテレスに遡る。西田は持論を展開するのに4つの倫理学諸説を解釈しているが，彼が基軸に置いたものもプラトン，アリストテレスである。プラトンは，善の理想が実在の根本であり善の実相こそ学ぶべき最大のものであるとして「認識される対象には真理性を提供し，認識する主体には認識機能を提供するものこそが〈善〉の実相（イデア）にほかならない」[42]とする。国家においても個人においても理性によって制御された状態が最高善と捉えている。そして，智慧，勇気，節制が調和している状態が正義の徳だとするのである。

　一方アリストテレスは，善のイデア（形相）を立てた人々は「本質の場合においても質の場合においても，関係の場合においても語られるものであるが」[43]実体は関係に先立つもので，「本質にあってはたとえば神や知性が，質にあってはもろもろの卓越性（徳）が，量にあっては適度が，関係にあっては有用が，時間にあっては好機が，場所にあっては適住地がというふうに，これらがいずれも善だとされる」[44]ため，善は普遍ではないとする。快楽も善ではなく，3種の愛（善きもの，快適なもの，有用なもの）も善のための愛が真の愛であるとするのである。

　時を経てカントは，自然的な最高善は，高次の理性（世界の統治者＝神(ゴッド)）に

よって人類を支配する力の代わりをしていて、生命への愛（個体保存）と性への愛（種の保存）という自然的衝動が備わっていることで前進するとする。そして「自然的善と道徳的善という二種の善は一緒に混ぜることのできるものではなく」[45] もし混ぜられたら善は真の幸福という目的のために働かず、歓楽生活に向かう。歓楽と徳は互いに闘い合い、歓楽が徳の原理によって制限される（理性）ところに人間性があるとする。

　それでは日本の「善」は、どうであろう。儒教の仁義礼智信を規範としてきた日本の中で、「善」を研究した西田は、善を論じるために基本的命題を重ねていく。まず、自己は具体的意識の統一にある純粋経験（統一的直覚、知的直観）で、意志は自己の状態を意志する（一(いつ)の心像より他の心像に移る推移の経験）もので、この意識現象が唯一の実在であるとする。その実在は知情意合一の同一の形式によって成り立つ意識活動で、意志の自由は善である要求の実現、要求の満足に向かう。この要求あるいは理想は自己の力で、意志の発展完成であるとする。精神も自然も宇宙も実在の形式において成立しているので、善とは自己の実在の法則に従うものともいえる。ここまでは一般的な善の論理だが、西田の論調を東洋の哲学とするのが「或一つの要求はただ全体との関係において始めて善となる」[46]とする人格的善および善行為である。彼はプラトンの"調和"やアリストテレスの"中庸"を再解釈したうえで、善行為の動機は愛だとする。つまり「自己の最大要求を充(み)し自己を実現するということは、自己の客観的理想を実現するということになる。―中略―善行為は必ず愛であるということができる。愛というのは凡て自他一致の感情である。主客合一の感情である」[47]。その善行為の目的・内容は、共同的意識の最も偉大な発展である国家に留まることなく、真正の世界主義にある。「内より見れば、真摯な要求の満足、即ち意識統一であって、その極は自他相忘れ、主客相没するという所に到らねばならぬ」[48]とするのである。『善の研究』の最後の一言は「善を学問的に説明すれば色々の説明はできるが、実地上真の善とはただ一つあるのみである。即ち真の自己を知るというに尽きて居る。我々の真の自己は宇宙の本体である。真の自己を知れば

啻に人類一般の善と合するばかりでなく，宇宙の本体と融合し神意と冥合するのである」[49]と。

「善」の論理の引用が少々長くなったが，教育が善を志向する意志，道徳性を一人ひとりの内に形成しようとする以上，避けて通れないと考えたからである。西田が，宗教も道徳も「善」につきる，善の力を得るのは「我々の我意を殺し尽くして一たびこの世の欲より死してのち蘇り」[50]，主客合一の境に到る（キリスト教では再生，仏教では見性）一つの円だとするように，あるいは鈴木大拙も「善とか悪とか，有とか無とか，否とか是とかを理絶したところの『自の居処』」[51]として，心身合一の"一"を説明したように，教育によって真の自己を知るところに置くといえよう。

本書がここに取り上げた哲学用語の解釈はわずかであるが，このように洋の東西にまたがる命題の知見を垣間見ることによって，今日，日常使っている言葉の概念と教育学の命題を哲学的に思量する概念が遠くなっていることを思うのである。これから教育学を再構築するには，基本命題を立てる視点を問うこととともに，社会的・歴史的文脈において命題を紐解く言葉を哲学的に考究し，論理的に吟味していくことが必要であろう。

§2 教育学の歴史的変遷

―教育の主体と客体をめぐって―

1. 中世の教育

私的事項から公的事項に変化した近世から現代までの教育潮流は，その功と罪を常に抱えて，人間が学ぶ意味を問いつづけてきた。教育学の主体と客体をめぐる議論の歴史的変遷を捉えておくことが，これからの教育学の命題

を考える土台になろう。

　古代ギリシャ，ローマの学校制度がキリスト教によって廃止され，11世紀の終わりころまでのヨーロッパの学校は，聖職者養成を目的にスコラ哲学を中心としている。戦乱と権力闘争によって衰退するヨーロッパでは200年にわたる十字軍運動がもたらした地中海貿易圏，北欧貿易圏の発達が封建制を打破して市民階級を生みだす胎動になるとともに，14世紀以降のイタリアルネサンスの勃興・隆盛，印刷技術の発明，ドイツの宗教改革運動・農民戦争等が，封建体制崩壊の序章になっている。しかし，市民が主体となる社会が誕生するには，これからまた何百年かの歳月がかかるという気の長いものである。一つの体制が崩壊した後の混乱は，数百年続いて次の潮流を生みだす動力となる。続くイギリス清教徒革命（1642〜1649）・名誉革命（1688），フランス革命（1789〜1794），イギリスの産業革命（1760年ころ〜）を経て，市民が教育を受ける社会が各国に誕生していくのである。ちなみにフランス，アメリカの産業革命は1830年代，ドイツが1840年代，日本が1890年代（学制発布が1872年）とその波及も，西から東へと広がっており，同時に近代学校制度も西から東へとつくられている。

　どこの国でも，産業革命による大衆の貧困状況は著しく，学校に行けない子どもたちは労働者として働いている。学校の教師といっても教会の寺男や職人などが副業として教鞭を取り行うもので，「聖書や教義問答の一部を生徒に暗誦させる。出来なければ，懲罰用の鞭や定規がまっていた。当時は教室から悲鳴が聞こえれば聞こえるほど，その学校は良い学校であるという評価を受けた」[1]とされるほど，子どもたちは学校という規律・訓練の場において服従せざるをえなかったのである。そうした鞭の鳴る学校でも，行ける子どもは恵まれた環境にいるわけで，中世の農奴制から解放され産業革命によって新しい時代の幕が開いても，庶民には貧困や過酷な労働が待ち受けており，さらに家族と労働を切り離す社会構造は都市に流れる人々を発生させる。この矛盾を克服するために人々は，読み書き計算の必要性を徐々に感じていくのである。

一般的に教育学が取りあげる伝統的教育とは，制度化された学校における教科中心，あるいは教授中心の教育をいい，児童の生活や自発性を重んじる児童中心主義の教育と対比して使われる，中世的色合いをもった教育である。近代学校制度への移行は，この中世的色合いを脱却し，子どもを教育の主体に据える思想の実現であり，教育によって主権在民の社会を打ち立てる運動だったともいえよう。次節では近代から現代への教育の主体と客体をめぐって展開された主な教育学の思想と実践の流れを捉えていく。それは，子どもを教育の主体とする思想にも限界があることを確認する作業であり教育の主体，客体の二項対立的視点を脱却する新たな知を考える契機になると思うからである。

2．新教育の原典にみる近代学校の教育学

　支配階級のための学校が行っている鞭による規律と訓練，実用に即さない語学や修辞学の記憶を中心とした教育に疑問をもった人々がいる。自ら「学ぶ奴隷」を経験し，学校に不適応を起こした上流階級の子息たちである。また，近代化の過程で見捨てられ放置された子どもたちや，幼年の子どもの過酷な労働に注目した篤志家や企業家，慈善事業を施す王宮の王妃たちである。この内と外からの学校に対する問題意識が，封建体制維持のために機能してきた学校を国民のものにしていこうとする学校観への変化をもたらす。その流れは，やがて近代国家建設を進める施政者を動かし，すべての子どもに自国の教育を提供することが必要と考える契機になっていく。コメニウスからフレーベルまでを，筆者は近代学校の原典として捉え新教育運動の理論的背景となり今日の教育学の基礎となったものとしている。日本では，開国とともにこれらが同時に入ってきたので，200年以上にわたる主客論争の過程が議論する余裕もなく圧縮されて教育に投影されたといえる。

(1) 汎知主義の教育学：コメニウス

　コメニウスの生まれたモラヴィア（現在のチェコ共和国東部）は，教会改革の嵐が吹き荒れ，彼の青年時代は30年戦争（1618-1648）で，モラヴィアとボヘミアの人口が450万人から100万人にまで減少したといわれる動乱期である。この時代に，堕落した聖職者や施政者を告発し「宗教改革の闘士」「民衆の教師」として，「人間変革」「宗教改革」「教育改革」の道を歩んだ彼は国外追放になり，36歳から死ぬまでの42年間，亡命生活を送っている。その境遇だからこそヨーロッパ中を駆け巡り，人類の希望を教育に託したといえよう。「教育の革新」が真の人間の完成につながり，政治や宗教も改革したいと考えたのである。

　彼の『大教授学』（1657）は，「都市および村落のすべてにわたり，男女両性の全青少年が，一人も無視されることなく，学問を教えられ」[2]とあるように，すべての青少年を対象とした学校を描いている。そのための内容と技法の書として，教育の意義，目的，可能性，教授，訓練，学校論が組織的に述べられ，教育学として構造化されたものである。

　コメニウスの理想は世界が神によって調和することで，幼年期は母親学校，少年期は国語学校，青年前期はラテン語学校，青年後期はアカデミアとして教育組織もまた系統的である。母親学校も含めており，狭義の教育学の対象より広い。汎知主義（広く全体にわたる知識を取り扱う）が色濃くみられる教育内容は，科学的・論理的なまとまりのある体系によって教材を配列している。自然界の運行にならって教育を進めるため，自然を観察する29の法則をあげ，根本原理はあくまでも自然に置いている。

　コメニウスの汎知主義が，実質的陶冶（知識獲得）の最たるものといわれるのも，百科全書的に体系化した知の獲得としてあるからである。しかし，具体的なものから抽象的なものへ，特殊なものから一般的なものへ，易から難へと進む過程では，被教育者の発達に応じて観察を重視し，感覚→記憶力→認識能力→判断力が知識獲得の過程であるとする学習理論は，中世の注入教授とは異なる画期的なものといえよう。教授主体は教師にあるが，教師が

子どもを知ること，子どもの発達を無視すべきではないこと，子どもの直観から概念を獲得するまでの過程に学習があるといった視点は，子どもを学習の主体とみる斬新な視点である。

世界最初の教科書といわれる『世界図絵』[3]も母親学校（1歳から6歳の幼児），幼年期児童のための教科書として開発されている。ここには神，世界，天空，火，空気から植物，鳥，農工商業，医学，宗教といった150枚の絵が写実的に描かれ，現象を先に述べ，これに従って教育を考えるものになっている。「全青少年」の中に幼児が含まれていたことも，近代の新教育運動に影響を及ぼすうえで特筆される。"すべての子ども"を教育対象と考え，子どもの発達段階を区分し，教育内容を組織立てた汎知の思想は，画期的である。

(2) 硬教育としての実質的陶冶：ロック

コメニウスの小宇宙として自然界の汎知的秩序を確立する説に対して教育によって子どもを善にも悪にもできると豪語し，硬教育＊として展開したのはロックである。ロックは，『教育に関する考察』[4]（1683-1689）の中で経験と実験に基づく科学的認識の方法としての経験論を主張する。清教徒革命（1642-1649）から議会制立憲王政が成立する時期を生きた彼は，「あらゆる観念は経験から」として，人が誕生したとき，その精神は白紙のようなものだが，後天的な教育という経験によって精神を形成できると考えたのである。当然，子どもの精神を形成するのは大人の役割で，「鉄は熱いうちに打て」といった実質的陶冶を目指す。健康教育，道徳教育を中心とし「健全なる心意は健全なる身体に宿る」[5]という原則に立っている。健康教育では，寒暑に耐える習慣を養い，食物は淡泊で，医薬は極力服用せず丈夫に鍛える

＊　**硬教育**　自らを練磨し，実質的・形式的陶冶を目指す教育で，子どもの興味や関心に即し，易から難へと内容を布置する軟教育と対比して使われる。江戸時代の手習いが終った段階での独学や今日の有名進学校等での自己啓発による苦学，独学などもこれに類する。遠藤隆吉『硬教育』冨山房，1910を参照されたい。

ことである。幼い時期からの道徳教育では，強健な身体の上に羞恥心や名誉心を養い克己，制欲の習慣を得させる硬教育・鍛錬主義であるが，知育は徳育の下にあり実利主義をとっている。ロックの硬教育論は，その後，天賦説をとるヨーロッパ大陸では言葉を変えてルソーやフレーベルの乳幼児期の教育に，実用をとるアメリカではデューイの経験説に，日本では学校の教育内容に大きな影響を及ぼしている。

ロックは『市民政府論（統治二論）』[6]（1690）で，生命維持に必要な健康や自由，財産などの「所有権」を自然権として認め，国家権力の三権分立（立法権，執行権，連合権）を掲げている。そして政府が専制化した場合，国の圧政に対する人民の抵抗権や革命権を正当化するという人民主権の理論をもとに，教育における主体を子どもの側に置く硬教育を構想している。

(3) 自然主義の教育思想：ルソー

コメニウスの『大教授学』から100年あまり，国民が社会的矛盾を感じはじめたころ，新教育思潮のもとになったルソーの『エミール』（1762）が刊行されている。『エミール』は，子どもの性善説に基づき，後天的な習慣に影響されない生得的な善のうえに教育理想を打ち立てる物語である。人間の本性がもつ善性と徳性を社会悪から保護し，育成して人間性が損なわれない社会をつくることが究極の目的で，彼は，「人間は教育によってつくられる―中略―この教育は，自然か人間か事物によって与えられる。私たちの能力と器官の内部的発展は自然の教育である。この発展をいかに利用すべきかを教えるのは人間の教育である」[7]として，この3種類のうちの人間の教育を"人間が生得的にもつ自然性を保護する作用"として定位する。

子どもの自発性に待つ教育方法も従来の知識注入主義に対する消極主義の原理をもとにしており，ここに学ぶ主体が子ども自身であることを明確にしている。自然的に成長したエミールには「指物師」を職業と考えるのも，「最も自然の状態に近いのは手を使う労働」[8]で，その手職の教育的価値が職人としての技能の習得だけでなく感覚，創造性，知的能力を向上させ，知識

欲や洞察力，判断力を伸展させ，社会との関係や社会的人間としてのあり方を学習させる，人間陶冶の本質だと考えるからである。

　ルソーが教育における活動主体を子どもの側に移して，教師の指導はその内部的発展を保護する作用とした背景には，人生を賭けた闘いがある。文化の発展が人間の堕落を招くとした『学問・芸術論』[9] に始まり，『人間不平等起源論』[10] や"主権は人民にあり，主権は譲りわたすことも分割もできない意志"であり"政府は権力を委任された機関に過ぎない"とした『社会契約論』にそれをみることができる。『エミール』と同時に出来上がり，禁書によって国外での逃亡生活を余儀なくされた『社会契約論』で，彼は自由・平等な自然状態から支配と服従という不平等が発生した社会状態は，「つねに最初の約束にさかのぼらなければならない」[11] とする。主権の象徴である自由・平等の担い手は，王侯貴族ではなく，国民だとする思想が背景にあっての『エミール』である。社会の不平等をなくす唯一の道が，民主政という主権在民による政治である以上，学校のあり方も構成員の教育参加によって実現する。学校が，子どもを教育のもう一つの主体とするには，それを是とする社会が構成されていかなければならない（治者と被治者の同一性，自由・平等を掲げたフランス人権宣言は1789年，彼の没後約10年後である）。富も権力も名声も5人のわが子も捨てて国外逃亡して生きたルソーだからこそ，自然的状態ですべての人がもっていた最初の平等という約束に則り，教育においても"子どもの主権"を明確に定義したといえよう。

（4）国民教育への道のり：ペスタロッチ

　神学，言語学，哲学，法律を学んだのち，出版した『警醒者』が発刊禁止に遭い農業に転じたペスタロッチが農業に失敗した後，貧児・孤児を集めて教育事業に着手したのは28歳である。しかし，それも衰微し閉鎖したのが34歳である。その後，『隠者の夕暮』（1780），『ゲルトルートはいかにしてその子を教えうるか』（1801），『メトーデの本質と目的』（1802），『時代―わが時代に訴う』（1802）等，旺盛な執筆活動をする。これらの著書の刊行に

時代がついてきて名声をあげ，シュタンツ孤児院長になり，貧民に学校教育を施すことに生涯をかける。彼は"非教育的"な当時の学校を「人工的窒息機械」と称して批判し，直観から概念へと導く国民教育が共和国にとって必要欠くべからざるものであることを筆の力と実践で社会に発信する。『隠者の夕暮』の冒頭には「1．王座の上にあっても木の葉の屋根の影に住まっても同じ人間」[12]とする平等思想や君主の親心が政治の基礎であるとした政治的啓蒙性も強くみられる。

　ペスタロッチの教育観は，人間の本質をなす真理を自然（ここでいう自然とは生命としての自然）の秩序のうちに探求する教育にある。「41．自然は人類の力をすべて練習によって繰り広げる。そしてそれらの力は使用することによって成長する」[13]と。その力を使用することによって成長する学習と労作，学校と仕事場との一体化が彼の理想である。その自己陶冶を「42．人類の陶冶における自然の秩序は，人間の認識と天賦とそして素質とを応用し使用させる力だ」[14]として，練習し応用し使用する内的力を重視する。つまり，人間の直観を基礎として，自己の素質を練習して知恵を得る教育である。ここに外的作用としての教授から内的作用としての自己陶冶に視点を変えた新しい教育思想の実践がみられ，この見解はフレーベルに受け継がれていく。

　教育学がテーマとする陶冶は，子ども自身の自然，つまり生命の使用，応用を練習する主体から始まるということである。「54．人間よ，汝自身，汝の本質と汝の諸力との内的感情こそ陶冶する第一の主題だ」[15]として，近いものから遠いものへ，具体的なものから抽象的なものへと学習が進むのはコメニウスと同じである。人類の父としての神，神の子である人間，親心と子心，君の親心，すべて幸福の源泉とし，「家庭教育のもつ長所は学校教育によって模倣されねばならないということ，また後者は，前者を模倣することによって初めて人類に何か貢献するということ」[16]を実践によって証明する。困窮と貧困がより善を生みだし，理性に導いてくれたように，信念をもって学び，確信から正義を行うようになる人間の育成である。「96．人間

よ，汝自身を信ぜよ，汝の本質の内的感覚を信ぜよ。そうすれば汝は神と不死とを信ずるだろう」[17]という言葉に，社会改革を教育によって打ち立てようとする彼の国家観，宗教観，家庭観，人間観をみることができる。

(5) 相互作用としての教育学の構築：カント

哲学者カントが生きた時代は，プロイセン王国が誕生して間もなく，また3回にわたるポーランド分割で内政が腐敗し，フランス革命がヨーロッパを席巻(せっけん)していた時代である。『永久平和論』[18]（1795）は国際平和，軍縮思想の起源といわれ，また『純粋理性批判』[19]，『実践理性批判』[20]でドイツ哲学の優位性を確立している。コメニウスからカントまで，教育を語るためには，一方で命懸けで社会改革を語らなければならなかった時代である。

さて，学としての論理性に特徴（それ故に矛盾も）があるが『教育学』(1803)は，「人間は教育されなければならない唯一の被造物である。教育とは，すなわち養護（保育・扶養）と訓練（訓育）と教授ならびに陶冶を意味する」[21]から始まる。養護は子どもが自分の能力の危険な用い方をしないような両親の配慮をいい，訓練は動物性を人間性に変える予防的拘束，教授は教育の積極的な部分とする。この教育の技術は，理念に向かう過程であって，理念は「自然素質を調和的に発展させ，それらの萌芽から人間性を発展させ，人間がその使命を達成するようにさせる」[22]ことである。人間が善への素質を発展させるには，自分自身を改善し，自分自身を教化し，自分で道徳性を生みだすという困難に向かわなければならない。この善性の発展はルソーやペスタロッチと同じであるが，カントはそれを教育理念として位置づけ，今日の教育哲学の基礎を形成している。自然素質の発展はおのずから行われないために思慮的な教育術が必要で，教育の主体と客体の相互作用にカントの教育学の構造がつくられる。

カントは教育学を自然的教育と実践的教育に区別する。自然的教育は「保育」で，教育主体が客体に対し心的能力の練習となる機会と環境の提供を必要とする。その遊びや生活環境が身体や感官を養い，精神の自然的陶冶が図

られると考える。一方実践的教育は、人間を自由に行為する存在者として陶冶するもので、まず第一に教師が行う学課的陶冶（教授）に始まり、家庭教師が行う実用的陶冶、最後に子ども自らの洞察に基づき行う道徳的陶冶から成り立つ。自然的陶冶は子どもにとって遊びであるが、学課的陶冶は労働である。人間が労働しなければならない唯一の存在である以上、労働に専心する悟性が必要で放心は許されないとする。

カントの実践的教育における教授・陶冶は、労働への専心、記憶力の練習、上級の悟性能力（悟性、判断力、理性）の教化、道徳的教化などと言葉が並ぶが、道徳的教化のための懲罰や従順にも子どもの自尊心や自発性を併記して被教育者（客体）の存在を謳い、被教育者が徳性に秀でた社会の主体者となる教授・陶冶過程を描いている。現在の状態に合うだけでなく、人類の未来のために合うように教育すると考えるのも、激動する社会においては必然であって、それだけ改革者の育成が望まれたといえよう。

同じ大学でカントの講座を聴講し継承したヘルバルトが、教育学を実践哲学（倫理学）と心理学によって体系化し、ラインに引き継がれた構造は本書p.134に掲載している。

(6) 人間の教育：フレーベル

ペスタロッチに学んだフレーベルの『人間の教育』[23]（1826）については、本シリーズ第2巻第1部に詳細が記されているので、ここでは主体と客体の捉え方を再掲するに留める。フレーベルは、人間は意識と実践が生活の中で統一されるとき真の知恵を獲得すると考える。この知恵とは人格的基礎のうえに立つ知で、「賢くなることは、人間の努力のうちで最高のものであり、人間の自主的行為のうちで最高のものである」「自己及び他人を教育すること、自覚と自由と自己の決断をもって教育することは知恵の二重行為である」[24]として、教育主体を"自己及び他人"の知恵の二重行為（教育者も被教育者も教え、教えられる主体であり、その関係に真の知恵がある）に置く。知恵を"まことの知恵"に高めるためには、そこに向かう主体としての子どもの

意志と自己活動が求められる。そうした意味で、フレーベルが教授および教訓は受動的、追随的でなければならず、決して命令的・干渉的であってはならないとするのも、教育は人格的基礎のうえに形成される知恵の二重行為だからである。それを誤ると、子どもは外見上の見せかけで自己を形成する危険がある。

彼のいう教育は、内にもつ活動衝動、表現衝動、創造衝動を自己教育の動力として、その人格的基礎のうえに築かれる。"真実の教育及び教訓、真実の教授、真の教育者及び教師は、両端的、二面的"というのは、与え取る、合一し分散する、働きかけ受け忍ぶ、規定し解放する、固定的であり可動的であるからで、教師と生徒の関係は、主客の関係ではなく善・正義が支配する関係である。ここでいう善・正義は、後述する篠原助市(すけいち)らが教育愛として捉えているものである。フレーベルの教育の主体論は、関係概念であって、教師・子どもいずれが主体であり客体であるという論理ではないが、子どもの内的衝動を動力とした自己活動による陶冶理論は、デューイに引き継がれ新教育運動として世界に拡がっている。

3. 新教育運動にみる子ども主体の実践

17世紀中頃から19世紀の初めにかけ、己の人生を賭けて教育の何たるかを問いつづけた人々の新しい社会像、新しい教育観（筆者が新教育の原典と定位したもの）が、いろいろな国で出版されて教育関係者を啓発し、新教育運動（New EducationないしNew Schoolをキーワードにした運動で近代学校の諸理論を実践によって証明していくもの）が広がりをみせるのはカントの『教育学』からおよそ100年後、19世紀末から20世紀の初め（第一次世界大戦後まで）のことである。

(1) 公教育制度確立の意味

子どもを主体とする教育実践への運動は、ペスタロッチやフレーベルの教

育思想と実践が近隣国に貧民のための幼稚園や学校をつくる動きとして徐々に広がりを見せている時期に，ルソー，ラ・シャロッテ，コンドルセらの公民教育啓蒙思想とも重なって発展している。フランスでは1833年（初等学校設置義務化），アメリカでは1852年（ホーレス・マンの義務教育法），イギリスでは1870年（6歳から13歳までの義務教育），ドイツでは1872年（初等教育の義務化），日本では1872年（初等学校の義務化）と国民教育制度の確立がなされている。

しかし，公教育制度（教育の無償，義務，非宗教性の原則）の確立は，教育母体が公的施設としての学校になり，すべての子どもを対象にしているため，学校が「国家のイデオロギー装置」として機能する危険性がある。江藤恭二らの言葉を借りれば，「初等教育の再編成は，刑務所，工場，病院とともに学校がすべての民衆の子どもの規律・訓練の場，服従させられ，訓練され，従順な身体を造り出す監視施設になったことを意味する」[25]側面をもつわけで，封建的な階級制度を打破し四民平等社会を構築する功と国家のイデオロギー装置の罪が併存することになる。教育が私的事項から公的事項へと発展した時期は，世界各国が帝国主義政策に転じて互いに覇権を争い，列強間の紛争が勃発していた時代でもある。日本では日清戦争（1894），日露戦争（1904），韓国併合（1910）といった国勢の拡大時期に当たる。危機感を抱いた人々は，国家・学校が子どもの監視施設とならないためにも，新教育の原典を基軸に据えながらすべての国民に初等教育を施す理論，つまり教育理念と方法の再構築およびその実践運動を展開したといえよう。

(2) 農民学校の教育：トルストイ

新教育の原典とヨーロッパの新教育運動の間に，注目すべき2人の教育実践がある。1つは，トルストイのヤースヤナ・ポリャーナの農民の子どもを対象とした無償の学校で，「学校は家庭にだけ属している養育に干渉してはならないし，学校は褒賞したり，処罰すべきでなく，またその権利も有していない。学校の最善の取り締まりと運営は，生徒に彼等の欲するままに学ん

だり，つきあったりするという完全な自由を与えることである」[26]とした絶対自由主義を標榜するものである。放任ともいえる無秩序は，彼によれば，① 無秩序すなわち自由な秩序は，大人が過去に教育された秩序に慣れているので恐ろしいと思うだけで，② 大人が干渉する性急さは人間の天性に対する尊敬心がないためであり，「少し辛抱して待てば自然におさまり，大人が考えるよりはるかに優秀で堅固な秩序が形成される」[27]とする。彼は，学童を思索する同じ人間として捉え，勉学したがっている存在だとする。彼の教育実践は，4回（1848，1857，1874，1908年前後）にわたって試みられ，男女共学で6歳から12歳の40名ほどの児童が在籍し，3学級に教師4人である。朝8時に始業の鐘を鳴らし（村はこの時間まだ暗い），生徒が「自分自身と，その感受性豊かな天性と，今日も学校では昨日と同様に楽しいに違いないという確信だけをもって」[28]登校してくる学校である。

彼は『国民学校論』（1859）の中で，教育学の基準を"自由であること"に置き，自由とは何かを明らかにすることが必要とする。トルストイの学校が世界の注目を浴びたのは，文豪トルストイとして絶賛されたこともあるが，国民学校の走りとして農民・市民を対象に，教育学の基準としての自由を明確にし，国民性を高揚しているためである。主体としての子どもの学びたい要求に応える教育への転換は，世界の教育関係者の目を新教育理論の聖地イエナ大学からトルストイに向けさせたが皮肉にも彼の没後，ロシアは社会主義国に変容していく。

(3) プラグマティズム教育論：デューイ

ヨーロッパの新教育運動と連動し，世界に大きな影響を及ぼしたもう1人にデューイのシカゴ小学校（1896）の実践がある。彼は『民主主義と教育』（1916）の中で18世紀の個人主義は世界同胞主義に向かう仮面で人間を外的拘束から自由にする第一歩だったとするが，自然に委ねるだけでは社会は進歩しない。ペスタロッチですら教育の理想を追求するためには国家の援助を受けたとして，「新たな社会を生み出すための新たな教育の実現は，結局，

現存する国家の活動に依存する」わけで,「民主主義の理念を追求する運動は,必然的に,公的に運営・管理される学校を求める運動にならざるを得なかった」[29]と公教育運動を総括する。民主主義とは主権在民の議会制社会である。その社会実現のためにも教育を通して自己発展し,主体的に行為し享受する人間が必要である。

学校が課業を学ぶための隔離された場所ではなく,生きた社会生活の純粋な一形態と位置づけるデューイは,子どもの態度を受動的にし機械的に集団化し,カリキュラムと教育方法が画一的な「旧教育は,これを要約すれば,重力の中心が子どもたち以外にあるという一言につきる。重力の中心が,教師,教科書,その他―中略―子ども自身の直接の本能と活動以外のところにある」[30]その重力の中心を移動して,子どもの談話,興味,探求,構成的興味を教育の動力資源とする。そして,子どもが経験を自己のものにしようとする社会的欲求の結果として相互に関連した方法で教えることができる,として重力の中心を子どもの側に置く。

生活という学習の持続は,教科書に取りだされた知識ではなく環境を活用して生活を更新する連続的な働きであり,個人的な欲求・興味と社会的なものとの間に発生するずれによって問題を自覚化し,それを解決する過程に教育的経験が生まれるわけで,このずれの溝を自ら調整する働きが教育作用ということになる。デューイが教育は生活そのものとして主意説(子どもの意志を第一とする)をとるのも,児童を大人への準備期間とみるのではない社会,児童中心主義を実験できる時代背景があるからである。デューイの思想と実践は,キムパトリックのプロジェクト"ドルトン・プラン"*へと発展している。

＊　ドルトン・プラン　　個々の能力,個性を伸ばす目的で考案された指導法で,中心となるのは自由と協同の概念である。教師と児童で立案した学習計画に沿って自学自習するとともに,週1回のクラス会議で議論・討議し,協調性を身につける。新教育運動の盛んなころ,成城小学校等に導入された。

(4) 新教育運動の拡大と主客の視点

　英，独，仏の新教育運動学校の位置づけについては「帝国主義段階に移行してゆく，この時期のヨーロッパ社会の中で新しい指導者を育成するために，それまでの伝統的な指導者養成校―中略―などの中等学校の改革をめざしたもの」[31]といわれている。国家が拡大し権力集中する次の時代を築くのは優れたリーダーであり，そのリーダーに必要な資質養成を目的とした学校である。児童中心の初等学校改革の次のテーマとして，中等学校改革が急務となったのである。その概略は図表2-1-1のとおりである。

① イギリスにおけるレディの新教育実践

　レディが学校設立前に活躍していた「新生活団体」の中では，「自然に親しみ，肉体労働，愛情深い家族関係，階級の枠を取り払うことを基本」[32]に，トルストイの思想こそが真理であるとされている。またアボッツホルムの新学校は，真善美を求めるゲーテの『教育州』[33]＊を実践に移したものだともいわれる。競争原理のみが重視され，協同・協調の精神の欠如，道徳の退廃と精神性の軽視など，荒廃したパブリックスクール批判をもとにレディの学校は，①　身体的・手工的，②　芸術的・想像的，③　文学的・知的，④　道徳的・宗教的な少年の本質の調和的発達を図ろうとするものである。

　「すべての少年はたとえ病弱であったとしても，戸外の仕事をすること，そして毎日何時間か，なんらかの種類のドリル，フットボール，クリケットといったゲーム，大工仕事，園芸」[34]が義務づけられており，仕事は雑草取り，農場や渓谷の清掃，道路づくりや排水施設づくり，塗装，建物の修理，庭園や農場経営と多岐にわたる。これらは少年たち自身の指揮のもとに行われ，教育的価値が高いものだったと報告されている。仕事という具体から知

＊　ゲーテ『教育州』　「教育州」は，少年や若者たちが手仕事・芸術の行為と思索をもって研鑽する場所。息子を託すため訪れた巡礼者に，教育の実際とその精神を発見してもらう物語。ゲーテは，教師は生徒の個性を見抜いてその才能と嗜好に適応する職業を見つけ修練によって一事における達人(マイスター)にする。そのために対人関係における畏敬，伝統的精神文化への畏敬，宗教的畏敬を「教育州」の目的として掲げ，彼の教育思想を物語に著している。

図表 2-1-1　ヨーロッパの新教育運動の流れ

氏　名	主な主張等と実践，その後の影響
レディ （Cecil Reddie, 英, 1858-1932）	アボッツホルム校設立（1889年）。ゲーテの教育州を実践化。手工的，芸術的，知的，道徳的な人間本質の調和的発展を目指す。全寮制の自治による生活の学校は，イギリスの中等教育改革を切り開く。
バドレー （J. H. Badley, 英, 1865-1967）	ビデールス校設立（1893年）。レディの学校で教えた後，生きるための要求と成長していくための要求として自由と責任を自治組織「学校議会」によって培い，共通善を目指す。男女共学で教育の可能性を拡大する。
リーツ （Hermann Lietz, 独, 1868-1919）	レディの学校で教えた後，田園教育舎設立（1898年）。身体的，精神的，道徳的資質や能力の陶冶を目指す。道徳的，国家的，公民的，芸術的教育の生活による実践。ドイツのリーダー層育成の高等教育改革につながる。
ヴィネケン （Gustav Wyneken, 独, 1875-1964）	リーツの学校教師から自由学校共同体設立（1906年）。自然力，根元精神，天性，神性として捉える身体と生の青年運動体。自由学校共同体は，当時の中等，高等学校内でできない青年運動としての意味をもつ。
ドモラン （Edmond Demolins, 仏, 1852-1907）	わが子をビデールス校に入れた経験からロッシュの学校設立（1899年）。道徳的，知的，身体的観点からの人間形成。指導者層を育てる新しい科目構成や留学制度を実施。フランスの学制の複々線化をもたらす契機となる。
ゲヘープ （Paul Geheeb, 独, 1870-1961）	田園教育舎設立（1909年）。フィヒテの男女共学論に基づき，ゲーテの教育州の理念である畏敬を掲げた生活共同体。民主主義と家族主義を結びつける田園教育舎は，世界への新教育運動の情報発信役を果たしている。

　このほかにも，ナン（英 1870-1944）の『教育：その事実と第一原理』，アイザックス（仏 1885-1948）のモールティング・ハウス実験学校における観察研究『幼児の知的発達』『保育学校の教育的意義』，ライヒヴァイン（独 1898-1944）の『創作する生徒たち』，ノール（独 1879-1960）の『ドイツにおける教育運動とその理論』，リヒトヴァルク（独 1852-1914）の芸術運動の推奨『総合的な芸術教育のプログラム』など，新教育運動を支持する論理も展開されて，その潮流を支えている。

図表 2-1-2　アボッツホルム校の時間割

```
 6：55  起床
 7：15  教練，アレイ競争
 7：30  礼拝
 7：40  朝食，整頓，バイオリンの練習
 8：30  学校
10：45  ランチと肺訓練（呼吸法練習）
11：15  学校，歌唱，水浴
13：00  ディナー，音楽会
14：00  絵画，ワークショップ，園芸，ゲーム，遠足等
18：00  ティー
18：45  歌唱
19：30  シェークスピアの朗読，講演，劇のリハーサル，コンサート等
20：30  礼拝
20：40  就寝
```

的労働としての抽象へ発展させ，知識では言語，数学，自然科学，地理および歴史が，芸術では図画，音楽，文学が，社会では講演や討論などが教授される。寮全体をホームとして，道徳的，宗教的雰囲気がそれぞれの部分に染み込んでいるような生活である。まさに生徒の自治を生かした生活による中等教育である。この実践は，初等教育に接合する中等教育が，"教授にとどまるかぎり命運はない"として，国をあげた中等教育改革へとつながっている。

② リーツ，ヴィネケンの理想と実践

ドイツでは，新教育といわず「改革教育学運動」として教育によって市民社会の精神文化的危機を克服する目的で，子どもの個性，自発性の尊重が掲げられている。リーツは，教授学校になりさがったとして当時の学校の危機状態を鋭く批判し，ドイツ国民学校の使命は「人格を陶冶することであり，十分な人生観や世界観を獲得させるべく指導することであり，子どものすべてのよき身体的，精神的，道徳的な資質や能力を形成することであり，宗教

的―道徳的，国家的，公民的，芸術的な教育を行う」[35]こととして田園教育舎の教育課程を構想している。1日3～4時間，授業は45分間で15分の休み時間をとる。

　初等，中等，高等教育の明確な特徴と連続性が図られてこそ公民教育の価値がある。初級では，書物は精神的活動の補助手段で「自分自身で認識し，発見し，考察し，対象を吟味しうる場合には，書物は自己活動や成長を阻害するので，よけいなものであり，有害なものである」[36]として，生活に忠実であることを大切にする。中初等教育では，郷土や祖先，自分たちの民族や国土を認識することが重要な時期で，外国語も生活や文化の研究としてすべての教科と関連させて学習するように組まれている。国民は中等教育段階を経れば，あとは独学し自己陶冶できる能力は育っているということで，国民の中等教育への延長は，やがてリーダー層育成の高等教育をも変えていくことになる。

　ヴィネケンは，19世紀末からドイツで多発する中等学校生徒の性非行や自殺などの病理的・逸脱的現象に対して，「学生の共同体生活はいまや危機にある」[37]として，学校が青年を既存の社会に適応させ成人への準備をする機関でしかない"老成化の機関"になったことを指摘する。「一日中，学校という建物に囲い込まれてすわり，都会の冷たい石通りを彷徨している青年は，実際のところ肉体を失っている」[38]が，本来，学生には文化の自律と主権の思想の担い手という使命が与えられており，「大学がその理念において純粋な学問のための自律的空間であり，学問が真理への意志に立脚した文化の一構成物である限り，学生は現代社会のただ中の文化的孤島に生きている」[39]その学生たちが解放闘争を越えて自己自身に到達する，つまり自己の青年期に到達するからこそ，青年は世界意志の担い手にふさわしい存在であり，その使命を負っているとする。それ故に青年運動を，"自然力，根元精神，天性，神性として捉えられる民族青年による戦い"として〈身体〉と〈生〉の本能に位置づける。

　ヴィネケンの自由学校共同体は，青年の身体と生に軸を置く青年観に特徴

をもっている。「学校は生きられた共同体であり、特定の表情・容貌を所有している。たえず感取されるがけっして充全に定義することはできない共同精神をもっている。学校は抽象的な規則ではなく、一つの具体的有機体なのである」[40] その共同精神を失った学校は、身体も生命の本能も失っているということである。彼は、学校内ではなく外の共同体という青年運動から学校改革の問題を提起していくという立場をとる。当時の行き詰まった中等・高等教育内ではできなかった青年運動といえる。

③ ロッシュの学校とゲヘープの青年教育改革

フランスでは、ドモランが、自らパリ郊外にロッシュの学校を設立して、社会科学、社会作用への関心と課題意識をもった新教育を目指している。目的は「できるだけ迅速かつ完全に道徳的、知的、身体的観点から人間を形成すること」[41] で、8歳以上から学習を完全に終了するまで（14歳程度）が対象である。英語、ドイツ語会話学習のための3か月から1年の留学があり、費用は学校負担となっている。前期課程は級（学年）を3区分し、6、5級は基礎科目が、4級から外国語が、後期課程は文科、理科、農拓殖科、工商科の専門課程となるもので実用に即している。午前は知的教科、午後は労作、木工、見学などの実地、夜は芸能、レクリエーションに当てた少人数の彼の学校は、指導層を育てる中等学校がラテン語教育をやっていたのでは時代に対抗できないという現実に対応するものといえよう。そこには、リセ（後期中等教育、修業年限3年）中心の中央集権的なフランスの教育に対して、私的イニシアチヴをもって社会改革を目指す先駆者の覇気があり、今日のフランスの学制を、複々線型にするきっかけをみることができる。

一方、ゲヘープは、フィヒテの男女共学の論理に立ち返り、フランスの都会地に田園教育舎を開校する。男女共学の「家庭生活という原則を特に強く表明し、教育をこの原則に合った協同生活の形に発達させ、民主主義の教育という基本的原則と家族主義を結びつけようと」[42] するものである。彼の開校演説に、「君たちの心の中に肉体的労働に半日を捧げたいと思う健全な本能が宿っていることを信じている。―中略―年上の者も若い者も、皆、どの

仲間にも権利と義務を同等に与えられる自治体を私達は，ここに作るのである」[43]として，一人ひとりが共同責任を担い，最善の対策を相談し，意思の疎通を図る学校をつくろうとする。「何事も自分の力で行い，次第に私達を不必要と思うようになるまで君たちの創造力を制限せず，圧迫せず，むしろ自由に発展させ強固にするよう努力することにより，君たちにそれを行うことを容易にさせてあげたい」[44]とするところに子どもを助成する教師の姿勢が読みとれる。1931年の『現代の教育課題を照らし出す学校—オーデンヴァルト校』になると，ゲーテの『教育州』にある畏敬の念の発達が教育にとって必要とし，ケルシェンシュタイナーの「陶冶過程の根本公理」に生活共同体の作業組織を置き，会議はダルトンプランに従うという観入（心眼をもって対象を正しく把握する）能力に優れた実践家である。ロマン・ロランやタゴールなど世界の芸術家との交遊も広く小原國芳も訪れたという。エレン・ケイの『児童の世紀』（1900）を表象した新教育運動家だったといえよう。

(5) 新教育にみる作業学校の論理

子どもを主体にする教育には，「自由」，「自己活動」，「自治」と「陶冶」が一連のものとして流れている。デューイの作業観は，構成的な調理，木工，裁縫の3つの活動で衣食住にかかわる人間の基本的諸活動であるが，ケルシェンシュタイナーのそれは，子どもの興味に基づく自己活動である。彼は，学校改革に当たって，① 子どもを生活と学習の主体として捉え，自己活動，生活体験を重視し，② 子どもの科学的思考や論理的思考を重視し，③ 公民教育論を主張する。「児童期から思春期にかけての年齢の特徴は，ふつう生き生きとして活動性として表される。この時期の人間の本質は，作業すること，創造すること，活動すること，実験すること，体験することであって，絶えず現実を媒介にして学習することなのである。子どもの休む間もない遊びの生活のすべては，子どもの本性が直接に要求する摂理であって，遊びの中で，あらゆる種類の生き生きとした経験をくぐることを通して，精神的，身体的諸能力が成長していく」[45]として，「われわれの書物学校は，

幼児期の遊び中心の学校から連続する作業学校にならなくてはならない」[46]という。作業の中には、読むこと、書くことなども含まれるが、家業や労働の諸領域とつながる内容であり、本人も直観があらゆる認識の基礎とするペスタロッチの思想の実践であると捉えている。

作業の概念として、① 身体的意味での作業は、筋肉エネルギーの消費と結びついた活動、② 精神的意味での作業は、意識内容の形成を目的とし、精神的・身体的諸力の緊張と疲労と結びついた活動、③ 教育的意味での作業は、常に完成に向かっての即時的な、客観的な心理態度をよび起こし、その態度を貫徹させるという目的をもった、精神・身体的活動で、即時的な関心に基づき、概念の分析と決定、総合に導くものとする。

① インドの作業学校：タゴール，ガンディー

教育における労働、作業については、ルソーが手職に教育的価値を見いだし、カントも学課的陶冶を労働としているが、自然に向き合う労働はペスタロッチ、フレーベルに始まり、インドにあるトルストイ農園で働いた詩人タゴールや民族運動の指導者ガンディーにつながる。タゴールは、『わが教育とその矛盾』(1892) を発表し、「陰鬱な教室の壁に閉じこめられ、喜びも希望も失っている子どもたちを描写し、教育の目的は全面的発達にありその実現においては歓び、希望、生活の基本的要求に即すべき」[47]で、表現の自由を阻害し、独創性の芽を摘み取る外国語（英語）を否定し、母国語で教育をすることを説く。そして、1901年、シャーンティニケータンに野外学校（現在のヴィシュヴァバーラティ国立大学）、1906年スリニケターンの農村再建学部を設立し、農村初等学校教員養成所や独学者の卒業試験を実施する公教育協会を運営している。「成長の自由」を掲げた1908年設立のシクシャー・サトラでは、規則も時間割もない、教育活動の中心を家事や手仕事や「自然学習」を通しての直接経験に基づくものにしている。「家事には住居の整頓、料理、洗濯、修繕、衛生、来客の接待、安全、消防訓練等があった。手仕事には紐の製作、織り、束ね、染め、毛糸刺繍、型紙づくり、大工仕事、仕立て、時計や自転車の修理等があった。さらに『自然学習』には家禽の世話、

図表 2-1-3　自己活動としての作業概念を提唱した人

氏　名	主な主張と実践内容
ケルシェンシュタイナー (Georg Michael Kerschensteiner, 独, 1854-1932)	数学，理科のギムナジウムの教師から，24年間ミュンヘン市の視学官として教育行政を担当する。子どもの欲求・興味に基づいた発見過程を重視して作業学校の構想を実践する。晩年はミュンヘン大学教授として陶冶論の体系化を研究テーマとしている。『作業学校』他。
フェリエール (Adolphe Ferriere, スイス, 1879-1960)	教育学者，社会教育学者で理論的リーダー。リーツの田園教育舎に留学し教育・研究に従事後，スイスの田園教育舎設立に参画。国際新学校事務局を設立しルソー学院開設とともに合併（後，国際連盟に統合）すると同学院の教授となり新時代の学校改善に取り組む。『活動学校』他。
タゴール (Rabindranath Tagore インド, 1861-1941)	詩人であり思想家。インド国歌，バングラデシュ国歌を作詞・作曲，またタゴール国際大学を設立する。1901年野外学校を始め，母国語と仕事の教育を実践。ガンディーの独立運動を支持したアジア初のノーベル文学賞受賞者。『タゴール詩集』『人間の宗教』『幼な子の歌』他。
ガンディー (Mohandas Karamchand Gandhi, インド, 1869-1948)	インド独立の父，宗教家，政治的指導者。南アフリカでの弁護士活動から，インド独立のため不服従運動に参加。たびたび投獄されるが，真理探究，非暴力を貫く。1904年から教育にかかわり，手仕事と自給自足の学校生活を実践し，国民教育制度を樹立。『ガンジー自伝』他。
フレネ (Celestin Freinet, 仏, 1896-1966)	師範学校生から第一次世界大戦に従事，毒ガスにより肺機能を患い，授業改善に取り組む。教科書を廃し豊かな教材群を構成，作業を自発的かつ知的な活動として仕事（自由作文，アルバム作り，学校間通信とイニシアチヴ）によって自己を発達させる学校共同体をつくる。『仕事の教育』他。
モンテッソーリ (Maria Montessori, 伊, 1870-1952)	イタリア初の女性医師。障害児の治療教育，ローマの貧困家庭の子どもへの感覚教育から，仕事が成長・発達・幸福の必要条件としてモンテッソーリ教育法を確立。「子どもの家」，教師養成の協会（AMI）を設立。『幼児の秘密』『子どもの発見』『創造する子ども』他。

園芸，排水，灌漑，薪とり，水運び，木の伐採，茂みの下刈り，害虫やバクテリアの駆除等があった」[48]とするほど，多くの仕事が生活にあり，それらは強制ではなく生徒の興味・関心に基づく自己内秩序の厳しいものである。それだけではない。毎週，遠足や見学があり，仕事場等への訪問，水源や灌漑施設の見学，化石の収集，植物標本の作成やその薬物的経済的価値の調査等がなされている。

　一方ガンディーも，午後2時～5時まで開かれるトルストイ農園の学校で子どもの教育（1904）に当たり，授業内容に製靴，木工，料理などの手仕事を入れ，生徒と教師の共同行動を原則にしている。英国の支配下にあるインドの自治を目指すには，「文字の知識を与えることではなく，道徳の基本を理解し守ることであり，人格の形成こそ教育の根本」[49]とする教育を繙（ひもと）くこととし，インドの知識人が英語によって国民を奴隷化している現実を鋭く突くのである。この国民教育運動は，やがてインドの独立運動につながっていくが，彼の『国民教育制度の樹立をめざして』[50]（1927-1932）には，第1段階の8歳までは男女共学で，母国語により事物の理解後，読み書きを行うこととし，それは手の訓練から始まるとする。第2段階の9歳～16歳では，産業活動に従事し，その収入で学校経費をまかなう自給自足の生活をあげている。

　教育に労働を組み入れ，人格形成，自己実現の意味，非暴力の意味，子弟の関係，母国語と英語の関係，綿織物という手仕事の教育的価値などを吟味したのも，新しい「国民教育」によって国民を真の国民にし植民地から脱却するためである。自給自足の労働教育によって非暴力を信念とする人間形成を図ったといえよう。

② 児童のイニシアチヴ：フレネ

　ルソー研究所で労働の教育を研究し，「外部から課せられた機械的な活動は，労働に値しない―中略―本当の労働とは，内部から外部に向かって行使される自発的かつ知的な活動である」[51]として新教育に理論的根拠を提供したフェリエールの影響を受けたフレネも，教科書を廃した労働学校が子ども

の自発的な学習となることを模索し，教室に印刷機を持ち込んでいる。「教育の到達点として，単なる知識の習得，知の発展――一言で要約するなら教養の資本主義化―ではなく，働く者の人間的，社会的形成と意欲の発達」[52]を願い，新しい学校は，自由と活動の環境を用意し，子どもは自分の仕事によって自己を発達させる学校共同体である。

　このようにケルシェンシュタイナーの手仕事に基礎を置く教育変革も新教育運動に一つの視点を提供したが，フレネが求めるのは文明が知的努力を求める時代にこそ生産的な手仕事で人間の十全な発達を期すユートピアである。「労働は，教育の目的ではなく，期待される目標，つまり個々の子どもの生きる力，社会的な能力を発達させるという目標に到達するための手段」[53]で，決して教師は労働によって子どもを拘束してはならないとする。つまり，知識の教授も労働も，子どもを拘束するものとなってしまったら手段が目的にすり替わるだけである。フレネは"仕事＝遊び"の教育で，「幼い子どもが好きな環境は自然である。子どもたちは自分の周りの生命を見ているものである。―中略―子どもたちは，単純な栽培，うさぎやにわとりの飼育，原始的な隠れ家作り，山小屋や洞穴に自分たちの飾りをつける」[54]ことから，麻や亜麻の栽培，糸紡ぎ，機織り，簡単な衣服作りなどの，実際的有用性を感じられる活動環境が用意されるからこそ，労働は読み書き計算，測定，重さの計算などに親しみ，知性と理性を発達させる不断の創造活動につながるのである。次の職業のゆるやかな分化の段階になると，種子，肥料，収益などの計算や比較を考える農業，農耕や耕作者に必要な様々な職業（仕立屋，鍛冶屋，建具屋，石工，料理人など）の実習が，算数，幾何，歴史，地理，地質学と並行して行われる。最終段階は労働の分化への導入であり，共同社会の仕事に役立つ機械（蒸気機関，ポンプ，発電機など）の製作などである。彼が『仕事の教育』で再三書いているように，プロレタリア体制だから労働の教育ということではない。プロレタリア，ブルジョアいずれであれ，労働の最大効果は，個人の発達を目的としたもので，手仕事は人間の知的，精神的発達の場，その刺激剤で，個人の調和，社会的調和を導きだすものだ

ということである。

③ 成長の自由と形式的陶冶：モンテッソーリ

モンテッソーリも子どもの家（1907）に作業を導入している一人である。「不活発，退屈，抑圧の三重の砂漠から子どもを解放する」[55]ことを目的とし，「成長の自由な法則に従って自己活動を通して成長させるために子供に条件整備が整っている，ということを」[56]教育に活用する。適切な状況で活動すればするほど，子どもの生活は新鮮になり，「こうして仕事が，成長，発達，仕事の効率，幸福の必要条件となる」[57]とする。ただ，モンテッソーリのいう仕事は，子どもたちが最も好む自然にある作業でも，子どもが印刷機で創りだす詩集や，料理や裁縫でもなく，彼女が開発した教具の作業を通した形式的陶冶を目的としたものである。配膳や洗濯など，教育や遊びに生活を組み入れている点や作業に対する思想には，"三重の砂漠から子どもを解放する"子どもを主体とする新教育の主張が流れているが，教具による直観教育には読み書き計算につながる過程が詳細に段階づけられており，作業が即時的ではなく，あまりにも形式的にすぎるという側面がある。

このように名称はともあれ，教育内容に労働・作業・手仕事を組み込み，経験によって陶冶する主体を浮上させたのが新教育の特徴である。教育主体を教師に，教育客体を子どもに置いた伝統的教育の場合は，教育内容を教師がもっていて教科書等を媒介に思惟の労働が課せられる。しかし，教育の主体を子どもに置く新教育の場合は，学ぶ内容を子ども自身がつくりだし経験として布置していくことに信頼を置いている。その方法として，この時期の発達に即した自己活動を指導形態とし，学習の媒介となる陶冶財を自発的な労働・作業・手仕事に置くのである。自己活動を何によって行うかという手段が，教科書ではない。教科書でないとすれば，作業，労働，手仕事となるのは必然であろう。新教育運動の人々は，教科書を暗記させる伝統的な教育が子どもを奴隷にしてきた最たるものと位置づけている。フレネも「教科書はその単調さゆえに必然的に疲れさせるものである」「教科書は愚鈍化の一手段である。それは往々にして公的要綱に卑屈に奉仕するものである」[58]と

して，教科書が教師をも奴隷にし，子どもの思考を殺して大人に強制的に隷属させると批判する。

しかし，コメニウスの『世界図絵』に始まる教科書は対話の媒介であり教授の一手段であったものである。教科書が目的化して暗記が強要されたように，労働・作業・手仕事を自己活動の中心とした新教育も，経験を組織化する教育の手段であることを忘れ，労作を目的化すれば教育は死ぬ。子どもの自発性・創造性も個性も発揮されない課業としての労働が子どもを奴隷にしていくのは同じなのである。そうした意味では新教育が描いた"仕事の教育"思想も伝統的教育となんら変わらないものになる危険を孕んでいることは言うまでもない。

4. 近代的価値観による「教育学の構造」の成立

特徴的な教育学の思想を捉えてきたが，教育学の構造についてはカントの教育学の継承者ヘルバルト*の流れをくむライン[59]の構造（次頁図表2-1-4）を念頭に置くと，近世から現代の教育学の範疇，学の命題を論じる全体像が理解しやすいだろう。今日に至っても世界の多くの教育実践がラインの構造を基に，"新"を打ちだしており，また日本の教育学を考えるうえでもラインの構造が基本になっているからである。

（1）ラインの教育学の構造

ラインは教育学を教育史と系統的教育学に大別し，系統的教育学を理論と実際で構成する。理論的教育学には教育の目的学（教育理念と主体・客体の陶

---

* ヘルバルト（1776－1841）　　ドイツの哲学者，心理学者，教育学者。教育目的を倫理学に，方法を心理学に求めて教育学を体系化。教育の目的を，内面的自由・完全・好意・正義・報償という意志発動の5道念に置き，陶冶の手段に，①準備的な意味をもつ管理と②知識の教授，③人格の陶冶を行う訓練に置いた。教授は〔明瞭〕〔連合〕〔系統〕〔方法〕の4段階とする。『ペスタロッチの直観のABC』（1804）『一般教育学』（1806）『教育学講義綱要』（1841）

治論）と方便学（教導学と教授学）を置く（方便学は森岡常蔵によると目的学・方法学・教授学〈一般教授学と特殊教授学〉と教導学〈養護学と児童管理学と訓練学〉の分類である）。実地（実際）的教育学に教育形式論，学校管理論を置き，学校形態や条件整備となる法令等の諸事項を捉えている。彼の構造に則れば，幼児の陶冶性の有無は目的学の命題にあがり，訓練・管理・養護は教導学の命題として，また教科目については教授学の，学校法令や設備・管理，教員養成などは学校管理論の命題として立証されることで構造の全体像が浮

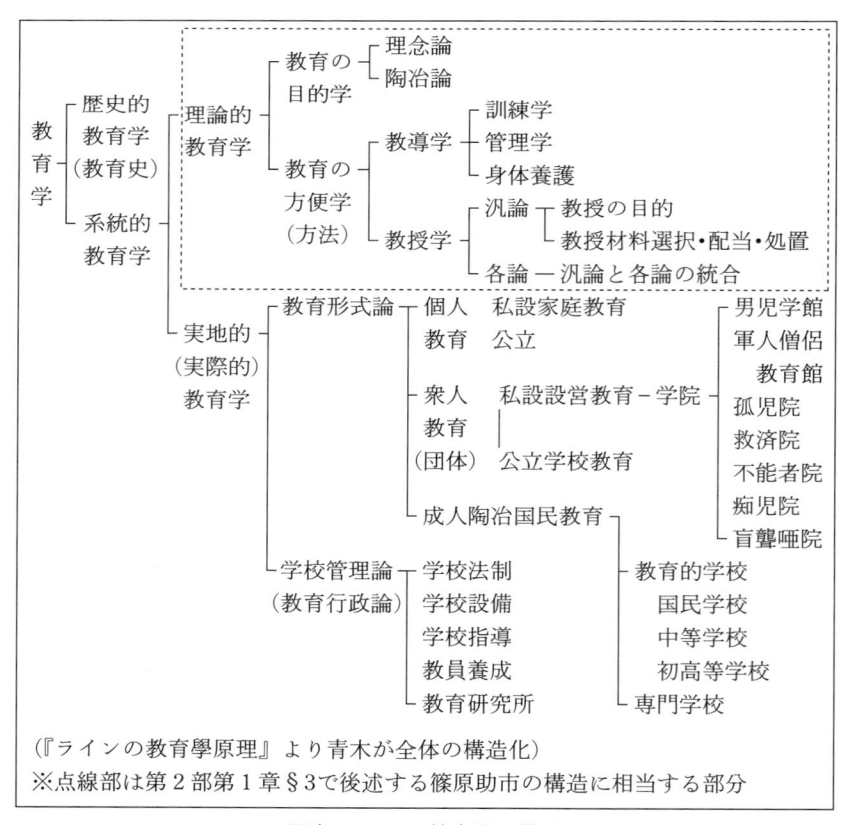

```
                    ┌─ 教育の ─┬─ 理念論
                    │   目的学  └─ 陶冶論
         ┌─ 理論的 ─┤
         │   教育学 │           ┌─ 訓練学
         │         │  ┌─ 教導学 ┼─ 管理学
教  ┌─ 歴史的     │  │         └─ 身体養護
育 ─┤   教育学     └─ 教育の ─┤
学  │  (教育史)       方便学    │           ┌─ 教授の目的
    │                (方法)    │  ┌─ 汎論 ─┴─ 教授材料選択・配当・処置
    └─ 系統的                   └─ 教授学 ─┤
         教育学                             └─ 各論 ── 汎論と各論の統合

         ┌─ 教育形式論 ┬─ 個人     私設家庭教育      ┌─ 男児学館
         │             │  教育     公立              ├─ 軍人僧侶
         │             │                             │  教育館
         │             ├─ 衆人     私設設営教育─学院 ├─ 孤児院
         │             │  教育     │                 ├─ 救済院
         │             │  (団体)   公立学校教育      ├─ 不能者院
         │             │                             ├─ 痴児院
  実地的  │             └─ 成人陶冶国民教育           └─ 盲聾唖院
─(実際的)┤
  教育学  │
         │             ┌─ 学校法制                    ┌─ 教育的学校
         │             ├─ 学校設備                    ├─ 国民学校
         └─ 学校管理論 ├─ 学校指導                    ├─ 中等学校
           (教育行政論)├─ 教員養成                    ├─ 初高等学校
                       └─ 教育研究所                  └─ 専門学校
```

（『ラインの教育學原理』より青木が全体の構造化）
※点線部は第2部第1章§3で後述する篠原助市の構造に相当する部分

図表 2-1-4　教育学の構造

き彫りにされるということになる。新教育を打ちだす人々は、ラインの構造と比較しながら新しさが何かを実験する。

このように、教育学の構造は、教育作用の本質を問い教育作用が教育客体を理想化する方法に関する学問であることから大きくは、① 教育理想、② 教育の対象（主体と客体）、③ 教育方法の3部門を中心に命題が立てられ、研究され構成されてきたものといえよう。

しかし、一旦、学の構造が出来上がると、構造があって命題が生まれるというように、命題が構造に飲み込まれてしまうため、学が硬直化することは否めない。

(2) 教育学を学ぶ人々の知識の構造

先人の教育学の構造とテーゼから、従来の教育学の命題と構造の関係、内容の概略を見てきた。教育学を学ぶための文献には、この構造全体を射程に入れて新たな命題を提供するもの、理想や当為と存在、教育の方法など、それぞれの部分を強調して知見を開陳するもの、あるいは、教育学の学際領域にリンクして新しい論理を組み立てるもの、といった特徴がある。

この教育学の構造は、日本の大学等の教員養成課程で教育を学ぶ人々の知識構造となっている。幼稚園、小学校、中学校、高等学校等の免許取得を希望する者は、教育学の構造に基づいて次頁図表2-1-5のような学習科目の単位を取得しなければならない。2欄は2000年に追加されたものだが、これは教職の意義であって教育の意義ではない。3欄が教育の理想、理念と教育史、子どもの発達や社会的制度といった基礎理論で、ラインの構造とテーゼでいえば、2欄から3欄が教育の目的学、4欄は教育の方便学に当たる。5欄、6欄は実地的教育学で、これに学校管理論が加わる。これらを修得することで、学的知見と子どもの発展に寄与できる教師の資質を養成しようとするものである。

教育学の個別領域として置かれている就学前教育も、教育職員免許法の科目構造の中に組み込まれており、次節で述べる人々の努力は、就学前教育も

図表2-1-5 養成課程における学習科目（教員・保育士）

教員免許

	教職に関する科目	各科目に含める必要な事項
2欄	教職の意義等に関する科目	意義・役割・職務内容，進路選択機会等
3欄	教育の基礎理論に関する科目	理念，歴史・思想，発達と学習過程，社会制度・経営的事項
4欄	教育課程及び指導法に関する科目	教育課程，教科，道徳,特別活動,保育内容，教育方法・技術
4欄	生徒指導，教育相談及び進路指導等に関する科目	生徒指導の理論と方法，教育相談の理論と方法，進路指導の理論と方法
5欄	総合演習	
6欄	教育実習	

（教育職員免許法施行規則第6条第1項）

保育士資格

系列	教科目
保育の本質・目的理解に関する科目	社会福祉，児童福祉，保育原理，養護原理他
保育の対象の理解に対する科目	発達心理学，教育心理学，小児保健，小児栄養，家族援助論他
保育の内容・方法の理解に関する科目	保育内容，乳児保育，障害児保育，養護内容
基礎技能	
保育実習	
総合演習	

（児童福祉法施行規則第6条の二別表第一）

教育学の対象に包含するだけの論理をもって戦後の構造をつくりだしたといえよう。ちなみに，保育士資格取得のための保育学も併せて掲出したように類似した構造をもっているが，大きな違いは，系列の理解に関する科目構造にみるように保育の対象を乳幼児としている点である。これについては，§4の就学前教育からみた教育学の命題のところで検討したい。

§3　明治末から昭和20年代までの日本の教育学

1. 日本の教育・教育学の変遷

　特徴的な教育言説の登場は，それぞれの国の歴史を背景にした時代のバランス感覚の象徴である。そして，前節で述べた新教育の論理を取り入れた日本の教育学は，輸入品の枠を越えられなかったわけではない。江戸時代からの潮流は明治の学制によって一旦方向を変えたが，大正時代から昭和の初めに多くの教育学が打ちだされ，新しい学校を台頭させている（次頁図表2-1-6）。これらの新教育運動については，本シリーズ第2巻第2部および第3部の八大教育主張に述べているので参照されたい。しかし，それが熟成する時間がないままに，日本は戦争，敗戦，占領下での教育改革を経験する羽目にと陥ったのである。

　第二次世界大戦後は，新教育の真髄は伝わらず，結果として教科書を学ぶことを目的とする伝統的教育に逆戻りするか，自由が意味することも自由の実現可能な条件，経験の基準も，目的の意味，教材の組織化などもなされない，単なる伝統的教育への反動としての子ども主体の教育に流されているのではなかろうか。1992年以降，自己活動形態の「生活科」や「総合的な学習」が用意され，あたかも子どもが教育の主体になっているような形はできたが，労働・作業・手仕事は教科に閉じこめられた断片的なもので，教師の計画内で模擬活動をする程度で終わっている。教師も子どもも一方では教科書に縛られ，もう一方では新教育のまね事をしなければならない状況で，そこにある思想を省察することはなかなか難しい。教育の主体も客体も，その相互作用も曖昧な中途半端さは，教育的感化も教育における権威も，また教育愛も学校精神も生みだせない苦しい現実をつくりだしており，子どもを教育の主体とすることにも大きな課題が残されているといえよう。

図表2-1-6　日本の新教育運動の流れ
ⓐ 新教育を目指して学校を設立した人々

学校名	設立	設立者等	経歴	掲げた趣旨及び著書等
私塾「成蹊園」 成蹊中学校 成蹊小学校	1906 1914 1915	中村春二 (1877-1924) 岩崎小弥太 (1879-1945) 今村繁三 (1877-1956)	東京高等師範附属中学校教諭 後の三菱財閥総帥 中村の中学同級生 実業家・銀行家	「個性をもった自立的な人間の創造」を謳う。
成城小学校 成城中学校	1917 1922	澤柳政太郎 (1865-1927)	文部官僚，京大総長他	自由なる教育の王国を目指す。『自由教育論』『学修法』『教育の根本問題としての哲学』
自由学園	1921	羽仁もと子 (1873-1957)	教員から日本初の女性ジャーナリストへ，『婦人之友』発刊	「自ら主たらしむ教育」とするキリスト教的自由主義教育を実践。『生活即教育論』他，全集参照
池袋児童の村小学校 児童の村中等部	1924 1926	野口援太郎 (1868-1941)	京都・福岡・福井等師範学校教諭・姫路師範学校長	「天分の伸長，個性の尊重，自発活動の尊重」を謳う生活共同体。『新教育の原理としての自然と理性』『自由教育と小学校教具』
明星学園	1924	赤井米吉 (1887-1974)	成城学園の教師たち	「個性尊重・自主自立・自由平等」を謳う。

			他3同人		日本にドルトン・プランを紹介する。
灘中・高校 弘文学院	1928 1902	嘉納治五郎 (1860-1938)	東京高等師範学校附属中学校長，講道館柔道の創始者		柔道の精神として唱えた「精力善用」「自他共栄」を校是とする。中国人留学生の学校として開設。
自由ヶ丘学園	1928	手塚岸衛 (1880-1936)	福井・群馬・京都女子師範学校教諭，千葉師範学校主事		「訓練には自治，教育には自学」を掲げて実践。『自由教育真義』『國語讀本の自由研究』
玉川学園	1929	小原國芳 (1887-1977)	広島高等師範附属小教諭，成城学園小学校主事		「全人教育」を掲げる。『自由なる教育の王国』『全人教育』『母のための教育学』他多数

ⓑ 新教育運動の実践や啓蒙を行った人々

氏　名	所　属	掲げた趣旨及び著書等
稲毛詛風 (金七) (1887-1946)	小学校教員から早大教授	「我々の生命は創造的進化」「人生は創造である」教育哲学に基礎を置いた思想家。『創造教育論』『教育者の新生活』
及川平治 (1875-1939)	兵庫師範学校女子部附属明石小学校主事	個人学習，分団学習を提唱し日本のデューイとよばれる。『分団式動的教育法』『動的教育論』

北澤種一 (1880-1931)	奈良女子高等師範学校附属小学校主事	ベルグソンの研究家で経験主義。『学級経営原論』『新教育法の研究』『現代作業学校』
木下竹次 (1872-1946)	奈良女子高等師範学校附属小学校主事・教頭	合科学習法の主唱者，実践者。『学習原論』
河野清丸 (1873-1942)	日本女子大学附属小学校主事	哲学的考察に基づいた自動主義教育法を主張。『自動主義教育法の原理と実際』『自動教育論』
千葉命吉 (1887-1959)	鹿児島師範学校附属小学校主事	一切衝動皆満足論を展開。『独創教育十講』『独創教育の理論及実際』
樋口勘次郎 (1871-1917)	東京高等師範学校附属小学校訓導	自己活動によって遊戯的に学習させ，収得した知識は発表と実行により慣れ親しむべき。『統合教授論』『統合主義』
樋口長市 (1871-1945)	東京高等師範学校教授，東京聾唖学校長	聾教育に口話法一主義を取り入れ。「自学教育論」『愛児の躾けと愛児の教育』『家庭と学校との中間問題』
山本鼎 (1882-1946)	児童美術運動，農民芸術運動	民衆芸術運動に身を投じた版画家，洋画家，教育者。『油絵の描き方』『自由画教育』『図画と手工の話』
片山伸 (1884-1928)	早稲田大学教授	英文学，ロシア文学者，自然主義を擁護する評論を展開。『露西亞文學研究』『文學評論』『ロシヤの現實』

2. 篠原助市の論考

『日本現代教育学大系全 12巻』[1]には，明治以降の日本の教育学界の主要な先達47人の学の構造と命題・テーゼ（論題）がまとめられている。本書では47人の中から，カント研究者の篠原助市の『理論的教育学』[2]を取りあげて教育学の命題と構造を考える。西田の『善の研究』（発刊年1911）が教師たちに盛んに読まれた昭和初頭に書かれたもので，篠原は，『理論的教育学』が第二次世界大戦時の教育指導精神とかけ離れたとして自らこれを絶版にしたが民主国家建設に向かった敗戦直後，再改訂している。明治末から大正デモクラシー，第二次世界大戦を経て確信したであろう篠原の教育学の構造を基軸にすることで，今日の教育学に通底するテーゼ（論題）を考えることができるからである。また篠原の『理論的教育学』は，本書p.134 ラインの構造図内の点線部分であるが構造の視点と具体的内容は明治期の輸入した西洋の教育学の二律背反と東洋的な"一"とを統合的に帰結する思想を彷彿させるものである。

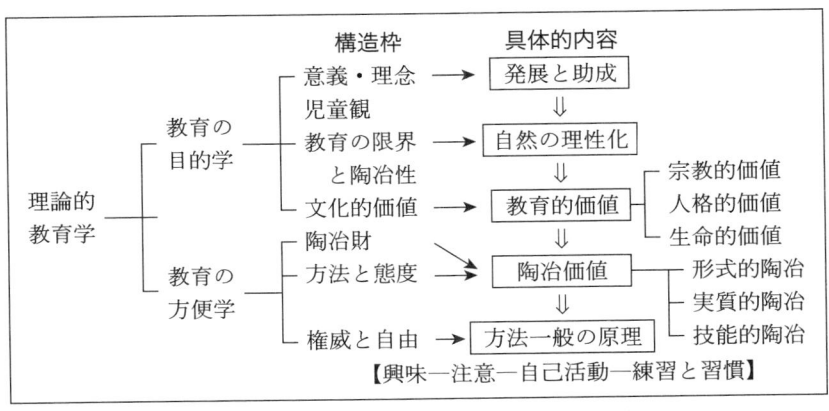

図表 2-1-7 篠原『理論的教育学』の構造

（1）教育学研究の中心命題―その1　教育理想―

　ルソーは自然の英知と秩序に即した「合自然的」教育に理想を置いた。つまり人間は，私と公，理性と感性，精神性と身体性との「二つの原理の相反的両立性（アンビバレンス）から成り立ち，したがってまた，一方の原理から他方の原理を批判し，それを止揚する」[3]。この2つの原理の相反的両立性（アンビバレンス）を内面的に統一するところに"合自然的"教育の理想があるということである。教育における教育理想と陶冶の問題もここに源がある。ナトルプ*は，「教育という語は最も本来的には陶冶を表す」[4] のに用いられる語で，「教育学のこの最初の根本概念，すなわち教育そのもの，あるいは陶冶の概念は，本来哲学的性質を帯びた問題，すなわち当為の，あるいは目的の，あるいは最も好ましい言い方をすれば理念の問題をすでに含む」[5] とする。そして，陶冶・理念は心理学ではなく「意志の理論と教育の理論は一つの路線，すなわち理念の究明という路線の上にある」[6] もので，具体的哲学であるとして"独立科学としての教育学"を主張している。篠原も当然，教育学は"論理的科学"として独立するものであるとして，その中心的課題の初めに教育理想を置いている。

①　教育の意義とは，被教育者の発展を助成する作用である

　篠原は，教育学の意義を「被教育者の発展を助成する作用」として発展，助成を次のように説明する。被教育者の発展とは，自然界の，①　生成変化ではなく，合目的的発展でもなく，②　価値的発展に関係するとともに教育を形而上学（感性的経験では知りえない有形の現象世界の奥にある究極のものを扱う哲学）的に解する場合は，形而上学的目的的発展が教育学の対象となるとする。人は生まれながらにして他と共同の社会生活を営み，社会的遺伝によって文化が伝えられる以上，カントのいうように「人は教育されなければな

＊　ナトルプ（Paul Natorp 独 1854 – 1924）　ヘルバルト学説に反対し，文化の法則を客観的に明らかにする哲学的科学（論理学，倫理学，美学）に基礎を置いた社会的，文化主義，いわゆる社会的教育学説をとる。

らない唯一の被造物」[7]であり，自然な生成変化を発展とはいわない。合目的的発展とは，1つは種の保存と繁栄にあり，もう1つは文化の存続発展にある。人間が食糧を生産し家を建てるといった生きるための生活はすべて文化的な営みであり「一の時代で教育せられたものは次の時代の教育者となり順次に継続する」[8]という永遠の作用で，人間のより良き発展に意義を置く社会的営みであり，教育でいう発展はこれら合目的的発展も含めない。

② 教育は，価値的発展・形而上学的目的の発展である

教育学が論じる発展は，「精神的発展即ち自然から価値へと向上し行く自由な発展であり，したがって教育はあるがままの自然から価値に，あるものからあらねばならぬものに向かへる作用として，即ち自然を価値へと導き上げる作用として解せらるべく，そこで自然と価値，『ある』ものと『あらねばならぬ』ものとの関係如何(いかん)が教育の中心問題となり，この問題をめぐって教育一切の問題は展開する。少なくとも自然と価値との教育における位置を定位しないかぎり教育学は成立し得べくもない」[9]として，自然と価値の定位を教育学成立条件の一つに規定している。ここでいう，あるものとは存在で，あらねばならぬものは当為である。

③ 教育の位相とは，未来に向けられた意志の上に成立する

教育の位相（自然と価値との教育における位置の定位）を「1. 社会的な関係において何の意図もなく，自然に現れる無意図的な影響，2. 教育的意図に導かれながらその形式において第一に類似するもの，3. 方法的に行われるもの」[10]の3層に区分する。1の社会的同化としての無意図的な教育を学的考察の領域外に置き，2の完全への意図に基づく意図的教育と3の特殊な施設による具体的，技術的な教育を，未来に向けられた意志の上に成立する課題として教育学の位相に置いている。

この意味において生涯持続する自己教育は，理論的教育学の対象には属さない。自己教育は目的であり，一切の教育という営為は，生涯にわたる自己教育のための教育なのである。こうして篠原が定義した教育は「比較的に成熟せる前代の人々が比較的に未成熟な後代の人々の発達を助成しようとの愛

からして，未成熟者の自立的活動を目当てとする意図的，永続的な作用」[11]である。そして教育には技術的要素も芸術的要素もあるが，単なる技術的活動でも芸術的活動でもなく，また他の応用科学でもなく，教育学は「教育的実践そのものについて考察する科学，即ち『教育的実践の定理』"Theory of pedagogical practice"として一つの理論的科学である」[12]と位置づける。

④ 自然の理性化は，調和的発展に向かう

彼は教育理念に「自然の理性化」を置く。「自然的生活を理性化し，自然の中に価値を実現し，自然の人からまことの人に高まり，まことの人間へと日に発展して行くこと，端的に，人における『人間性』の発展，これこそ人間一般の本分で，又教育の理念である」[13]としてカントと同じ最究竟の統一に「理念」を置く。ここでいう人間性とは，感覚的，物質的な欲望をもって動物的な生活を営むとともに，真，善，美，聖等の価値を求め，科学，道徳，芸術，宗教などの超感覚的，超自然的な生への欲求をもつ人間をいう。自然の理性化においては，「自然と価値の対立に当為の意識があり，努力によって自然と価値は合一し—中略—自然は価値に高まる」[14]，つまり【当為→存在→当為→より高き存在】と向上することで価値による課題的統一がなされ，調和的発展が図られると考えるのである。教育は関係概念であるだけに，動的であり，意志的，実践的概念で，篠原も意志優位説（主意説）の立場をとる。そして価値に対するプラトン的な愛(エロス)を動機とする意志は，より高い方向を求め「永遠不滅の世界」にまで上昇しようとする無限の過程を志向するのである。

生活による誘導・感化は，自我の芽生えを形成する時期の当為→存在→当為→より高き存在への生活的，環境的作用であり，他律から自律へと移行する発達の過程をつくりだす。幼児は砂場で遊びたい衝動を興味として行為に現すが，他の幼児も同様の衝動をもって集まっている。本能剥きだしに道具を取り合う存在は，もう一方の分かち合う価値と対立する。この対立を幼児の意志の力によって価値へと高めるものは，教師の言葉による命令的介入ではなく，生活の中で分かち合う人々の姿からの誘導であり感化である。幼児

の生活に感化し合う教育理想がなければ，幼児を直接支配することになり意志の発展は望めない。

つまり，存在の意志の発展と教育者の助成の関係が，教育の二重性をつくっているということである。幼児の内にある善性を萌芽させる助成によって，幼児自身が場や道具を分かち合う価値を志向し，自らを陶冶するという関係である。篠原は，助成とは「内に萌芽として存するものを助けて生い立たす作用」[15]と定義し，教育的助成である以上，あくまでも自然から価値に発展するための助成であるとする。

⑤　陶冶とは，人間天賦の性質の円満発達である

一方，篠原は教育と陶冶を5区分し，人は自らこれを統一することによって発展すると考える。①　教育が意志を基礎とするのに対して，陶冶は一切の教育活動に適用され，②　教育が助成との二重性であるのに対して，陶冶は自己自身の内部的発展を意味し，③　教育は発達すると底止するが，陶冶は生涯持続し，④　教育は輪郭を作るが，陶冶はこの輪郭を色彩ある像に仕上げ，⑤　教育は専ら作用に関するが，陶冶は作用と結果の二重の意味を有する，とする。そして，陶冶は教育においては第1に「外から一定の形を与えることではなくて内部からの発展であり」第2に「生徒の自己活動によって成り」第3に「精神的本質を全体としてなるべく完全な姿に発展せしめること」[16]の3視点がある。調和的発展を目指す教育では，一般的陶冶（教育における基礎的陶冶）を旨として広い基礎と統一的な深化が有機的に統一されることをいうとする。一般的陶冶が職業的陶冶と高等な一般的陶冶（職業教育と並行して行われる一般的陶冶）の基礎となるとしたのは，ゲーテやケルシェンシュタイナーである。しかし篠原は，"教育も陶冶"も"一般的陶冶も職業的陶冶"も対立する概念ではなく「凡てが一定の有機的関係において統一せられること」[17]を哲学的と称して一つに"根拠づけること""組織立てること"を提唱する。一に帰するところに哲学することをおいた篠原の思想には，西田幾多郎に通じる日本人のアイデンティティが垣間見られる。

⑥ 教育は，万能ではなく限界を有する

教育は万能なのかという問いは，遺伝か環境かという問いとともに語られてきた。子どもの陶冶性は教育および教授の予想であり，教育によって児童はどの程度陶冶されるのか，限界はどこにあるのかも教育学が取り組んできたテーゼである。カントは「人間は教育によってはじめて人間になることができる。人間とは教育が人間からつくり出したものにほかならない」[18]といい，ロックは「私が出会う人の十分の九までは教育によって善とも悪ともなった」[19]と言った。

しかし篠原は，「19世紀の教育学は大凡，『上からの教育学』」であったためで，遺伝と運命，環境と暗示の対立の問題は20世紀になって視座が転換し，「『下からの教育学』では教育学の出発点は教育最高の目的ではなくて，児童の精神作用とその発展の何たるか」[20]に置いている。そして遺伝か環境かも，内なる世界と外なる世界との交互関係のいずれを重んじるかで，陶冶性の見方が異なるが，「より完全になろうとの意欲と，文化内容の外的補充とは陶冶の二大根本条件で」児童期は「興味の方向は多様であり，従って完全への意欲も多方面に発動し，内容の外的補充も多面的である」[21]からこそ，児童期が一般的陶冶の時期とされると説明する。長じると興味の方向は限定され完全に向かう意欲は一定方向に固定し，内容の補充も一方的になる傾向があり，限定や固定は陶冶性を減少させる。そのため，彼は発展への意志のない者は教育の力でもっても及ばず，発展への能力がありすぎても陶冶性が減じて集団での教育力は及びがたいとする。篠原の論からみると教育の限界は，自我の発動と自我に働きかける外的刺激を通した主体の陶冶性に関係するということになる。

(2) 教育学研究の中心課題—その2　教育の対象（主体と客体）—

子どもは教育の主体か客体か，あるいは教師は教育の主体か客体か，これも教育学の重要なテーゼで，今日に至ってもなお，実践現場は主客論争に明け暮れている。

① 主体と客体は,相即不離である

篠原は,旧教育が児童を「学ぶ奴隷」として客体化してきた歴史と新教育が児童を主体として理想に走った歴史を踏まえて,主体と客体を一つのものとして捉える。彼は『批判的教育学の問題』[22]の中の"教育即生活論"で主体・客体論を展開しているが,自然の理性化に向かう人間の「精神は,主観的精神と客観的精神との緊張関係において始めて発展し,緊張関係こそが一切の教育の根本制約である」[23]とする。なぜなら,自然主義者が教育の出発点は児童の個性であり,個性を一定の形式で支配するのは個性の侵害だというのは一面では正しいが,児童は成長したい,発達したいという欲求,あこがれをもち,より完全になろうとする衝動をもっている。自然だけでは児童自身,理想をもちえないし,教育が価値への発展を目指すかぎり,直接または間接の指導は不可欠の条件であり,教育における主体と客体の「二者は相即不離」にあり,「生徒は教育の客体であると共に主体である」[24]からである。主語を立てる必要がない日本語の構造と,あえて主と客を立てない主客未分が日本人の論理性の弱さとして欧米人に批判されるが,篠原は"一"をこそ哲学することで,主客相即不離を掲げたのである。

② 教育的価値の分類は,生活の各方面を見渡す方便である

篠原は,価値への道となる教育的価値を図表2-1-8のように3区分し,宗教的価値を高位に置く。

しかし,篠原は3区分しながらも「教育即生活論」を強調する。価値の統一を強調するのは「教育的価値の分類は,生活の各方面を見渡す方便」[25]で

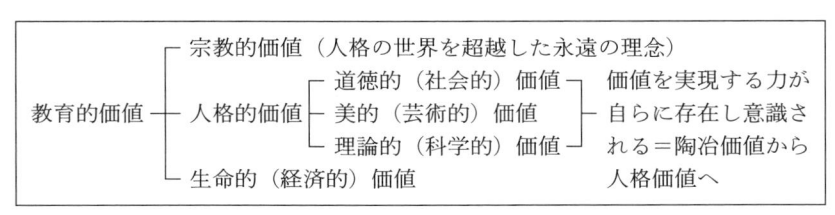

```
                ┌ 宗教的価値（人格の世界を超越した永遠の理念）
                │              ┌ 道徳的（社会的）価値 ┐  価値を実現する力が
教育的価値 ─────┼ 人格的価値 ─┼ 美的（芸術的）価値  ├  自らに存在し意識さ
                │              └ 理論的（科学的）価値 ┘  れる＝陶冶価値から
                └ 生命的（経済的）価値                    人格価値へ
```

図表2-1-8 教育的価値の分類
篠原助市『理想的教育学』協同出版, 1949, pp.229-240（青木構造化）

教材や教授法を見渡し批判し組織する目安にはなるが，教育価値論の中心問題はいつでも「生活経験の統一と整合」でなければならないとするデューイを支持しているからである。

　人格とは多様な価値の有機的，全体的統一であり，教育を通して人格的価値に高まるには，理想としての教育的価値と各教科（教材）に内在する価値（陶冶価値）の関係をどう捉えるかが重要である。篠原は「陶冶財に内在する価値は，先ず以て現実化せられ，過程化せられねばならぬ。即ち陶冶財は過程化せられて始めて人格財となる」[26]とする。陶冶財の過程化とは個性の再創造である。教師が陶冶財を完成のままに伝達するのでなく，「生徒の再創造を促進し，助成すること，これこそ教授の上からみた教師の最も重要な任務」[27]で，ペスタロッチが「自ら為すことを助ける」という教育は，教授の側からいえば「陶冶財の過程化」が不可欠の条件である。「再創造としての二者（教師と生徒）の活動が同一の問題にとけこみ，教師は指導せざる如くにして指導し，生徒は指導せられないかの如くにして創造する」[28]教育によって，陶冶価値を人格的価値に転ずることができると考えるのである。

　児童が価値を獲得するためには，陶冶財の過程化を自己活動とする意志が必要になる。幼児期の欲求・興味を発露し充足する快感は価値となりうるのか，教育対象となりうるのかであるが，篠原は「快感は価値そのものではないが，一切の価値の主観的根拠である」[29]として，快感には，① 対象によって引き起こされる快感，主観的な要求を満たす場合に起こる快感，② 価値に向かう活動において障害に打ち勝ちつつ進むところに起こる快感，③ 作業の結果，目的を達成したときに起こる満足の快感があり，③は「意志と知見，目的と手段，存在と価値が，作業を通して，完全に調和したところに起きる悦楽であり，一種の美的快感であり―中略―より高い活動を開始せしめる」[30]源泉であると位置づける。そして，①の快感は，人に最も早く現れ，最も強い快感であるから，これを軽視するのでなく「本来『自然に従ふ』教育は之を結合すること」[31]を怠ってはならないとする。

③ 陶冶は，3つの内容からなる

　教育学における陶冶について篠原は，実質的陶冶と形式的陶冶，技能的陶冶の3つをあげる。一般的に実質的陶冶は，一定の文化内容（知識）を獲得し知識内容を豊かにすることをいい，形式的陶冶は外界の文化内容を受容し獲得するとともに記憶力・推理力・判断力などの精神諸能力を錬磨することをいう。また技能的陶冶は，創造的に外界に表現する才能を熟達することで価値あるものを構成することをいう。この3方面についても，篠原は「知識と技能とは形式的陶冶を介して連続する。教育は知識に始まり，形式陶冶に半ばし，技能に終わる連続的過程であり，形式的陶冶は知と能を結合する契機である」[32]として，不可分の関係を主張する。

　形式陶冶の議論は，ヘルバルト学派の個人主義とナトルプら新カント派の社会学説・哲学的教育学の対立に始まる。それはペスタロッチの教育実践を論理化し基礎づける役割を果たし，ペスタロッチが「いかなる認識も直観から出発しなければならず，また直観に還元しうるものでなければならない」[33]とする直観の礎石として数，形，語を範疇とする範疇的形式陶冶に至っている。しかし，篠原は，これもまた完結しないとして，「何について感じ，意志するかよりも如何に感じ，意志するかと云うこと，総じて，考え，感じ，意志する能力，方法態度の教養，固定した内容ではなくて内容を建設する為に如何に武装せしめるかが，教育の中心問題」[34]とするのである。そして，態度の中心は，精神の自由な発動，価値あるものの統一に憧れる根本意志（価値そのものに対する愛を動機として，純粋に価値を求める根本作用，根本態度をいう）を中軸として，その周辺に知情意の各作用がそれぞれ一定の傾向を保有しつつ相互に統一的に連関するものが理想の人格とするのである。"知"でいう傾向とは，細心に対象を観察する習慣，根本的に思索し，あくまで明晰を期する習慣，一定の順序に従って（飛躍しないで）総合的に進む習慣，総合の結果を反省，批判する習慣等で"情"は，価値に対する微妙な深い感受性，感覚的な興味に駆られない感情の沈静，価値そのものに対する愛と感激性，"意"では，他に依頼しないで自由に自ら決定し，決定したものに集

中し，持続する習慣，自己に忠実な習慣，目的遂行の障害を斥けて進む習慣である。つまり篠原の結論は，「第一，教授において実質的陶冶は形式的陶冶に従属すべく，真の陶冶は形式的陶冶である。第二，形式的陶冶の本義は方法，態度の教養に存し，究竟するところ自由な創造的態度の教養に帰着する。第三，自由な態度の中に一切の教育的作用は摂取せられ，教授と訓練とは，形式的陶冶の意義の深化によって合一点を発見し得る」[35]ということである。態度は，精神的機能の連続的統一体としての自我の活動である。精神は3方面の陶冶を合一し，品性，態度として表れるところまでいかないかぎり，教育作用は表層をなぞるだけで，自己発展にはつながらないといえよう。

(3) 教育学研究の中心課題―その3　教育方法―

被教育者の発展への助成作用が教育的意志に根ざしている以上，教育学は「教育的実践の定理」をもつ。

① 教育方法の根本原理は，意志の形式から演繹される

篠原は，教育方法に対する根本原理も意志の形式から演繹されるとする。まず意志の段階を立てると，第1に動機（学び行う動機），第2に一定の文化内容の獲得に対する内的および外的活動，第3に，実現の結果を真の自己たらしめるもの（学び行いえたものを性格の一部にする）の3段階があり，これに応じた方法の原理があるとする。

　第1　動機上―興味が最も重要な位置にある。
　第2　活動上―注意の原理と自己活動の原理。
　第3　結果上―自分のものとなり性格の一部となるのは練習の原理。

(a) 興味―手段としての興味から目的に対する興味へ

興味は，「対象と自我の間にあり自我と対象の動的な一致」[36]を示すもので，幼時における興味は主として感覚的，生物的第一次的興味であり生命価値を伴うが，長ずるにつれて自己に有利なものを追求する功利的興味に結合するとする。初期の生物的興味を満足させるために活動し，予期したとお

り，あるいは予期に反した結果を得たとき，以前とは異なる興味が発生する。興味の転換は価値意識の妥当性に基づいており，転換の動機は，失敗と成功，反省と満足，妥当するものとしないものとの対立である。この対立を通しての活動により，主観的な興味から異種の客観的な興味が発生し，この転換に努力と精進が伴う。真の興味は障害を打ち破って対象と合一するところに現れるのである。私たちが真の興味に向かうとき，努力を努力と感じないのは"努力は興味の伴侶"だからである。しかし，教育においては直接興味だけを扱うのではない。篠原は，興味の異種発生とともに転移（連想的転移に限定）が教育にとって重要な意義をもつとし，「手段としての興味から目的に対する興味へ」[37] それも，「客観的価値が感覚的，功利的価値に従属し，精神的生活が物質的生活の方便となり，忌まはしき目的転倒へと傾く」[38] ことのない，正道として主観的なものから客観的なものへの移行を必要とすると考えるのである。

(b) 注意—注意は明瞭ないきいきとした体験をつくる原動力である

注意は，一定の対象を選択しこれに全精神を集中する意志の作用であり，注意が向けられた対象は，明瞭ないきいきとした体験をつくる。対象だけでなく対象相互の関係やこれに関係する観念，見通しも生まれ活動能力を高める。篠原は有意注意が表象再生の根本条件であるが，注意の修練は児童の発達に即して，幼少期は，「無為注意に訴え，徐々に有意注意に転じ，最後に練習の結果，有意注意を謂わゆる第二次無為注意たらしめる」[39] のが"自然に従う"教育の順序だとする。つまり，幼児の自然のままの注意から，徐々に才能を開花する目的的な注意になり，精神を集中する意志の作用が注意を向けた対象相互の関係概念を獲得し，表象として再生する繰り返しによって，高次元のレベルでの注意がおのずとなされていくということである。

(c) 自己活動—手段と目的としての自己活動は相関的である

自己活動の必要性は，プラトンに遡るが，これが教育学の原理として定立したのは，ルソーの『エミール』からといわれ，ペスタロッチ，フレーベルに結実したことは，本シリーズ第2巻にみるとおりである。篠原は，「注意

は自己活動のモーターであり，―中略―自己活動は注意の開いた路を注意に導かれつつ進む」[40] つまり【興味・注意・自己活動】の循環運動による三者の関係が，第1，第2の方法原理だとする。自己活動の交互的，段階的発展過程が，精神的な態度を確立していく過程であり，「手段としての自己活動と目的としての自己活動はどこまでも相関的である」[41] とする篠原は，ケルシェンシュタイナーの作業学校の目的と手段の関係を一つにしていくのである。

(d) 練習と習慣―意志による練習の反復が結集，固定して習慣となる

「凡て精神作用は反復によって固定し，学び得，行ひ得たものは練習によって身についた能力となる」[42]。教育方法において練習が重んじられる理由はここにある。しかし篠原は，練習の習慣が意識から脱落した死せる習慣であってはならず，練習も「行動の意味と価値に導かれない，文字どおり機械的なものであったら，死せる練習であって精神的な練習でない」[43] とする。つまり価値に対する発動的興味を動機とし，注意をもってなされる練習を練習と解釈し，「練習は自己による自己の活動であり，本来意志の事柄である。かように練習は仕上げの原理であるが，否，仕上げの原理なるが故に，そこに興味も，注意も自己活動も結集し，この結集の次第に固定し行く道程，それが習慣なのである」[44] と定義づける。そして練習を機械的練習（定まった行動の反復）と応用的練習（在来の習慣を利用して新しい事柄を処理するための練習）に区分し，機械的練習は応用的練習の基礎ではあるが，適用の範囲は身体的か精神物理的（肉体と精神との相互依存関係）かに限定されるとする。つまり機械的練習には道徳的行為の反復とか同じ思考の反復はありえないからである。しかし，道徳の習慣としての徳や思考の習慣としての判断は，精神的発展の源として存在するという意味で「固定に宿る自由」に精神的習慣の本質があるとする。ここでも篠原は応用的練習の循環運動による英知的発達を描き，「練習―能力―習慣―習慣を基礎とする練習とそこに現れる反習慣的な直覚と思考―習慣の改造―改造された習慣を基礎とせる練習」[45] によって習慣が形成され，改造されていく過程が生じると説明している。

② 教育における権威は，人間愛に包まれている

教育における権威の必要性について篠原は，教育が関係概念である以上，権威は自然に付随する本質的な表れで，人は発達期において指導者を必要とするかぎり権威は不可欠の条件であり，具体的，人格的な規範として子どもに作用し，社会的秩序を維持するうえで必要とする。篠原は，「真の権威は何よりも先ず人格の自然の，黙せる影響として現れる」[46]もので，人格の確固不動，永続一貫の態度の表現として自然に生徒を一定の方向に導くと考えている。教育関係が「人間愛に包まれた権威，相互に理解し信頼し合いつつ，生徒の自由な発展を助け進める権威」[47]換言すれば，権威と一つになった持続一貫の愛こそ，教育的態度の極致だとするのである。長田新は教育愛を文化的思慕と教育的思慕という価値実現性への愛としているが，篠原は価値なきものも愛する絶対愛として，アガペ（絶対的な宗教愛）とエロス（愛）の融合と捉えている。

③ 教育における自由は，精神的自我に高まる必要がある

また自由については，「消極的自由としての無拘束の自由と衝動，自然的生活からの離脱の二者を，積極的自由として自主的な自由と選択の自由と，及び理性の自由との三者」[48]をあげる。ルソー，新ルソー主義が唱える自由教育学は，無拘束の消極的自由で積極的自由に論究していないとし，エレン・ケイの「教育しない」ことが教育の秘訣とするに至っては，権力主義への反動として20世紀の幕開けの教育を鼓舞したが，本来の自由ではないと考えている。「自由は自発的なるに始まり，自主的なるに半ばし，自律的なるに終局する」[49]自由である。自主的になるためには，自発的で，進んで自由に，自己の責任において行動することが必要であり，自律的になるためには理性の要求に従って自然的自我（自然としてあるがままの自我）から精神的自我（理性下にある自律的な自我）に高まらなければならないとする。そうした意味ではルソーの流れを組む自由教育学は，根本的な立て直しを必要とする。自由は，他者との共存あっての自由であり，消極的な自由から積極的な自由を目指すものなのである。

④ 生徒の人格的表現は，相互の社会的関係の中で培われる

　教師の権威は，知的なものと道徳（規範と道徳的命令）的な人格の表現として表れるが，この人格的表現が生徒に守り従うべき秩序，法則，規範として映るとき，強いず迫らず生徒を正しい道に助け進める，つまり，消極的な自由だけでなく積極的な自由に生徒を高めていくということである。

　積極的な自由に至る道を篠原は「第一に無意的，自然的な社会生活の必然性から，第二に社会生活の理想的な体現者としての教師と生徒との直接の関係―中略―第三の方面は，生徒相互の社会的関係の意図的な形成であり」[50] 形成の原則は「斬新的」だとする。

　ここでいう「生徒相互の社会的関係」とは，子ども同士の社会生活を教育的に形成し，その環境内で自由に活動させ，子どもが自己決定できるよう教師の干渉を差し控えるということであり，「斬新的」とは，自発から自主に，自主から理性による自律へ（これを道徳的自由とする）と子どもの発達に応じて一歩ずつ進めていくという意味である。こうして学校生活を有意義にし，道徳的な自由に導くために，次の3方面[51]を重視している。

① 遊戯，娯楽（音楽会，学芸会），会合（談話会，食事），祝祭日行事，遠足など共同の体験において共同の意識に目覚め，秩序と法則に慣れ，よき教養を身につける。

② 作業団体の組織――一定の目的を実現するために組織する団体で，各自，団体の一員として共働し，相互に助け合い問題を解決し，共同の責任において実現することで，勤勉，忍耐，注意，自制，責任感，全体的意識等，公民としての心術を養成する。

③ 自治的な組織―子ども自身の発意により，共同生活の規約を決め，自由な意志表示に基づき各方面の指導者を定め，これを守り，選んだ指導者には進んで協力し，すべての責任において生活を運営する。

　彼は，これが個人的であると同時に社会的な自由への自然な導きだとする。そして彼は最後にこう提唱する。教育における自由は，自由の実行によって得られるからこそ「手近な小さな課題から始めよ」と。

以上のように洋の東西の教育学を概観したうえで，次節で就学前教育からみた教育学の命題へのテーゼを導きだしたいと考える。篠原の論理でいけば就学前教育は，自然の理性化の初期の段階とする位置づけを得ているが，現実には就学前教育は教育学の範疇と認識されにくい。そこに，教育学の認識や命題が十全でない可能性がある。

§4　就学前教育からみた教育学

1．教育学の対象と教育の対象

　〈教育学の対象〉と〈教育の対象〉とは異なる。〈教育学の対象〉とは，教育に関する専門内容を追求し，論理的な学としての命題を設定し，実証する範疇を指し，〈教育の対象〉とは教育が当(とう)とする物的，心的，実在的，観念的なものを指す。

(1)　教育学に属し細論を構成する就学前教育
　教育が社会的営為である以上，学として命題を設定するためには被教育者が必要になる。どの範囲の被教育者をもって教育学の対象とするかが，広義の教育学か狭義の教育学かの分かれ目である。教育学の命題の範疇は，すでにラインの構造でみたとおりであるが，「理論的教育学」や「実際的教育学」は被教育者の範囲を近代学校教育制度内（幼稚園から高等教育機関）において論述していることがわかる。日本の新教育運動の源流となった澤柳政太郎も，実践から論理を帰納するうえで，範囲が広すぎる教育論は事実に遠いことを問題とし「自分は教育学に於て論ずる教育の事実は，明かに正確に学校教育に限るとしたいのである」それも「学校教育中の普通教育」である「小学校，中学校，高等女学校及び之と性質を同じくする教育」[1]としたが，こ

れはあくまで理想論を構築する論壇教育学者を批判し実証的に論理構築するうえでの限定であって,明治40年代から国産化していった日本の教育学は生涯にわたる自己教育を基調とし,戦後の教育基本法の理念につながっている。しかし今日,実践現場の多くは教育学の適用範囲を学校教育法に規定された学校教育(それも主として義務教育)に限定していて,生涯にわたる自己教育は含んでいないのが通例である。筆者が語る就学前教育からみた教育学は,幼児教育に身を置いて実践してきた者としての立場からであるが,生涯を範疇にしている教育学が行き詰まる問題の一つは,被教育者の範囲を狭小にすることにより,方法論に比重がかかり,教育とは何かという本来の教育の理想を見失いやすいところにあると考える。

(2) 義務教育に限定した"狭義"の教育学の有効性

教授を中心とする教育学(教導学・教授学)は,確かに狭義に打ち立てた方が的を射ている。実質的陶冶,技能的陶冶,形式的陶冶に至る精神の軸を形成する義務教育期間は,生涯にわたって自己教育するための基礎的な訓練の場であり練習の場である。教授者の当為は,存在の興味を喚起し学問を追究するという学習の習慣化にある。義務教育期間に学習の習慣が形成されてこその生涯学習と考えると,徳性の教育は,"訓育・訓練と同意味で,訓育の根本は善良な習慣をつくる"とする澤柳の見解は注目に値する。教授する知識や技能は実際と直接関係のあるものではない抽象的な概念も多いが,訓練の方法としては教授が最も有効だからである。教授時間中に,静粛,注目,正しい姿勢,敬礼などの態度,集団の共同目的や精神習慣などを養うところに訓練がある。澤柳が「1日数時間の教授を離れて,別に忍耐,克己,静粛,礼儀,恭敬の諸徳を養わむとしたならば,その手段は容易なことではない」「此點から考えると教授時間なるものは,實はこれを教育時間と考えたい」[2)] とする見解は,教授・訓練・教育を一体に行う時期には効果がある。そして教授が訓練であり教育だからこそ,教師には人格者が求められるといえよう。大集団の被教育者を相手に行う教授が,自己訓練・自己教育を忘

れ，子ども主体などといいながら教材の陶冶過程も生みだせずにいたら授業は面白くない。子どもが学習に向かわない現象も発生する。教授時間中の訓練のほかに，学校には制服制帽制度，作業，校訓・校歌といった訓育の方法や儀式，行事，会合，児童・生徒の交際といった訓育方法もあるが，子どもの精神がそこにのらないかぎりたいした効果をあげてはいまい。義務教育段階の起立，礼に始まる教授時間中の諸儀式は日本的な文化が伝承される機会であり，徳性の習慣化を図る教室の儀式化は「教育即生活」の自由教育においても，形式陶冶に至る道のりとして機能させていく必要があるのである。

しかし，義務教育という狭義の教育学の期間は長すぎない方がよい。世界的に教育期間を9年間前後としているのも，基礎的な教授・訓練・教育を通して形式陶冶への道が開けた後は自己教育に移行していくことが，本来，教育学の理想を置くところだからである。ここに，狭義の教育学をも含み込む広義の教育学の必要性が生じる。

2．生の躍動にみる"広義"の教育学

教え教えられる二重性によって成立する教育学が対象とする被教育者の範囲は，自我が芽生える3歳ころに始まり，学習を継続させる意志があるかぎり生涯にわたって続くものである。自我の芽生えは，教育が被教育者の条件とする「当為」の芽生えであり自覚的な「陶冶」の始まりでもある。われわれ就学前教育者が，教授・訓練・教育の狭義の教育学と一線を画してきた理由は，この発展途上の幼児の陶冶性にある。3歳時期は直観力や記憶力においては秀でていてもまだ自我意識が淡く状況に左右されるが，4歳，5歳になるにつれ志向性・陶冶性が意識化されていく。その急激な発達時期に，座学による教授・訓練・教育は，子どもの中にかくありたい，こうありたいという当為やそれに向けて行動し，自ら努力し振り返る陶冶性を失いかねない。人間が自然的・生得的にもっている"自らを統一する"自我の発達が阻害される危険すらあるからである。

(1) 恩の世界と独学

　就学前教育にも適用できる教育学を模索した人々は，篠原の「理論的教育学」のように"自然の理性化"の初めの時期として幼児期を認識したが，それでも狭義の教育学理論の範囲にある幼児期であったといえよう。

　また生涯にわたる自己教育を，狭義の教育学に含めない理由も，家庭，地域社会，学校，職場といった教育作用の場所が広域にわたり，巡業や修行，労働といった陶冶の方法が異なり，教科書ではなくメディアの情報や語りなどの陶冶財であったりと，教育作用があまりにも広がりすぎるところにあったのは澤柳の主張でみたとおりである。

　近代から現在まで，教育が人間の価値を方向づけ，学歴によって富や権力を配分し，文化生活を形づくって，あたかも教育が絶対であるかのような印象を与えているが，大宇宙の中で自己組織化している人間の力は大局的にみれば無に等しい。私たちが教育的企図としてできることは，個々のもつ自然力を生かした，自然力が発展する場所の醸成と環境からの作用を及ぼすことくらいである。この自然力を生かす考えは，教授作用が強化される狭義の教育学の底流にも流れている基本的な考えで，教授は自然力への働きかけであるといっても過言ではない。

　江戸時代の真似び，習うから，諸外国の教育学の模倣，そして明治40年代から国産化していった日本の教育思想であるが，広義の教育学の走り（学の構造をもたない教育哲学であるが）として福島政雄の論にみるべき内容がある。教育とは何か，彼は「教育の世界は生命と生命との能攝所攝（のうせつしょせつ）の関係の世界」つまり「生命と生命が深い関係に立って合流して一つの理想に向かう」[3)]世界に教育の意義があるとして教育精神を思量する。「教育精神は概念ではない。生命の躍動そのものである。概念は却て教育精神の発現発動を妨げることがある」[4)]として，認識による理解だけでなく体験理解による有情を説くとともに「真実の教育精神は吾人の全生活が否定せらるるところに流動」し，全否定の奥には自ら全肯定の世界が展開するとする。福島の教育の理想は，社会本意主義でも国家主義でもなく「恩の世界」である。「生命の全解

放はそれ自身恩の自覚そのものである。全生命を解放するや教育者の生命は何等の凝固も偽装もなく児童の生命と合流して一つの無限なる恩の光に一歩一歩を辿り得るものなるが故に，そこには生命による児童の理解が可能であり，自なき他と他なき自をみるのである」[5]と。教育を生命と生命の関係，生命の循環から捉える視点は教育を概念や方法，技術で捉える今日の学的視点から抜けているものである。この根本こそ教育学の理念であろう。心身一元を説いた野口援太郎も「私は寧ろ獨學といふものの方が本當の教育であって，通常所謂教育と云ふこと，即ち人から教育せらるると云ふことは教育の本當の意味でないと思ふ」[6]と，独学という自己教育こそ教育の本義という立場で教育学を打ち立てている。彼の「被教育者が自ら教育すると云ふ動機のある處以外には，教育と云ふものは存在し得ない」[7]という教育学は，幼少の時を最も適期として，少なくとも人間の思慮の熟してくる40歳前後までを教育の時期とする（児童少年の教育は6歳から始めて14歳に至る8か年とし，青年の教育は14歳から20歳に至る6か年，成人の教育は20歳以上終生）。知天，つまり悟りを開くことを教育目的とする以上，学校教育としては22，3歳で終わってもいいが，己の教育は終生の仕事とする立場である。

(2) 和田實の保育学の構造

教育学は，自らの教育を終生の仕事とする世界である。ルソー，カントらが学校教育後の成人教育・市民教育こそ真の自己教育の始まりとするように教育に終わりはない。その範疇にない教育学を筆者は，狭義と捉えて述べている。篠原や澤柳らの狭義の教育学は，循環する関係の教育学と重なりながら，義務教育期間に焦点を当てた命題を解明してきたのである。

本来，被教育者が終生，自らを教育する存在としてあった生命の躍動が，学校教育の成熟に伴いその中で教育を完結させようとする教育学に押し込まれるには無理がある。その学の限界が教師や子どもの限界をも生みだしていくといえよう。狭義の教育学の限界は，常に循環する生の営み，生の躍動に照らして見直す必要に迫られている。教育学から離れ，保護と教育の一体化

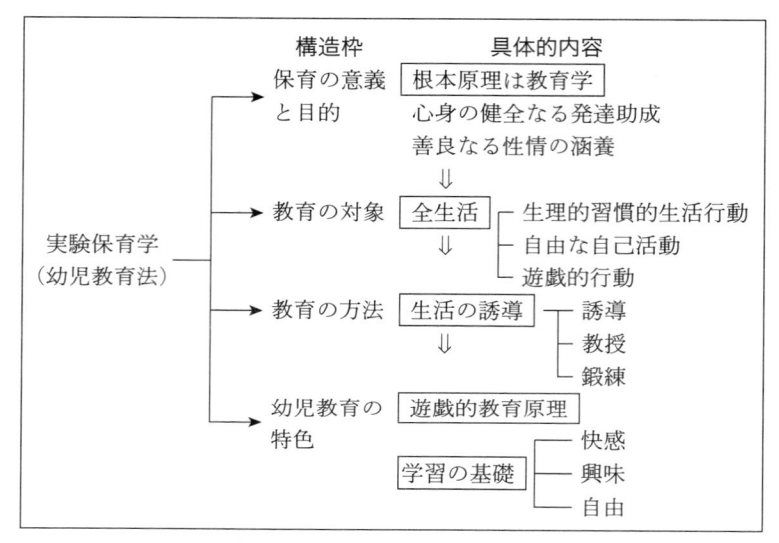

160　第2部　教育学における思惟と行為の基底

```
                    構造枠           具体的内容
              ┌─ 保育の意義  ┌根本原理は教育学┐
              │   と目的      │心身の健全なる発達助成
              │              │善良なる性情の涵養
              │                    ⇓
              ├─ 教育の対象  ┌全生活┐─┬生理的習慣的生活行動
  実験保育学  │              │  ⇓  │ ├自由な自己活動
  （幼児教育法）│              └──────┘ └遊戯的行動
              ├─ 教育の方法  ┌生活の誘導┐─┬誘導
              │              │   ⇓      │ ├教授
              │              └──────────┘ └鍛練
              └─ 幼児教育の  ┌遊戯的教育原理┐
                  特色        └──────────────┘
                              ┌学習の基礎┐─┬快感
                              │          │ ├興味
                              └──────────┘ └自由
```

図表 2-1-9　和田實の保育学の構造

を謳った保育学も同様，人間の一生から離れて，保育という狭い世界で論理を完結させようとすると限界が生じる。"子を育てる"から"親子・保育者がともに育つ"という今日の保育の視点の切り替えが，子育ても教育も生命の循環作用であるところに立ち戻る試みといえよう。

　かつて，和田實が幼児教育は保育学ではなく論理性をもった系統的な"教育学"だとこだわった理由も，逆に倉橋惣三が幼児教育を教育学としながらも"保育学"として一線を画した理由も，子どもを一人の尊厳としてみる目を曇らせる狭義の教育学や，児童保護の名において侮蔑と暴慢が行われる保護事業への問題提起にあった。児童保護即児童教育を実現する理想は，やがて二元行政ではあるが保育として定着する。和田は，中村五六*と一緒に

---

*　中村五六（1861-日支事変のころ）　東京師範学校附属小訓導から東京女子高等師範学校教諭，附属幼稚園主事。『幼稚園摘要』で保育法や設置の基準・編成を示す。原理にフレーベル主義を置き，研究組織「フレーベル会」主幹として，東基吉を『婦人と子ども』編集に当たらせたり，和田實の新研究に共著者となったりして，無名の新人を世に出した功績は大きい。

『幼児教育法』（1908）を著したときは"幼児教育"とよんでいたが,『実験保育学』(1932)になると意義にのみ"保育"という言葉を使用している。四半世紀で彼が表題を変えざるをえなかったのは"保育"という用語の定着である。それに納得できない彼は,「保育」という法令上の用語が教育と保護養育を混同させている問題を指摘し,幼児といえども陶冶性を有しており教育を受ける権利があるとして,幼児教育は「真正なる科学的教育学と融合するところの教育学的理論に因りて組織せらるゝ」[8]ところに理念と方法の基礎を置いている。そして,幼児教育が法令を根拠とした保育事項の議論にすぎない現状を憂えて,法令の基礎となるべき"学理"を追求する"教育学"の対象であるべきことを強調するのである。法令を唯一の根拠とする思考様式は今日も変わっていない,というより戦後60年あまりが経過し,法令すら根拠に置かないのが現状かもしれないほど理念が見えなくなっている。本稿では,3歳以上児の教育は,0歳から就学前までを括る保育理論の範疇より自然の理性化の始まる広義の教育学の範疇にあることを前提に,次の命題を捉えていく。

第2章

教育対象の場所論(トポス)

§1 教育の対象

1. 教育の対象としての生活

　教育学部の学生に「教育の対象とは何か」を問うと，ほとんどが「子ども」と答える。現職の教員も，教育の対象は子ども，つまり被教育者と認識している者が多い。保育士資格取得のための保育学の構造も，〈保育の対象〉を乳幼児としているので無理もない。いつしか，教育・保育の対象が子どもということに疑問も生じない時代が到来しているのである。

　しかし，教育が子どもを対象とした途端，教育は活力を失うに違いない。対象とは，認識や意志などの意識作用が向けられる当のもので，子どもが教育の対象となる場合は，一人ひとりの子どもに意識が向けられることになる。不登校，いじめ・いじめられの問題があれば子どもの不適切な問題行動として思考する。成績が振るわなければ子どもを叱咤激励し，塾にやるという思考も同じである。子どもに意識を向けた親や教師たちは，子どもを幸せにする道を高等教育にまで広げ，子どもを未熟な存在として評価したり操作

したりして作用を及ぼすことを善意の仕事とするのである。結果，教育の対象とされた子どもは，長い子ども期を自由も責任も自覚しないまま受動的に生かされることを余儀なくされるという構図ができあがる。第二次世界大戦後の発達心理学の隆盛と学校教育制度の完成は，教育の対象を子どもに限定して，子どもの自我を縮小する方向に作用したといっても過言ではない。日本の教育学は〈教育の対象〉をどのように捉えてきたのだろうか（次頁図表2-2-1）。対象とは"物的・心的・実在的・観念的なあらゆるものが対象となりうる"客観的なものである。実在する子どもも対象であれば物や心や観念も対象となりうる。かつて，新教育運動を展開した人々は教育の対象を"子ども"ではなく"生活"とした。『教育即生活論』[1]で描かれたように生活を認識の対象，意識の対象として，「生活」に教育作用の真髄を置いたのである。新教育運動が柱に掲げた生活とは，自己活動を基本とする自発的教育力の発展を目的とするもので，座学による教授中心の学校生活が，自己活動を基本とする動的なものになったことは第1章の新教育運動および本シリーズ2巻第3部の八大教育主張にみるとおりである。

　その中の一人及川平治は，教育の主体を児童に置き，真理の探究法を授ける動的（機能的）教育の概念として自己活動をあげ，「児童をして成長せしめ，高等なる発展を遂げしめ，彼の需要を満足せしめ，価値あるものを支配しうるに至らしむる力の根元は，児童自体に存する。この力は終生，自己活動として発現するものである」[2]とする。デューイが「民主主義的な生活へ参加することを学ぶには，実際に民主主義的に生活していくことが必要である」「民主主義とは連合した生活（associated living）の様式であり，様々な決定は共有された探究過程から導かれるべき」[3]とした，生活における自己活動である。また，倉橋の「児童保護の教育原理」[4]では，生活は保護即教育，つまり児童保護と児童教育を一つにすることができ，教育を児童の生活から切り離さず生活さながらの間に教育を行い，発達の時期は児童が自然の順序を追って完成に向かうとする異なる意味も含めた生活である。

　就学前教育は，生活を教育の対象とすることで，生活の時間・環境，生活

図表 2-2-1　本書の教育学説に登場する明治から昭和初期までの人物
（＊はpp.138-140図表2-1-6と重複）

氏名と生没年	経　歴	教育学の特徴及び著書等
篠原助市 （1876-1957）	小学校訓導から福井師範学校教諭，同附属小主事，東京高等師範学校教授。英語科や哲学科に再入学，留学。東北帝国大学教授，東京文理科大学教授	ドイツ観念論哲学，ドイツ教育学の影響を強く受けた理想主義的な教育学。自然の理性化論は手塚岸衛の「自由教育」などに影響をあたえている。『批判的教育学の問題』『理論的教育学』『獨逸教育思想史』
和田實 （1876-1954）	女子高等師範学校助教授。東京府教育会保姆伝習所講師。目白幼稚園設立。目白幼稚園保姆養成所開校	教育学としての幼児教育を論理化し，ルソーに始まる自然主義教育を基底に置き，独自の遊び論と指導論をもつ。『幼児教育法』『実験保育学』『保育法』
福島政雄 （1889-1976）	文部省，広島高等師範学校教授	仏教的信仰に裏づけられた教育生命の原理を説く。『教育生命の原理』『教育の理想と生命』『教育精神と体験』『ペスタロッチの生命と思想』
野口援太郎 （1868-1941）＊	京都・福岡・福井の師範学校教員，姫路師範学校長後，児童の村小学校設立	ルソー，デューイの思想が混和した経験主義，哲学としての教育学を主張。『新教育の原理としての自然と理想』『高等小学校の研究』
越川彌榮 （1882-不明）	群馬県女子師範学校長 大分県師範学校長	文化ないし文化主義を独自に組織した学風。『文化教育の原理』『文化教育概論』

日田權一 (1877-1966)	京都師範学校附属小主事,東京女子師範学校主事,同附属小学校主事	人として完全な人格者に陶冶する文化教育学説を主張。『教育的発生心理学』『人格観的教育思潮の進展』『児童研究の学理』
阿部重孝 (1890-1939)	文部省後,東京帝国大学教授	教育の科学的研究に基づく社会的教育学説。芸術教育にも深い造詣有。『教育革新論』『芸術教育』『小さい教育学』
小川正行 (1873-1956)	広島師範附属小主事,宮城師範教頭,群馬第二師範校長,宮城・和歌山師範校長,奈良女子高等師範学校教授	理論と実際の乖離を除き,理想主義的立場で教育学を構築。『フレーベルの生涯と理想』『郷土の本質と郷土教育』『学級教育学』
渡部政盛 (1889-1947)	独学の人。山形の小学校を出て準教員に。「教育界」の記者,著述業	被教育者（児童）観が教育の主観的原理をなすとする説。『異端者の悲しみと歓び』『教育的児童観の研究』『教育学説の論理及び其の批判』『新しき教育及教育学の建設』『学習の原理及其実際』
木下竹次 (1872-1946)*	京都高等女子師範学校主事・校長	プラグマティズムの思想に依拠した合科教育の独創的な指導者『学習原論』『学習各論』
大瀬甚太郎 (1868-1944)	東京高等師範学校教授	時流に流されない教育理論の体系をつくる。『実用教育学』『教育学講義』『欧米教育史』

の共同者，生活の内容・生活の実践など，全生活に教師の意識が置かれる。生活は生きる者の活動が促進される場所で，子どもはその教育の対象としての生活の中で自己活動によって経験を陶冶する。倉橋が，「生活を，生活で，生活へ」と教育の対象を表現したように，就学前教育は今でもこの論理をとっている。就学前教育だけでなく大正デモクラシーの時代に，『生活即教育』『教育即生活論』を展開し新教育運動を推進した人々，篠原助市や野口援太郎も同様，教育の対象を「全生活」としている。羽仁もと子も「よく教育することは，よく生活させることである」として学科の勉強も実生活の運営も，一日24時間の生活すべてが勉強であると考えた教育理論を展開している。羽仁の学校は，実物に即し本物に触れる実学と昼食づくりから清掃・管理まで子ども主体に運営する自労自治の生活，そして祈りのある生活である。今日の寄宿制の学校も，新教育運動同様，生活を教育の対象としたものといえよう。しかし，教育対象としての生活は，教育方法なのではないかという疑念も生じる。

2．教育対象としての場所(トポス)

　教育の対象を"全生活"とすることに疑問をもっていた人々もいる。文化教育学を立論した越川彌榮(やえ)は，「人間の萬事は生活を離れて存在し得る筈はない」[5)] としながらも，教育は現在のみに流れていくものではなく，過去は現在の事実の中に体現する。過去は教育主体（教育者と被教育者）からみると経験，反省，識見であり，教育客体（教育者と被教育者）からみると個性，実力，進歩という能力となって現在に潜在する。その意味において，生活即教育が過去を内包し未来を意味しないときは，ただの現実に即した自然進行に陥るとする。日田權一も客観的文化を伝達，注入して文化の収得蓄積を教育目的とする旧教育と，「教育即生活」の自発自展の文化創造発展を目的とする新教育とも，前者は子どもの奴隷化に，後者は教育は教育をしないという極論に発展するとして危惧している。

日田の教育即生活論は,「生活を人間特有の生活と見,之を指導し,統整するものを人間の根本性なる理性であると考える。而してその理性は人間特有の精神作用なる反省意識に於て,吾々が自己を内省する時に自己の現状に対立して之を批する我の理想,我の内に表はれ,我に対して常に『かくあるべし』又は『かくあるべからず』と命令し,これが実行または禁止を迫る」[6] ものとする。それが規範で,道徳的規範としては善,科学的規範としては真,芸術的規範としては美,宗教的規範としての聖が人間の本性である理性の表現として働くものである。彼が憂慮するように実用主義の学説における生活は,現実の生活の要求を満たし,児童発達の実際に即してこれに適合させ,経験論に立って実証実行を重んじる良さがある。しかし,せっかく生命論に立ちながら,生物的生命に留まり,経験論に執着して人間精神の無限の自発自展を説くこともなく,社会生活における普遍妥当性を欠いている。

彼らのような文化教育学の見地からみたら新説に危うさを感じたのであろう。それは新教育運動の一現象であって,教育対象を生活としたのでは本来の教育学の命題を失いかねないという危惧である。

(1) 教育対象を生活とする限界

「生活」を教育の対象として実践してきた筆者が,模索し思量したことは多い。精神世界を陶冶するための手段であり方法である「生活」が〈教育の対象〉となりうるのかどうかという疑問である。子どもを教育の対象として教授する論理も,生活を対象にして全生活を支配し自己活動を促進させる論理も,強制か自由かの方法上のベクトル上を行き来するだけではないかという思いである。生活という見える世界,たとえば教室や遊具,自然環境や学級集団,生活の流れなどは,具体的な手がかりがあるので議論しやすい。しかし,その現実の自然進行を議論しているかぎり,教育の真実には至らない。教育が議論の対象とするものは生活進行そのものではなく,生活を通して陶冶する超越的世界,アリストテレス流にいえば卓越性,カント的にいえば格率(証明なしに認められる命題や公理,行為の規則や論理の原則)や観照(対

象の本質を客観的，冷静にみつめること。即時的な尊貴の働き）の世界，日本的にいえば悟り，の世界に至る人間の自由意志への過程を支えている場所（以下，トポスの意味を有する場合はルビをふり，単なる物理的場所はルビなし）ではないのか，という問いである。

　当時，教育の対象を「生活」と認識していた筆者は，いじめや万引き，学級の荒れに遭遇した際，関係する子どもを直接指導することは避けて生活時間の流れ，遊びや課業の組み立て方，遊具環境や生活道具などを変化させる意図的・組織的作用によって問題解決を図っていた。しかし，混迷する現象は次々に表れ，そうした状況が発生する場所を対象にして地域も含めた共同体に働きかけないかぎり，問題解決の根本には至らないというジレンマを味わった。また，ある時には，新興団地のため歴史的・文化的な作用が少なく，園という囲いの中の生活では経験内容が限られる。意味を生成しようと思っても，人々が時間をつないで生みだしてきた意味が環境にないので，単一な価値しか生まれてこない。地域を教育の場所としていろいろな所に出かけるとともに地域文化の掘り起こしを行った。場所が保有する歴史的文化の乏しさは，生活を単純化し意識の世界の乏しさを生みだすことを実感した。また別の時，子どもの活力が余りにも淡く，些細なことでいざこざやいじめが発生する。ともに生活する他者が快くない原因が自然環境の乏しさや，生活がすでに保有している意味（雑然とした物の片付け，必要な物を自分で用意するのでなく配り与える生活など）が場所に付与されていることにあると考えた。池や川，小山や畑，木立を作ったり，プラスチック素材を廃止し自然に還るものを用意したり，物の配列や美的空間の構成，言葉や生活リズムなどを洗練させたりして，秩序ある場所をつくることに力を注いだ。また，場所に付与されている意味を変えるために議論を投げかけ，幼児が画用紙やおやつなど，自分の意思で選択し獲得する可能性に目を向けさせたり，拭き掃除など生活の担い手として積極的に参加してよい場所であることなどを投げかけた。そして有の場所が映しだされる意識野の世界＝無の場所を変えることで，子どもの経験の自己組織化が変わるのかどうかを試みた。変わるという

確信は得たが，これも科学的に実証するだけの研究には至らなかったという苦い思いがある。

阿部重孝は，当時の教育学が主体と客体と教育作用の3要素に分けた思考の限界に言及し，教育が行われる条件に環境の問題を加える必要性を説いている[7]。和田實も「今日の教育は一に被教育者の全生活を管理することに因って，其自由な発達を具案的に指揮誘導しようとして居る」もので，人々は「児童の生活全体を以て教育の対象とする」としているが，「論者は唯，遊戯のみを以て幼児の自己活動とし，若しくば作業のみを以て幼児の自己活動と観ずるが故に，幼児の全生活を支配することは必ずしも其必要なきが如くに思ふ」として，遊戯と作業においては自己活動を基本とする"生活"を教育対象としてもよいが，「教育の目的が人生の生活全部を包含することに注意し」[8] その他については違った見解をもっている。和田がそれ以上は言いえなかったもの，彼が教育の対象が生活であるとしつつも，そのすべてが生活とは言いえない何か違うと感じる感覚，そこに筆者も共感する。

ゲーテの教育州が場所(トポス)であったように，ペスタロッチの直観教育の空間やフレーベルのカイルハウの作業所も自然豊かな親と子が意味を生成する場所(トポス)であった。そして，孟母三遷の教え＊も教育の対象を場所(トポス)とした状況性へのアプローチであったし，橋詰良一が，神社や河原などにリヤカーを引いて行く生活も場所(トポス)で創出される状況を保育としたように，教育の対象は"子ども"でも"生活"でもなくその基体＊＊[9]となる"場所(トポス)"であるというテーゼ

＊ **孟母三遷の教え** 孟子の母は，墓に近い場所に住んだとき，孟子が人を葬り土に人を埋める遊びをしたので転居。2番目の場所は市街の街衢(げんこ)の近くで，孟子が商いの真似のみするので子を置くところでないと転居。3番目は学宮(学問所)の隣で，孟子は儒者の真似をしたという，環境・場所とそこでの営みごとの象徴化の重要性の教えである。

＊＊ **基体** 〔哲〕(原語のラテン語 substratum は「下にあるもの」の意)生成変化する事物の根底にあって持続する実体(『広辞苑』第5版)。西田は意識的な自我(主体)は，隠れた存在根拠，つまり「共同体，無意識，固有環境とも人間的自己にとって，基体としての場所」に負っているとする。"主語となって述語となることなき基体"に述語としての主体が負っているということである。包摂判断において述語は主語を含む。筆者は，生成する基体とそれを意識野に映す対象が無の場所に"於いてあるもの"として知覚作用，判断作用すると考え，基体は

をもつに至ったのである。それを場所ではなく阿部のいうように"環境"と表現した方が今日的には理解が得られるだろう。しかし，環境は人を取り巻くすべてで，基体の存在根拠にはならないため，意味を生成する場所と考えるのである。

(2) 教育対象を場所(トポス)とする根拠

場所(トポス)は，すべての生命の根源であり，生活の拠点であり，自己を根拠づける存在の証である。また，場所(トポス)は人々が内包するアニミズムを象徴する形象であり記憶のルーツであり，歴史的文化生成・意味生成の時間を支える拠点である。学校があろうがなかろうが人は社会という場所(トポス)において生命ある時間を生きる。場所(トポス)は述語的な存在である人々の生活を創造していく拠点なのである。私たちが動物と暮らす場合，"動物"に意識を向けその"生活"にも意識を向けるが，そもそもの"場所"に意識を向ける。動物だけでなく昆虫も水中生物もあるいは植物も，その生き物が棲息している自然に近い場所を用意する。生き物にとって生活は，生きられる場所があって始めて成立するもので，生活があっても場所がふさわしくなければ死につながるのは自明である。日本朱鷺の絶滅も生きる場所が失われたためで，再び生きられる場所が作られることによって彼らの生活も，彼ら自身によってつくられていく。

高等動物とはいえ，自然(じねん)である人間も場所があって意味を生成する生活がある。場所(トポス)について中村雄二郎は，① 存在根拠（基体）としての場所，② 身体的なものとしての場所，③ 象徴的な空間としての場所，④ 論点や議論の隠された場所としての4視点をあげている[10]。フッサールの生活世界，ハイデガーの世界内存在以外に，西洋ではあまり注目されない「場所の論理」であるが，西田幾多郎は"無としての場所"を提起する。人間の意識作用は，「映された対象と映す場所との間に現れ来る関係」[11]で，意識の野は場

主体の内に含むもので事物・場所のみならず，生成変化する意識現象の根底にあるものとしても用いている。

所という性格をもつとする。また，判断の立場から意識を定義すれば，意識の範疇は述語性にあるとする。「普通には我といふ如きものも物と同じく，種々なる性質を有つ主語的統一と考えるが，我とは主語的統一ではなくして，述語的統一でなければならぬ。一つの点ではなくして一つの円でなければならぬ，物ではなく場所でなければならぬ。我が我を知ることができないのは，述語が主語となることができないのである」[12]と。そして，「有の場所とは物質界についての一般的概念の述語面であり，そこにみられるものは働くもの（作用）である。それに対して，相対的（対立的）無の場所とは，有の場所の背後にある超越的述語面（意識野）であり，そこにみられるのは意識作用である。最後の絶対無の場所あるいは真の無の場所とは何かといえば，それは右の超越的述語面（意識野）の底をさらに破ったところであり，そこに見られるものは，真の自由意志である」[13]とする。

　西田の「場所の論理」は中村のいう場所(トポス)の論理の4視点を統合して意識野に有の場所をつくり，さらにその奥にある真の無の場所に及ぶことにより自由意志によって場所(トポス)の4視点を統一するものである。これは教育の対象を場所(トポス)とする筆者の命題を支える。和辻哲郎は，人間の精神構造に刻み込まれた自己了解は「風土」[14]であると規定する。風土の現象が己を見いだし，風土性も社会的存在の構造で歴史的風土であるとする。その歴史的風土は場所で，人間は過去を背負うのではなく歴史的風土を背負うとするのであるが，教育が人間の自由を標榜するものである以上，場所と自由との関係を論述する必要が生じる。和辻の「風土」にも場所の論理が働いていて参考になるが，筆者は西田の意識野の底を破った真の自由意志にいたる場所論に拠っている。"わたし"という一点ではなく"～している""～である"という面をもった意識野の中で述語的統一を図る作用が働くのは，現実の有の場所の作用があるからであるが，教育の対象は有の場所での現実進行だけではない。私たちは有の場所での相互作用を通して，意識の中に意味を生成し解釈し吟味し省察し再創造している場所を置いている。わたしの経験，わたしの心情を語れるのは場所(トポス)があるからである。そのわたしが自由を感じるのは，己の

もつ精神活動の法則（西田の言葉に拠れば，現実に生じたことを自知しつつ理想を含む意識現象＝自己の自然）に従って精神が働いたときである。つまり，意識は理想的要素をもっていて現実を理想の一例とみることができるから，いくらでもほかの可能性を含むことができ，場所(トポス)はその可能性をつくっていると考える。

　福島がいう，教育において生命と生命が合流するのも場所(トポス)である。有の場所での述語的わたしは，無の場所で基体としての教育者の生命と被教育者の生命とが合流し，能攝所攝して理想に向かう，つまり恩の世界に向かうと表現することもできようし，野口の知天も，過去から未来にいたる有の場所から超越論的述語面の底をさらに打ち破って至った絶対無の場所であり，真の自由意志であり，悟りはそこにあるということもできよう。

　プラトンは理想国家を建設するためには，現実の悪に汚染されない場所に子どもたちを置いて教育することしか方法はないとした。また，教育の理想郷を描いたゲーテも他人に教育される場所ではなく，「教育州」の州内を子どもが自己教育する場所として，そこに教育の理想を置いた。彼らの理想を具現化したレディやドモランの学校，リーツの田園教育舎などに始まった世界の新教育運動が，教育の対象を郊外の田園という"場所(トポス)"でありつつも"生活"とした背景には，主語を統一主体とする西洋の近代思想がみられる。自我主体を基体とする西洋では，主体（自己）を根拠づけることによって人間の自立への方向をとった。そこに主観対客観の図式や，主体の能動性，外界や自然に積極的に働きかけ人間が支配する二律背反の構図が生まれている。後にフレネが，ルソーに始まるこれらの教育学がブルジョア階級のものでしかないとして，自己学習，手仕事，協同組合による自治を基軸とする生活の場所(トポス)をつくった教育理想は今も続いている。生活とした教育は移ろいやすく社会の変化とともに消えても，理性的共同体に根を張った場所(トポス)を対象とした教育は命をつないでいくのである。

　中村雄二郎は西田の場所の論理を"主語論理主義の立場から述語論理主義の立場へのコペルニクス的転換"とするが，日本の新教育運動にはこの西田

の場所の論理や主客を没した純粋経験の視点は及ばなかったのではなかろうか。教育の対象を「生活」として教育即生活論の論理によって彩ったのは，八大教育主張（本シリーズ第2巻第3部）にみるとおりであるが，四半世紀もしないうちに新教育運動は叩かれ，弾圧されたため，場所の論理につなげる時間的余裕がなかったということも予想される。しかし，知天や悟り，恩の世界，あるいは大自然の場所を教育理想として，自由意志に迫ろうとしている学的理論があったことも事実なら，唯一幼児教育に"環境を通して行うことを基本"とする思想が残ったのも幸いといえよう。

　義務教育機関は，教授科目や子どもを議論の対象として狭義の教育学の議論から始まるが，就学前教育は場所の議論から始まる。場所の議論を飛び越えて教育のテーゼを構成するのは困難なのである。多くの人々が〈教育の対象〉を子どもと認識している今日，筆者のこの論理は笑止の極と一笑に付されるか，あるいは再び〈教育の対象〉を「生活」に置いて実証する人々により「生活」から「場所」へとさらなる転換をする時がくるのか，これからの議論を期待したいところである。

§2　場所(トポス)を教育対象とする教育学試論

1. 場所(トポス)における教育理念・原理

　宗教とは縁が薄い，また学を論じるには学がない筆者があえて教育の理念・理想を述べれば，「自得した理性的共同体という場所(トポス)での自然(じねん)と精神の合一による自己組織化・自己発展」である。理性的共同体という場所(トポス)において己を知ることは天を知ること，天を知ることは自然を知ること，自然を知ることは己を知ること，そこに"無としての我"*に至る自己教育の理想，つまり自分の責任において自らを自己組織化し無に至る理想があると思うの

である。以下は、〈教育の対象〉を場所（トポス）と規定した教育学試論の主たる命題へのアプローチの視点である。

(1) 陶冶を促す自得する場所（トポス）

　教育の対象である場所（トポス）は、基体の自然（じねん）と精神の合一を支える共同体である。場所がなければ人間の生きる営みも教育という営為も成立しないことは自明であるが、場所（トポス）には風土の自然や人工物、人々の言葉や生活様式、食の営みや労働、生活芸術など過去から現在、未来につらなる共同体の文化があり、関係の中で意味を生成しながら人間を教育する力がある。

　蝶や野蚕が菜の花や桑の葉に卵を産み付け、子どもはそこを生きる場所（トポス）として生を全うするように、生き物は、置かれた場所、わが身を置いている場所との調和を図ることが生きることそのものである。理性をもつ人間はわが身が置かれた場所、あるいは置いている場所で生成される意味・文化を自得することによって、場所（トポス）に働きかけ、場所に属する人々との調和を見いだし、意識野の奥の絶対無の場所に真の自由意志を築き上げることができるといえよう。

　学校教育制度が確立した民主主義社会であれば、ある時期、ある時間に子どもが身を置くのは学校という場所（トポス）である。成人であれば場所（トポス）が自己陶冶、自己実現にふさわしくなければ変える選択もできるが、幼児・学童は置かれた場所を生きるしかない。その場所（トポス）が子どもにとって「教育州・芸術州」なのか、「大自然の広野」なのか、「労働・作業所」あるいは「子どもの牢獄」なのかといった特徴があるが、どんな場所であれ、それらが自得した場所（トポス）となることが陶冶を促す条件になる。不登校の子どもがフリースクールであれ

＊　**無としての我**　ゲーテは教育目的を「畏敬」に置いたが、福島は「恩」に置く。恩はすなわち天（自然（じねん））を知ること。恩は絶対観念で生命と同じく無限性を有する。筆者の場所の論理も自己組織化する我は、意識界と無意識界、身体と精神の調和的統一を図りつつ、己の存在に悟りや自得（知天や畏敬）を沈殿させる。無の場所に沈殿した悟りや自得（知天や畏敬）が"無としての我"である。

ば学習する，緘黙の子どもが場所と人を選んで口を開く，ある学校・園で不適応だった子どもが転校によって適応状態に変わるといった変化も，自得する場所(トポス)を見つける過程であって，新たな場所が自得につながらなければ同じ不適応状態を繰り返すことになる。逆に，アウシュビッツで生き延びたフランクル[1]も，シベリア抑留の日本兵[2]も現実の場所に故郷の場所(トポス)を映し，生きる場所として自得することによって過酷な生活に耐えることができたのではなかろうか。

　ここで自得とは，自らの身体と心が納得をつくりだすという意味で，頭で納得していても身体が了解しなければ自得に至らず，その逆も同様である。ある小学4年生児童が自分の所属学級に行かず毎日，筆者の周辺にいる。学級に戻らなければいけないことを頭では理解しているが身は幼稚園に置いて幼児の世話や掃除に精をだす。生活は時間であり，彼が自得しようがしまいが進行していくものであるが，彼自身が存在の根拠である学級・場所(トポス)を自得しないかぎり，授業における意味生成に参加し，学校生活に己の自由意志を築き上げることはない。つまり，理念や理想など経験の中にまだ存在しない完全性への当為に，精神を向けることはかなわないのである。

(2) 理性的共同体とは

　場所(トポス)における教育を語るために，理性的共同体についても論考したい。幼稚園であれ義務教育学校であれ，あるいは職業陶冶の組織体であれ，教育的営為が行われる場所(トポス)には，自然的，象徴的で，論題を提供する場所の歴史と人々の相互作用がある。幼稚園や学校であれば児童や教職員などの組織体の構成員，学級であれば学齢，男女，人数などの配慮されたフォーマルな集団と担当する教員がいる。たとえ少人数であれ縦集団であれ，集団を構成しており我は全体の中の一であるとともに一は全体である。

　ルソーは，「われわれを社会全体に結びつけている約束は，この約束が相互的であるが故にのみ，拘束的なのである。そして，その約束は，人がそれを果たすことによって，他人のために働けば，必ずまた自分自身のために働

くことにもならざるをえない」[3]として、"それぞれの人"という言葉を自分のこととして考えるのは人間の本性だとする。これをカント流にいえば社会の中で人々とともに存在することが、自らの理性によって課せられた人間の使命（Bestimmung）「公民的社会の一員であるべき必然性」[4]ということになる。カントも篠原も合目的的発展は教育に含まないとしたが、価値的発展に関係する共同体の自治は掲げている。その集団が、相互親和的であるか競争的であるか、目的を共有するかしないかで性格は変わる。集団が相互親和的である条件には、① 場所(トポス)に多様な個性を受け入れるキャパシティがあり、② それぞれの人が自律した存在として自己組織化する意志をもち、③ 自己組織化を実現する方法が場所(トポス)の歴史に累積していて語られるモデルがあり、④ その目的を共有しながら歩む仲間と時間と空間があるということである。

　本稿でいう理性的共同体とは、このような共同体の目的を理解し、関係をつくりだす行為に理性が働き、一人は他者のために他者は一人のために自発することが可能な集団をいう。生涯の合目的的生成の層に包み込まれた共同体であって、ナショナリズム（国家主義；政治的な単位と文化的・民族的な単位を一致させようとする思想）ではない。フレネ学校が「子どもは学校のために役立ち、学校は子どものために役立つ」関係を維持することで日々が運営されているように、共同体が水平の関係をつくる自発の過程に理性が働くから文化が再創造される。子どもが学校のために役立たないのに、学校だけが子どもに役立つ共同体などということはありえない。つまり、人間が本性として有する"それぞれの人のことを自分のこととして考える関係"の中に、相互親和的な理性的共同体が生まれるといえよう。

(3) 一人ひとりの教育実践を支える教育理想

　歴史的な偉人の構築した教育学の命題は、確かに論理的、実証的で格調高く、凡人はその足許にも及ばない。しかし、教育を実践するのは共同体のそれぞれである。先人の教育学を押しいただいて実践するわけではなく、優れて共感できる命題を参考にして、共同体の教育理念、陶冶内容、教育方法を

模索しつつ，共同体に理性的存在を打ち立てるものである。共同体に学的視点がない場合には，フレネやレッジョ・エミリアのような市民と共同する実践や，ニュージーランドのような下からつくりあげる教育課程基準や実践評価ではなく，上から下りてくる法律の理想を借りながら法律の最低基準に従属するという，エウダイモン（努力しなくても善を行う）な人間の本性から離れた現象を発生せざるをえない。

　さて，理念とは，"経験の中にまだ存在しない完全性の概念"といったのはカントであるが，これは逆に自然的素質を発展させる教育の理念が完全に至ることはないからこそ掲げられるものであろう。教育の理念・理想を善のイデアに置いたアリストテレス，合自然的教育に置いたルソー，当為の究明に置いたナトルプ，人間天賦の性質の円満発達・価値的発展（形而上学的意味内容を含む）に置いた篠原，そして恩の世界に置いた福島，知天に置いた野口と，様々な理念・理想を垣間見てきた。百人いれば百通りの言葉が並ぶであろう。福島や野口，あるいは無終の独創価値を創造するところに置く千葉命吉など独自の論理を構築した人々もいるが，多くは法の基礎となる学理でなく，小川正行の理想観が示すように"完全なる人格の発展を遂げ，文化の進歩に貢献し，国家の発達の為に努力する"[5]といった，法の目的につながる理念が多いといえよう。

　論壇教育学者の多い日本では，法の目的の裏づけとなり，基礎理論となる実証的な学はなかなか生みだされにくい。とくに，今日の就学前教育の多くは理念・理想にふれて教育を語ることはあまりない。あったとしてもキリスト教の精神に則りとか，仏教の心に沿ってといった表現がみられる程度で，学校教育法の幼稚園の目的や内容を理念・理想としているところが多い。それは，就学前教育が，教育学の範疇か保育学として独立するものなのかも曖昧なまま狭義の理論を構成していること，実践している当事者も幼児教育を学的認識の対象としていないことに起因していると思われる。ある園の教育課程を編成する際，目標を立てるにしても教育の内容，方法を考えるにしても理念がない。理念がなく設立したとは思えないので創設当時の資料に当た

ってもらうと「品格ある教育」を掲げている。「国家の品格」「人間の品格」といわれるように,「品格」は歴史的時間によってつくられる文化であり,努力しなくても自然ににじみ出る道徳的態度や言葉であり思想である。こうした高い理念を掲げ実践していたにもかかわらず,理念は世代や人々が代わると忘れられ風化していく。また,教育理念は行政や設置者にあり,上から下りてくるものと認識する人々も多い。雇われているかぎり一担任の理念・理想を語ることなど,はばかられるのが現状であろう。教育理念が失われやすい要因は,教育が失われる原因でもある。この要因をまとめると,① 教育が場所(トポス)を対象とせず子どもを対象とし,② 理性的共同体の意志としての理念ではなく明治開国以来お上(かみ)から下りてくる法の理念に従属し,③ 教育実践の省察から理念に至る過程を論点とせず刹那的に実践の是非を議論し,④ 次の世代に継承する共同体が成立していない中で個々が孤立し競争する,ためである。

理念は国家の法や経営者など上にあるだけではなく,共同体一人ひとりの実践者の教育行為の根拠を支える 理(ことわり) である。設立母体,校種を問わず,共同体の実践者がそれぞれ自らの理念を日々問いつづけて確信に至る理を見いだす努力をしなければ,学と実践が遊離するのは当然である。学の命題は,掲げる概念ではなく,理念を実践に映しだし,方法や内容を問いつづけるためのテーゼと構造であり,理性的な存在へと自己組織化を図るための共同体の方向性であると考える。

2. 場所(トポス)における主体の自己組織化

場所(トポス)にある共同体の生活の方向性が,人間の自己組織化[6]の方向を決める。

---

* **自己組織化**　　自己組織化とは,生物のように他からの制御なしに自分自身で組織や構造をつくりだす自発的秩序形成をいう。ダーウィンの自然選択説に対してカウフマンが,生物のシ

筆者の理念に掲げた"自然と精神の合一による自己組織化"は，「生得的に善をもつ類は，根元的には類を残す方向に作用する。―中略―相手を受け入れることで快がもたらされる共同世界，共同感情をつくっていく"類としての永遠の知性""宇宙の知性"」[7]があると信じるからである。場所の教育的な相互作用は，共同世界，共同感情によって自己組織化を促進する。それを論じる前に，自然と精神の合一を述べておきたい。

(1) 自己組織化という自然と精神の合一

自然と精神の合一は，西田の"実在はただ一つ""人間も土塊も何の異なる所もない"という自然観から生まれている。人為や作為の加わらない万物あるがままの自然には自己がない。時間空間上で偶然的に連結している実在であるが，真に具体的実在としての自然は，一々その全体と離すべからざる関係をもっている統一的自己の発現とみる。統一的自己とは，人間の意識の統一作用である。主観客観の分離しない真実在（主観客観を分離し独立して捉える西洋的見方とは異なる）は，自己の理想および情意の主観的統一によって理解している自然であり精神である。自然と精神の合一とはこの意識の統一作用をいう。

意識の統一作用を今日的な言葉でいえば自己組織化である。森羅万象の世界の一員である人間も自然の力を越えることはできず，大宇宙の中で自己組織化している自然界のルールに背くことはできない。自己組織化とは，複雑系の世界で調和を生みだしながら自律し作用し合って秩序を創発することをいう。人間の感覚システムは，これらの場所が提供する情報から自分にとっての価値を見いだし，選択して取り入れる。物質だけでなく他人が発信している情報も含めて価値を選択し創造する能力は，自己組織化する能力である。科学が発達すると人間の力の偉大さが誇張されるが，それとても発達な

ステムと有機体の複雑性は自己組織化と熱平衡状態から大きく離れた系に由来する説を主張。今日，脳内の神経回路の構築も自己組織化の一つとして研究がなされている。

のか衰退なのか定かではない。人間が科学によって自然を支配した結果，大宇宙の自己組織化を狂わせている現状からも推察されよう。当然，人間も自然である以上，自己組織化の歯車が狂ってくる。「人間の生の衝動を理性によって精神の底辺部に沈殿させると，自立的に組織化される複雑系の世界に住みながら自律性を失っていく」[8]ことこそ罪である。理性がそれを調整できるのかといっても自然の力には及ばない。つまり，理性によってみる精神も自然である。自然が人間に理性（天賦の力）を与え精神を形成していると思うと，自然と精神は二律背反するものではなく，自然を理性によって認識し，理性を自然によって自己組織化するものであると考える。

理性も自然の表れであり，理性が自然を己に映しだして精神の居所を照らしていけば，生活に精神が表れる。生活にみられる身体行為は精神の表れであり，体と心も相反するものではないはずである。身体は元素であり外から見れば物体であるが，内からみれば精神である。心と体もまた，述語的状態が精神を表す自然の一物であると捉えることができよう。自然は全体であり総合であり，歴史的関係の中で一刻も休むことなく自己組織化しながら調和を図っている。

(2) 学習の陶冶性と教育の意義

「教育とは，成熟者が未成熟者に対し，具体的，継続的に施すところの影響」あるいは「発達を助成する作用」とした教育学は，すべて人は教育を受ける可能性があり教育的影響は有効だという前提であり，個人を対象とする論理である。ここに個人に対する教育の効果は，個人を通じて無限にその効果を及ぼすという論理の展開をみる。基本的にはこれが教育学の伝統的な意義として今日にも継承されていることは前述したとおりだが，教育的影響は有効だと言い切れないところに現代の学校病理がある。発達の助成のはずが，発達を阻害している側面も指摘されよう。

場所の論理から教育の意義を考えると，教育が個人を対象に助成するというより，重層的・面的に影響し合う有の場所の教育作用が，絶対無の場所に

意識しなくても善に向かう自由意志を形成し，それが普遍意志として共同体を維持・継承させる，といえよう。場所は存在根拠としての主体が一つではなく集合するところであり，述語的身体を通して直接・間接的に作用し合うところであり，過去から未来にわたる象徴的な意味を生成しているところであり，論点や議論が隠された場所だからである。かつて多くの教育者がその場所を古き良き家庭と位置づけ，学校も家庭のごとくありたいとしたのも，家庭という場所は，そこに暮らす人々がぶつかりつつ助け合い，共同作業を通して家族という普遍意志を生みだしていく場所だからである。学校という場所にもすでに培われた学校文化，学校精神，知の集積があり，そこに集う人々が共通する言葉や身体を通して交流することで，道徳観や倫理観といった普遍意志が培われていくといえよう。ただ学校文化，学校精神が共同体の成員に理解されず受け入れられていない場合は，非道徳的，非倫理的に作用する場合もある。それが既存の文化を破壊し新しい文化・精神を創造する活力になることもあるが，多くは一時期の現象で終わることが多い。それは社会共同体と学校あるいは成員が孤立した場合であろう。

　さて，学習する意志を継続させている共同体に存在していれば，そこに居る人々は自らを教育する。ナトルプがいうように，教育はこの自ら自己発展する陶冶性を信頼して成立している。『広辞苑』（第6版）によると陶冶とは，「人間天賦の性質を円満完全に発達させること。人材を薫陶養成すること」であり，陶冶性とは「教育の可能性，人間が経験を通して学習し，環境の変化に順応する性質をもつこと」である。教育が成立するのは，陶冶という，子どもの天賦の性質を発達させる内的動機にある。

　首が座った4か月から5か月の子どもを膝に抱いて体を安定させると，手指で眼前の物を触り手前に引き寄せて把持する。この動きを繰り返し行うことから，やがて物を取るために手を使う手段─目的関係が成立する。10か月になると自分の欲求する物や方向の指さし，アイコンタクト，三項関係が成立する。そして他者と自分と物との三項関係と物を他者とともに見つめる視線の共有は，模倣という学びを成立させる。1年にも満たない子どもに，

すでに自己組織化（学習動機）としての興味—興味の運動化（活動化）—繰り返しの練習—目的達成—習慣化という自己組織化の構造が芽生えているのである。

この乳幼児の自己組織化の構造を学習構造とよぶならば，場所(トポス)にいる人々が乳児の求めに対して反応を返す状況から自然に芽生えてくるものである。自然はまた，早い時期から安定した動きの獲得を求めて二足歩行を促進させ，フォークやスプーンなどの道具の使用を可能にする。練習という自覚が伴うのは自己意識が芽生えてからだが，本能的な衝動がそうさせているといえよう。行為を繰り返して目的実現の構造を獲得した幼児は，やがて食事，衣服の着脱，清潔，排泄の仕方などの生活習慣の自立，物の性質や移動・活用，家族との挨拶や家族の所有物の区分など，時と場と相手を見分けるようになる。このように自然的生活の中で3歳ころには習慣として身についていく内容が急激に増大する。これら生理衛生，作法，言葉，精神的行為に属する習慣は，技能的陶冶，実質的陶冶，形式的陶冶の基礎となり，反復によって強化され精神に余裕をもたらす。

この生得的な衝動・興味が言葉によって意識化されるようになる2，3歳ころから自我が著しく発展する。幼児期の自我の芽生えは自己陶冶の始まりで，習慣の反復，言葉の反復・定位を促進し，全体の中に物と人と自分，時間や空間の関係を認識し，自己存在を認識する述語的行為をつなげていく。また遊びも，自由な興味本位なものだが，この遊びの興味が内部的に発展する自己組織化から，自覚的な自己教育そのものとなっていく。和田が「幼児の遊戯するや，実に真剣である。全身的であり全能的である。—中略—其の時に於ける幼児の積極的努力の真剣なる，何者をも比肩す可きものがない。其教育的価値の偉大なるまた知る可きである」[9]として，真正な遊びに高い教育的価値を置いたように，また篠原の自然の理性化論の3視点を借りれば他律から自立に向かう幼児教育において陶冶は，第1に「外から一定の形を与えることではなくて内部からの発展であり」第2に「幼児の遊びや生活という自己活動によって成り」第3に「精神的本質を全体として発展せしめる

第2章　教育対象の場所論(トポス)　183

過程の経験にある」[10] ということになる。

　精神的本質を発展させる経験を西田の純粋経験から捉えると，意志の要求と実現との間に少しの間隙もなく，最も自由にして活発な主客未分の統一作用が働いている状態をいう。幼児の遊びは判断や推理によって展開するというより，まさに瞬間，瞬間を夢中で行っている状態である。この経験そのままの状態である純粋経験を最高のものとし，判断したときはすでに純粋の経験ではないし経験に基づいて推理した知識も純粋経験ではないとする西田の言葉を借りれば，陶冶は純粋経験そのものである。「始は意識的であった事もこれに熟するに従って無意識となる」[11] ように，すべての意識は体系的発展で「純粋経験とその意味または判断とは意識の両面を現す者である」[12] からである。筆者は，生活や遊びの中で"知識や技能を習熟する意識の体系における純粋経験を「陶冶」と定義"して，基体にとっての適切な自己組織化は，純粋経験によって意識の体系に位置づけられると考える。

　もう一方で，カントが「陶冶は，(1) 消極的には，単に過ちを防ぐ訓練であるが，(2) 積極的には，教授と教導であり，その限りでは教化に属する」[13] として，公的学校が教授と道徳的陶冶の合一を図り，私的教育の促進役を担うことにより家庭での教育がよくなっていくとするように，義務教育段階では子ども自身が家庭にも影響を及ぼす教化に類する陶冶の必要性も意識に置くことが必要であろう。子どもは乳幼児期の手段―目的関係から，目的―手段の関係（目的―手段選択―練習―習慣化）へと発展していくからである。学校における教育者の被教育者に対する作用とは，興味を刺激する場所(トポス)，換言すれば意味を生成する環境を調整して陶冶の機会を用意し，学習内容を陶冶財として提供し自己組織化する過程をつくりだすことである。いずれにしろ，この興味に基づいた習慣や活動による陶冶性が次のより高度な自己組織化への基礎となって，目的実現，自己充実のために生涯にわたって基体の発展を支える。これこそ，教育の意義でなくして何であろうか。

3. 教育愛と自然愛

　和田が幼児教育を教育学として構造化しようとした中には，教育の主体と客体の命題は論じられていない。幼児の生活を教育対象としている以上，ともに生活する教師と幼児の関係は，主客の関係を越えた生活者としてある。一方，篠原は，主体と客体は相即不離を謳った。その根拠は，児童自身の完全になろうとする衝動と教育（教授）の価値的発展を目指す関係から，教育は指導者を必要とするとしたからである。子どもと教師の当為がともに目指す方向，そこに指導が働くということである。では筆者のいう教育学は，主客の関係をどのように捉えたらよいのだろう。教育における主客を命題にすること自体，意味があるのであろうか。

（1）自己組織化する敬愛者の関係

　教育における主客の論点は，1つに教育の対象の問題，2つに教育者と被教育者観の問題である。旧教育では「教育者」とは教授「主体」である教師をいい，「被教育者」とは「客体」である子どもをいう。新教育運動では，これを逆転させ「主体」を子どもに置き，教師を指導者，同行者とする。ここに教育の主体・客体の問題が生まれ，論争の主要テーマとなってきた。

　しかし，教育の対象を場所（トポス）としたとき，教育の主客は自分自身であり，またそこで多義的に作用する人格的な人々である。筆者は便宜上，教育的営為を目的に仕事をする者を教育者，そこに参加して自ら教育し感化される者を被教育者と使い分けている。そのため，教育者を学校教育制度内の有資格者と限定しないが，すべての人々とも拡大しない。仕事として従事する教育者とは，"何らかの専門分野を有しそれを極めようとする途上にあり，自らの人格性を省察するとともに，他者の人格を敬愛し自然愛を及ぼす理性的共同体を志す者"である。人間は終生かかっても何かを極めてこれで完成ということはない。まして人格の完成ということもあり得ない。終わりのない途上を歩みながら，専門性・人格性を高めようと努力し苦悩しつつ，他者への自

然的な敬愛の情をもって応答する。伸びようとする他者に応答することは，伸びようとする自己がいなければ不可能であり，自己自体を省察できるメタ認知が必要である。野口は"子供をその天分に応じて正しく力強く発達させる"本当の愛情ある者を教育者とする。また福島は教育者に「全生命を解放するや教育者の生命は何等の凝固も偽装もなく児童の生命と合流して一つの無限なる恩の光に一歩一歩辿り得るものになる」[14]という，そこにいたる理解・信愛・犠牲という教育精神を必要とする。これに直知も加えた教育精神はどこから生まれるかというと，1つに志向性，もう1つは自然の愛(以下自然愛)であると考える。

　一方西田は，「知と愛」は主客合一の精神作用とする。「我々が物を愛するというのは，自己を捨てて他に一致するの謂いである。自他合一，その間一点の間隙なくして始めて真の愛情が起こるのである」[15]として，花を愛するのは花と一致すること，月を愛するのは月と一致すること，「親が子となり子が親となりここに始めて親子の愛情が起こる」[16]ように，親が子となるからこそ，相手の一喜一憂は自分の一喜一憂になる。われわれが無私となればなるほど愛は大きく深くなり，親子夫婦の愛から朋友の愛へ，やがて人類の愛へと進む自然愛と知の展開を述べている。そして愛は感情であって知ではないという言に対して，愛即知を主張し，愛は人格的対象(対象が非人格的であっても)の知識であるとする。西田の論から思考すれば教育も，学びの共同者と陶冶財を人格的対象の知識でもって愛するということになる。そして志向性は，人格的対象と一致する愛によって深く，大きくなっていくということになる。

　人間は生得的に，自我の芽生えとともに志向性が芽生える。志向性がなければ，色や香りを美しいと感じることも，食を美味しいと感じることも，自らをかくありたいと思うこともない。この志向性が基体(被教育者)の当為を形成し自己組織化を促進する。もう一方の基体(教育者)も自他の自然の発展を生かすという当為があり，自己組織化を促進する。それぞれの当為が交流し，ともにかくありたいものに向かう自己組織化の状態に敬愛感情が生

まれ，作用し合う相互親和的・教育的関係がつくられる。教師と子どもが，一方が主体でもう一方が客体という関係ができあがる場合というのは，教師が教育の対象を"未成熟な子ども"と認識している場合と，教育の主体は子どもであるという概念に拘束されている場合である。ある特定の教育学の概念に縛られてしまうと，実践の中で自然な関係をつくりだせないといえよう。教員養成機関や現職教員研修が，学び合いによる自己組織化を進めるのではなく，"教育者たるものかくあるべし"と概念を吹聴する怖さがここにある。

さて，自然愛は，愛即知一致の情愛によって培われる。たとえ幼児といえども未熟な存在ではない。躍動する生命そのものであり，学習に必要な構造や能力をもった可変性・可塑性に富んだ存在である。生まれてより人生における時間が短い分，自我が意識する体験は少ないが，自己組織化する能力が高く加速度的に経験を拡大している。基体の自己組織化の構造とは，他人に与えられたものを記憶する能力ではなく，生の衝動や興味をもとにして情意面が優位性をもちながら，直観，表象，記憶，想像，思考作用でもって我を統一する能力の仕組みである。人の経験は，それを反省し，記憶し，想起し，再創造して興味をさらに発展させる。興味に基づいて個性的統一を図る自己学習システムが構造化されると，基体は生涯にわたってその構造を活用し，価値的方向に自分を向けていくのである。筆者の場所（トポス）の論理による教育学の主体と客体の関係は，篠原のいう主客の助成関係での主客相即不離ではなく，自己組織化をともに歩む理性的共同体の一員として，あるいはそれぞれが自己組織化の構造をもった一人の人格者として，主客相即不離と考える。

(2) 教育愛とケアリングの位相

場所（トポス）の論理から，教育愛とケアリングの関係についてもふれておきたい。就学前教育があえて「保育」と称するのは，倉橋らが劣悪な環境下の保護事業内にある幼児にも教育を提供することを切望したところから生まれているものである。しかし戦後，「保育」という言葉は「保護（保育所保育指針では

養護)と教育が一体となったもの」とする内容が定着し，昨今の幼児教育界は，3歳以上児に対しても自己組織化する敬愛者の関係，主客相即不離の教育作用より，"養護と教授を一体化した作用"の方が勝っている。危険を取り除く，自然物より人工的物を提供する，事前に教え注意する，食べさせる，倣わせる，遊ばせるといった類の作用である。この関係に見られる養護は，「～せねばならない」という倫理的な養護の現れと思われる。

　従来の「教育愛」と近年のフェミニスト倫理学者たちが教育に取り入れようとするケアリング（ケアと同意味）は，同質のものではない。看護，保育の領域で使われてきたケアとは語義的には「世話，保護，管理，用心，注意，配慮，心配，気苦労」である。教育愛が，児童の生命と合流する志向性と自然愛であるとした福島や，ペスタロッチやフレーベルの教育愛に基づいた長田の「教育の秘訣は児童を敬するにあり」[17]とした見解とは位相が異なる。倉橋も「教育は人情の発露である，人情の欠けた処に教育はない」[18]とし，教育愛は子どもへの「敬」にある。「すべての人間はその個性を尊重せられる権利をもつと共に，先づその前に，一人として迎えらるべき尊厳をもって居る」[19]とする敬の尊重である。ケアリングも，人情であり敬であるとすれば同じであるが，ノディングズは，ケアリングを受容性，対象と自分との互恵性，応答性および「ケアするというのは，負荷された心的状態，つまりなにかや，だれかについての心配や恐れや，気づかいの状態の中にあること」を"専心没頭"とし，「～のために生きる」ことを"動機の転移"と概念規定[20]する。そして，母子の自然的ケアリング（～したい）と，努力を必要とする倫理的なケアリング（～すべきである）の融合を説く。彼女の論でいえば教育と養護の一体化にみる愛の形はこれで説明されるかにみえるが，"ケアしケアされる関係を中心とした学校教育の提唱"には，歴然とした文化的な違いがある。

　もともと日本の子育ては自然的ケアリングによってなされ，「母性社会」「過保護」「過干渉」という言葉まで生みだしているほど情愛が深い。そのケアという言葉が日本の教育現場に持ち込まれたとき受容・互恵・応答・専心

没頭・動機の転移といった関係概念ではなく，幼児のすべての欲求を受容し「世話をする」ことと理解されやすい。世話が教師の愛の証と錯覚する現象も発生し，女性教師の歴史にケアリングの問題があった（本シリーズ第3巻第3部）ことを思いださせる。低学年児童の髪を漉いたり爪を切ったりする愛護的態度が教育現場で賞賛されること自体，当時の男女差別を背景にしていたわけだが，今日，教育におけるケアリングの概念が，愛即知，敬愛関係と混同されているのである。自然愛の体験やモデルを見聞きする経験が少ない教師や親の世代が，他者への愛の形を学び行為を通して感じる時代では，見える愛やケアの形への要望も高い。感じる関係から見える関係に置かれたケアリングは，自律する関係の妨げになる場合もある。

ノディングズが「AがBをケアしていると主張しているのに，BはAにケアされていることを否認しているならば，AとBとの関係はケアリング関係とはいえない」[21]というように，この人為的にケアしケアされる関係は普遍化できないので類推するしかないが，双方の了解の上に成り立たないケアリングは，提供する側の一方的な自己満足に陥りやすい。乳幼児を世話する家庭や学校・福祉施設等で，「こんなにしてやっているのに」という倫理的ケアリングが時に虐待を生んでいく遠因がここにある。人々が怖れるのは，虐待にまで人間を追いつめる「～すべきである」意識から逃れられない不自由さではなかろうか。

場所(トポス)を教育の対象として自己教育する論理においても，教師は存在するが，その教育愛は他者・自己の人生を正しくみ，相手の地位に身を置いて，真の意味で相手の幸福につながるかを考えて作用する情愛である。自然(じねん)である主体が文化への思慕，価値への思慕を他者と共有し，自然な情愛が共同体内に交流しているとき，私たちは他者の地位に身を置くことができ，我欲なく自己を捨てて他に一致することができる。そうした意味において，教育愛は一対一の関係で働くものというより，その場所(トポス)にいる人々の相互作用が生みだす精神文化として波及するものである。共同体の成員が自律的に判断し自然愛を交流する，行き過ぎた愛には共同体が自然的抑止作用を働かせる，

その自然愛が伝承される場所(トポス)が必要なのである。一人ひとりへのケアを強調することは,教育者と被教育者を線的につなぐが,逆に精神文化としての自然的な情愛の面的・空間的場所が見失われることになる。今日,権威も聖職者性も失った教師たちが,一人ひとりの児童との関係を結ぶ困難に直面しているのも,自然的な情愛を交流する場所(トポス)(時間・空間・理念・感性・悟性)が失われたためではないかと思われる。

では自然愛,自然的ケアリングを復活させるにはどうするか,ノディングズは幼年時代のケアしてもらったというかすかな記憶,それは「私たちの相互応答性の根源である。ケアのこの根源性があるからこそ,多くの共通する人間的状況において,私たちは自発的に別の人の窮状に応答していくのである」[22]として倫理的ケア行為を導いていって,ゆくゆくは自然的ケアリングを復活させるとする。しかし,彼女のケアリングの理論をもってしても,近代学校制度が生成してきた意味は限界を有しており,対処療法の域を出ることはできないだろう。

§3 場所(トポス)を教育対象とする教育方法

1. 教育方法の原理

教育方法とは,目的達成のための方途・手段・方便の所作を論じることである。教育方法の原理を考えるのに2つの視点がある。1つは近代学校制度の確立とともに教科目を系統的・組織的に構成して随年教法とする教育の方法論であり,もう1つは年齢に関係なく本物の世界と出会わせていく方法論である。もちろん,前者も実物や教材,教科書を媒介に自己活動を基本としているのだが,【教授・訓育・養護】の方法論を軸にして今日に至っている。後者は日本的といえば日本的な伝統芸能の世界(歌舞伎や能,狂言,舞の世

界)や技術陶冶の世界(三味線やピアノなどの楽器演奏,陶芸,囲碁将棋,相撲など),あるいは職業陶冶の世界(大工,旋盤工等の技術や競馬騎手の技など)で,実際に即した教育方法である。

　一般的に学校教育期間においては,コメニウス以来,前者の方法原理に対する命題が掲げられる。そして,保育学,あるいは幼児教育学と称され研究されているものも,この教育方法の原理を掲げている。筆者の場所を教育対象とする教育学においては,前者と後者を一にした範囲において方法を論じていきたい。

(1) 生活による自己活動

　教授という言葉が,座学により教師から概念法則を詰め込まれる言葉として人々に強く印象づけられているのは今日も変わらない。篠原は理論的教育学において教育方法の根本原理を,生徒の側からみた学習つまり【価値内容獲得】は教師の側からみると【教授】で,教授は理論前の直覚から入って概念法則に導く過程とし,【習熟への意志】は興味・注意・自己活動・練習・習慣で,身についたものが能力となるとした。直観から概念法則に導く過程が教授であって,概念法則を教え込むことが教授ではないという新教育の立場である。

　一方,和田[1]は教育方法を生活に統一し,その方法の原理として,【誘導・教授・訓育】をあげる。幼児教育の方法として最も中心となる誘導では,幼児の興味の追求性,暗示模倣性,感情の伝染性,習慣性,対抗抗争性,養育的気分を生かして,総合的に指導することである。教授においては,① 実物提示,示範式教授,叙述的説明,② 問答,応答,③ 受賞,科罰があるが,幼児教育においては教授も主観的形式的,誘導的感化的,娯楽的遊戯的,個別的な特色をもつとする。訓育では,意欲,動機,自己活動をあげ,最初に必ず成功させ,次に反復練習させ,激励して努力を継続するといった学習の習慣化を目指している。

　また倉橋は,「教育を生活へ」を方法の軸にして生活形態を重視し,幼児

の生活する姿から導きだした保育の原理を「自発」と「具体」とした。そして方法の原理に,「間接教育の原則」「相互教育の原則」「共鳴の原則」「生活による誘導の原則」[2]をあげて生活による【自己充実と充実指導・誘導・教導】を中心としている。3人に共通しているのは,道徳性は生活を通して自ら獲得し意識野に定位するもので,与えられるものではないという視点である。言葉は違うが,情意面に優位性をもたせて内在する学習構造を自ら発展させるための方法論を描いているといえよう。教授・訓育を中心とする児童・生徒の段階でも,また職業的陶冶の段階でも【興味→自己活動→練習→習慣化】という生得的な学習構造を発展させることを方法の基本とするのは,広義の教育学においても同じである。

　筆者もこれに異論があるわけではない。教育の対象と方法を生活とした場合,方法原理が誘導・教導とは絶妙な表現であり,環境に教育的意図を込めて自己活動,相互活動を活発にさせる方便だからである。小・中学校の学習指導要領では「〜させる」と教師の側からねらいと内容が表現されており教授性が強いが,幼稚園教育要領・保育所保育指針のねらいと内容は,「〜する」と,幼児の自己活動を通した学習に置いていることからも方法の独自性が理解できよう。しかし,和田がいう誘導・教導[3]には,① 積極的暗示(被暗示者の価値を高める)と消極的暗示(被暗示者の価値を低める)が言語,動作,顔色,境遇でなされ,② 言語や態度による命令と禁止,③ 因果応報の観念としての賞罰だけでなく奮励興起させるために物を与えたり,賛辞と否定辞,許容と拒絶,顔色と言語・身振りで行ったりする賞罰が伴う。筆者は,親が3歳未満の幼い子どもを養育する方法論をそのまま教育の場に持ち込んでいる点に疑問を感じるのである。かといって,自己活動が行きすぎた場合,それを省察させ自己抑制する方法論がない自由は,放任に等しいといえよう。

　結果として,自己活動を活発にさせるために充実指導の後に行う誘導・教導が,暗示と命令・禁止,賞罰によって行われること自体,時に教授・訓育を越えるほどの強い作用を及ぼすことがある。幼児教育の独自性を強調して

あえて誘導・教導といわなくても，いいのではないかと思う。むしろ，そこに潜む関係の固さが危惧される。【教授・訓育】を方法原理とする渡部政盛は，教授とは「学習者の『学的輔導』である。学習とは価値ある経験の自力的形成である。故に教授は，その内面相は価値ある経験の自力的形成の輔導」[4]とし，訓練を「錬磨透徹」で学的輔導で陶冶された内容を一層磨き練るための作用とする。この点からみると，和田のいう誘導・教導の概念より渡部のいう教授概念の方が自己教育の方法を透徹している。誘導や教導の定義を曖昧なまま使用していると，方法論として教授を越えるほどの暗示による圧力が作用する危険がある。それも教授のように自覚的にではなく，無自覚に行われやすい。たとえば，誉めてあるいはけなして志気を鼓舞する，喧嘩や逸脱を禁止し諭して導く，教師の意図どおりに遊びを導く，言葉による賞罰を与えるといった類である。

(2) 場所（トポス）における自己組織化の教育方法

では，教育の対象を場所（トポス）とした場合，その理念・目的を実現する教育の方法とは何であろうか。筆者も生活にあることを基本とする。幼稚園の生活，学校の生活，職業に就いた生活という生活による方法である。新教育運動が教育の対象を生活とし，教育の方法も"生活"とする重複した概念は大変ややこしいが，対象を場所（トポス）とする本論では，理念を具現化した環境と内容の統一ある生活の中における自己組織化を教育方法の基本に据えることができる。そして，その生活を構成する具体的な指導の方法を生活を通した，①【学習即教授】，②【練習即訓育】，③【実践即共同】と捉え，これらが発達の時期やテーマに基づき比重を変化させながら"三項関係を成立させて価値内容を創出する教育の過程"の相乗効果によって自己組織化が促進されると考える。生活の範囲も含めてこれを図示すると図表2-2-2のようである。

これは就学前教育だけの特徴ではない。遊びは通年を通した「ホモ・ルーデンス」[5]（遊ぶ人）の特徴であり，幼年期であれば遊びに関連した学習が，学童期であれば教科課程の自己組織化が，成人期であれば職業としての自己

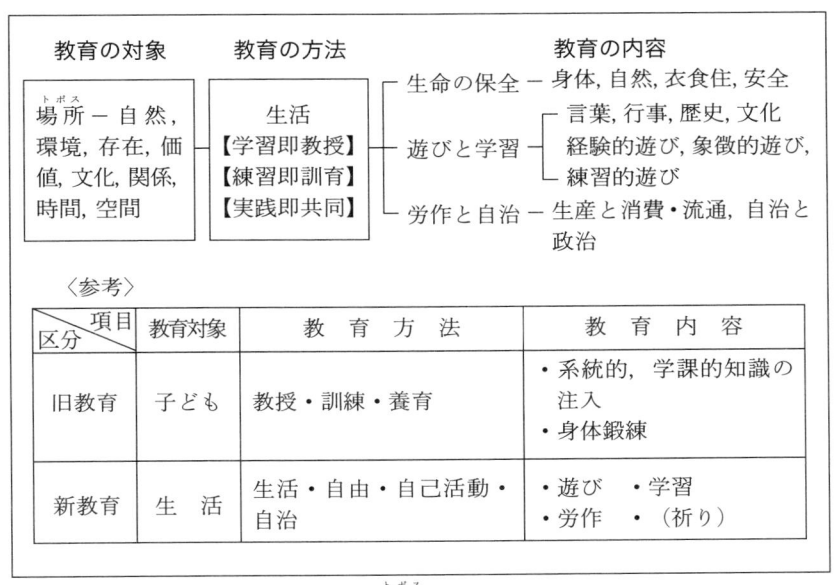

第2章 教育対象の場所論(トポス)　193

教育の対象	教育の方法	教育の内容	
場所(トポス)ー自然,環境,存在,価値,文化,関係,時間,空間	生活【学習即教授】【練習即訓育】【実践即共同】	┬生命の保全─身体,自然,衣食住,安全 ├遊びと学習─┬言葉,行事,歴史,文化 │　　　　　├経験的遊び,象徴的遊び, │　　　　　└練習的遊び └労作と自治─生産と消費・流通,自治と政治	

〈参考〉

区分＼項目	教育対象	教育方法	教育内容
旧教育	子ども	教授・訓練・養育	・系統的,学課的知識の注入 ・身体鍛練
新教育	生活	生活・自由・自己活動・自治	・遊び　・学習 ・労作　・（祈り）

図表 2-2-2　場所(トポス)における教育方法

組織化が，その比重を時々の発達や教育課題の状況に合わせて変化させながら内容を生みだし，展開されていくのである。理性的共同体として循環型社会の教育学に位置づける場合，誘導，教導や新たな言葉を教育方法の概念としてここにもってくるより，従来の〈学習，教授〉〈練習，訓育〉の言葉で，それぞれをどんな概念で使っているかを明確にし，共通理解していく方がよいのではないかと思われる。

① 学習即教授の三項関係

教師の側からみた「教授」は生徒の側からみると「価値内容獲得の学習」としたのは篠原であり，学習とは"価値ある経験の自力的形成"としたのは渡部であるが，いずれも教師と生徒の二項関係に置いている。筆者の考える学習即教授は，共同体の成員個々人の純粋経験から発し，意志，目的に基づいて動的に表現され，そのダイナミズムが，共同体の成員それぞれの経験を

自己組織化するものである。この関係において
は，教授は知識の伝達に限るほど狭い概念でもな
く，教師の「教授」と「学習」は対立するもので
もない。それを対立させて考える教育は双方に行
き詰まりを生ずる。ここで筆者がいう「学習」と
は生得的な自己組織化の構造を形成した者が"目
的―手段関係を充実させ習慣化する過程"であ
り，教授とは"共同体の場所(トポス)，環境に基体の意図

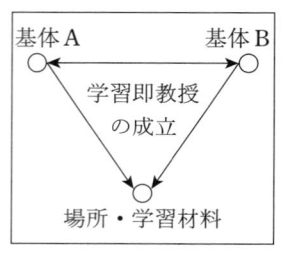

図表 2-2-3
状況の中の三項関係

を埋め込んで，もう一方の基体が直観から概念法則や道徳，精神的高まりへ
と至る過程をともに歩むもの"である。その過程を理念や目標，教育愛が支
えているといえよう。こうして学習即教授は，場所・学習材料を媒介にした
三項関係の過程で成立するもので，基体A，Bいずれかが教育者でいずれか
が被教育者という関係ではない。双方が教育者・被教育者であり，互いにと
もに学習材料・テーマに興味をもち，注視し，自己活動・共同活動によって
対象を究明して，その価値内容を獲得し，自己組織化を図る方法である。そ
れでは教授を廃して木下竹次のように学習とする方が適当と考えることもで
きよう。木下は「他律的教育」「他律的学習による教育」ではなく「自律的
教育」「自律的学習による教育」として，学習を筆者が用いている「理性的
共同体の教育学」における「教育」の意味に置いている。「私は，教授・訓
練・養護に関する事柄を一括して，之を児童生徒の側から見て学習と称し研
究を進めて行こうと思ふ」[6)]とする立場である。彼は，学習の性質として発
展性・創作性・道徳性・発動性・融通性・努力性・個性発揮・協同性・歓喜
性・経済性[7)]をあげる。"学習の一元に徹する教育"として「学習」にすべ
ての性質をみているのである。しかし，学習がすべてであれば，学校も教師
も不要であり，また教育者が学校の不必要を唱えたら教育者の自殺に匹敵す
る。木下は，学習一元に徹する論理は，学校期には教師（担任だけでなく多
くの人々）の指導があっての学習であり，学習法は間接指導を重視するとし
ているが，これでは論理的な矛盾が生じる。学習がすべての論には，環境を

用意し学習を支える"教授"も"共同"の視点も抜けているからである。

就学前教育は，"学習即教授"が共同体の成員と"共同"して行われる生活だからこそ，方法として「環境を通して行うことを基本」として「遊びを中心とした生活」を掲げている。これは従来の視点からすれば，教師にとっては消極的な教授法であり，幼児にとっては積極的な学習法という関係でいわれてきた。しかし，教育の対象を場所(トポス)と定義すると，基体の教授意図が場所の保有する自然的・物的環境，文化，人の言葉，所作振る舞いのありようから，さらには価値意識や，交際（人間関係のありよう）に注がれることになり，もう一方の基体への作用は間接的だが，場所(トポス)の論理が働く積極的な教授ということになる。まさに子どものための物語を創作し，農民とともに苦悩し，研究し，問題解決を図って地域社会全体に光を当てようとした宮沢賢治の「雨ニモマケズ」の生きられた時間，空間である。「教育者」と「被教育者」だけでなく，保護者も地域の人々も興味と必要感と徳性に導かれて"ともに""場所・環境・学習材料"を媒介として総合的に学ぶ論理を構成している。

学習と教授が同時進行でなされ，居合わす人々の経験をより充実する段階へと押し進め，自己組織化を促進していく。その自己組織化によって刻々と変化している純粋経験を意識にのぼらせたとき質的高まり，広がりが自覚化されて教育作用の柔軟性・創造性・個性に価値を見いだして真の道徳性を培っていくといえよう。

② 練習即訓育の相互作用

練習とは，"人が目的を実現するために自己活動を繰り返して新しい習慣や態度，感情，知の概念を獲得していく過程"であり，そこに意志の働きをみる。また訓育とは，"感情と意志を陶冶して望ましい性格，徳性を形成する教育的作用"で知識習得を目的とする教授と対比されて使われる。しかし，「教育者」の側からみた訓育も「被教育者」の側からみれば，生得的に形成した手段—目的関係へと駆り立てる本能の実現過程であり，自己充実のための方法である。興味→自己活動→練習→習慣化は，すでに乳児が5か月

ごろから形成してきた自己組織化構造の自覚で，徳性の訓育といえども「被教育者」の自己活動に拠らなければ成立しない。そこに練習と訓育が切り離せない関係をつくっているのである。

　場所(トポス)を教育の対象としている自己組織化の論理では，基体である教育者と被教育者は自身も含む共同体の成員であり，それぞれが【興味→自己活動→練習→習慣化】を図ってこうありたい自分を形成している。たとえば被教育者（基体）が，ある技を習得するために熱心に練習し努力する態度は，教育者（基体）を刺激し自らも技能を高める努力に駆り立てる。5歳児が一輪車乗りに挑戦し，毎日転びながらもバランス調整がうまくなり昨日より今日へと乗れる距離を伸ばしていく姿は，まわりの大人たちに練習・努力にひたむきだった時代を思い起こさせ，自らも努力しようと励まされるというように。また，基体である教育者が学習材料について調査し，分析・考察して学習を深める習慣や態度は，基体である被教育者の態度を変容させる。河川の汚濁調査に何年も取り組んでいる姿勢，あるいは地域の保健衛生や食育向上のために奉仕している態度は，共同体の人々にも伝播する。双方が調査し，分析・考察，発表して問題の捉え方，考え方，共同体のあり方などの議論を交流することが基体として共同体の人々の意識を変容させる。技能や態度だけではなく，概念や法則の発見に対する練習，習慣化も同じなのである。よりよい行動様式・思考内容・態度が獲得されれば，それらは努力しなくても洗練され身についた徳性になり概念になり技能になって，己に満足をもたらしていくといえよう。

　このように教育の方法としての練習即訓育は，個人として知的方面，意志の方面，感情の方面の習慣や態度を形式的陶冶において合一するが，それだけではない。練習は集団に伝播して流行を生む。流行こそ個々の基体の練習への動機を刺激し，意志を継続させるエネルギーとなる。共同体の文化は，不易と流行（本シリーズ第2巻p.2参照）というエネルギーによって維持されており，教育が基体の相互作用によって発達する流行の渦を見誤ると，教育者（基体）の教授・訓育が成立しないほどの混乱が発生するのは既習のこと

である。

③ 実践即共同

　学習即教授が直観から概念へ，練習即訓育が興味に基づいた自己活動から形式陶冶へと教育の過程を描いたとき，それらは場所の人々の共同作業によって行われる。相互に直観（純粋経験）を交流し，練習をともにし，習慣を共有する。この習慣の共有が，やがて共同体の普遍意志となり，理性的共同体を形づくり，次の世代へとつながっていくものとなる。従来の教育学の論理が孤立しやすいのは，価値陶冶が個人の完成で終ってしまうか，国家のための価値陶冶として括ってしまうからではなかろうか。価値陶冶は個人のものであって個人のものではなく，類の歴史的財産であり，理性的共同体を構成する共同感情や普遍意志を形成する風土の問題なのである。

　教育の方法における【実践即共同】とは，目的に向かって了解事項をつくりながら相互親和的に生活を共同することである。教授が場所・環境にねらいを込め被教育者（基体）とともに歩む過程とすれば，当然，時間をどう構成するかとか，場所や環境に込めたい願いなどは基体の側にもある。また，場所や環境，時間の構成は，未来を創出するために現在の状況を変えるものであり，新たな状況づくりの時間は，未来の方向を共通理解する議論の論点の場所となり，象徴の場所となり，自己存在の場所となる。ここに参加させてもらえない教育（とくに学校）は，学びの共同の必要もなく，概念や法則，かくあるべしといった道徳を与えられるだけの，つまり結果という糟を提供されるだけのものになってしまう。当然，自我は何のために学ぶのか，練習するのかを見失う。学ぶ意志は，教育実践を共同することによって支えられているといえよう。その動的な活動により行動が変化して意識に変化をもたらし，意識の変化は行動を習慣化させる。行動から意識へとつなげる意志過程，つまり純粋経験の構造的体系化がなければ教育は成立しない。その意志過程の動機（興味，注意），目的実現に対する自己活動，実現の結果を性格の一部とする練習も，個人にあるというより他者との間，共同体という人の関係の間にあるといえよう。その間をつなぐものが相互親和的な共同である。

しかし，共同は方向を明確にもっているものでもなく，方向が必ずしも善の陶冶に向かうものではない場合がある。善と悪は自由という同じベクトル上にある以上，悪の共同にも動機や自己活動，練習がある。そこに教育実践という理念，理性的志向性をもった目的が必要となる。ここにおいて，まさにアリストテレス，カント，西田，篠原など先達たちがいう「善」のテーゼが考究されねばならない。そしてそれは，筆者のいう"実践とはある理念，目的に向けた行動であり，認識（理論）が実践の必要から生まれでて，認識の真理性は実践に適用され，実践によって検証される"という関係にある。

共同体の自治や労作は，社会につらなっている学校が行える最大の実践である。子どもは幼いころから大人の生活に憧れ，椅子や食器を運ぶ，テーブルを拭く，箒やハタキを持って掃除するなど，大人の振りを見よう見まねで行っている。おやつを分配したり栽培物を収穫したりして，数，形，語への興味だけでなく食との関係，生産と消費・流通，自然の生態系など，知りたいこと，学びたいことを発見している。それが生活の面白さであるが，今日の子どもは家庭では生活の主たる担い手にはなれない。しかし，学びの共同体においては主たる担い手になることができ，自治によって他者と共同する立場を獲得する。それが教授や訓練を興味あるものとして受け入れる素地となる。たとえ幼児でも，入園当初を除けば担い手としての自覚は同じである。フレネ学校が"学校は子どもの役に立ち，子どもは学校の役に立つ"関係を維持できるのも，イニシアチヴという生活の自治や労作があるからである。生活の自治や労作がなければ，本来基体として作用し合うはずの教育者と被教育者の関係は無機的な縦の関係を固定しやすくなり，学習課題の発見もなく，知識や技能を獲得する必要感は生まれなくなる。

生活による教育の方法は，教授・訓育時間に匹敵するほどの，被教育者（基体）の生活，自治や労作の時間を必要とするため，そんな時間があったら勉強しろと考える者もある。しかし，自治や労作によって培われる能力は，純粋経験の機会が多く提供されるために体力や精神力だけでなく経験という意識の体系化を促進し，教授時間における教材の説明や学習への興味，

動機づけの時間を短縮させて,真に材料を学ぶ過程に没頭することを可能とする。生活や労作が内的な高まりを促進して,意志をそこに向けていけばいくほど,最小努力で最大の効果を得られる。社会的な志向性も,有機的な生活や自治,労作などが実践されることにより明確になり,諸陶冶の合一が図られると考える。

2. 教育方法を支える陶冶財の役割

　自己活動を奨励し,三項関係によって教え教えられる教育を成立させる【学習即教授】【練習即訓育】【実践即共同】は,教材（教授および学習の材料）を媒介として行われる。教授に参加する被教育者（基体）は能動的に教育者（基体）の話を聞き,自ら教材を調べ,考え,調べたこと,発見したことを発表する。他者が発表するのを聞いている自分も能動的に応答し教育実践を行っているのである。それを成立させているのが材料のもつ陶冶性である。学習材料がもつ可能性が教師や子どもの陶冶性に深く関係し,ともに対象を研究する三項関係を成立させるか,一方的に概念や法則を伝達する二項関係に戻ってしまうかを決定するといっても過言ではない。つまり,共同体の個々人の自己組織化としての学習内容を生みだせない材料は,伝達するしかないからである。木下が「学習は一種の環境改善だ。環境を改善し,人類の幸福を図る学問が優境学だ」[8]として,教室から出て自然界,人間界に学習環境・学習材料（学習者が興味をもつ対象）を求める必要性を説いたのも,生きたテーマや素材を求めてのことである。

　筆者も陶冶の材料となりうるものは,宇宙,国家等の環境も郷土も,文化財,遊び,労作や自治も,さらに自身の心身の活動,省察する既習経験も含めて考える。そして"基体である教育者,被教育者が意義・興味を見いだして取り扱うもので,ともに学び合う関係によって価値内容を創出できる自然,事象および文化財"を陶冶財と定義する。それは渡部がいう価値示唆的な"真善美他の価値性を含み文化の状態にまで学習者を誘発する"ものと,

「生構造」「生活事情」に合致するものである。"生は歴史的時間，社会的空間に仕組まれているためそれに合致した文化財"[9]を中心とはするが，場所(トポス)にある取り巻く陶冶性のある諸々のものを含むのである。大瀬甚太郎は「人に新調整を要求し其の知的情緒的性質に影響を及ぼす環境の事物は悉く学習材料と見てよい」[10]と定義するが，教育においては及ぼす影響の方向が肝要ではなかろうか。歴史的時間と社会的な空間，つまり共同体の生活事情を免れないのが生構造であれば，学習材料をもって陶冶する内容への責任を捉えておくことが必要になる。篠原は，"陶冶財は過程化されて始めて人格財となる"として，各教科の教材を教師が伝達するのではなく，再創造を促進するものとなるためには教師による「陶冶財の過程化」こそ授業の条件だとする。たとえば詩や文学作品が伝達され暗記させられただけでは陶冶財にならない。生徒と教師の活動が詩にとけこみ，新たな解釈や創造を生む「過程化」が必要なのである。

教科課程が構造化されていない就学前教育は，陶冶財によって教育内容が決まるといってもいいほどその位置づけは大きい。しかし，人々の陶冶財への観念はきわめて薄い。教科書教材に対するアンチテーゼであろうか，あるいは遊びや生活という漠然とした範疇では，自己組織化としての陶冶財を位置づける教科や活動などのカテゴリーを見いだせないためであろうか。ここに，就学前教育の方法論の脆弱性がある。

(1) 学習材料論の先行研究

学科課程が構成されている場合，教材は教科目に沿って考えるのが一般的である。大瀬は，人文科，自然科，学習材料としての修身科，学習と遊戯および作業，学習材料としての芸術の目的から「教材」を演繹する。今日では国語，算数，社会，理科，体育，図画工作，音楽，生活科といった教科に即して「教材」が研究されるため，個々人ではその系統性を構築できない。「教材」の安定性はあるが，教科書や指導書の範疇に限られやすく，画一化しやすい。「教育者」が三人称で語る教材は「陶冶財の過程化」がなされて

おらず，被教育者から遠く無味乾燥としているのである。一方，木下は学習材料の性質は生活活動そのもので，学習者が必要を感じ，自由選択が可能なもので，材料の画一を打破することを謳う。この木下の考えをさらに進めた論理に越川の教材論がある。彼は教材とは字義的にいえば教える材料だが，それはわれわれの精神を離れた物質ではないとして「教材とは物を指称する語ではなくして，活動法に対する名称であらねばならぬ。換言すれば教材は考え方であり，感じ方であり，行ひ方である」[11]とする。教材が単なる静的物体であったら，無価値なのである。教師は教師の考え方，感じ方，行い方をもって会得し，児童は自身の考え方，感じ方，行い方をもって了解する。それぞれの会得が異なるのは通常のことで，児童の要求しないもの，理解できないもの，同情しないもの，実行しないものは教材ではないとする視点は，教科書教材で知識を伝達する教育への痛烈な問題提起である。「教材」に価値があるのではなく，材料と児童との関係に価値が創出されるよう研究し，考え方，感じ方，行い方を進めることが肝要なのである。

　これを実践したのは，斎藤喜博であろう。『授業入門』『学校づくりの記』『教室記』『授業―子どもを変革するということ』『一つの教師論』『教師の実践とは何か』[12]など多くの著書に教材・陶冶財の考え方，感じ方，行い方を真摯に追求する教育実践をみることができる。

　就学前教育は，ねらいと内容を示す5領域が教科という位置づけではないので，生活に即して陶冶財を媒介とし，考え方，感じ方，行い方を活動としていくことが自然な場所(トポス)である。たとえば，台風により落下した枝や木の実が興味の対象であれば，拾い使って遊ぶ。なぜ枝が折れ実が落ちるのか，風力の強さに感心し，それも自然の恵みとしていただき，知っている台風の情報を交流するのである。しかし，一般的には考え方，感じ方，行い方が陶冶財とは認識されていないため，現実的に行事に必要な物とか，教育産業のカタログにあるワーク帳や絵本，玩具などを教材としてしまう。つまり越川の指摘する静的物体を教材として認識してしまいやすいのである。また，各園の構造化された教育課程に即して陶冶財を選択配列することも十分吟味され

ていないところが多く，3歳児から5歳児までが同じままごと道具，三輪車や積み木などの遊具，折り紙や粘土などの素材や，鯉のぼり作り，時計や歯ぶらし作りなどのテーマを扱っている場合も多い。それだけ生活という教育の方法は，計画性・系統性より偶然性と多様性に応じていくため，場所や環境に意味を置いても，陶冶財に対する命題をもちにくいのである。

　フレーベルは労作と祈りと遊び（身体的遊戯，感覚的遊戯，精神的遊戯）の区分で恩物や歌などの陶冶材料を創作している。教育方法を生活とする和田の陶冶材料を考える視点[13]は，生活の構造に依拠している。生活を休息と活動に2区分し，休息は睡眠，静止で，活動は生命の維持に関する活動（衣食住）と生命の使用に関する活動（遊戯，交際，学習，勤労）である。遊戯はさらに経験的遊戯，模倣的遊戯，練習的遊戯に区分される。

```
            ┌ 休息 ── 睡眠・静止
     生活 ──┤
            └ 活動 ┬ 生命の維持に関する活動 ─ 衣食住
                   └ 生命の使用に関する活動 ─ 遊戯，交際，学習，勤労
```

図表 2-2-4　和田の陶冶材料を考える構造の視点
岡田正章 監修『明治保育文献集 第9巻：幼児教育法』日本らいぶらり，1978，p.125

　この構造から，陶冶材料が生活の中に置かれることになる。休息，衣食住については生活そのもので想像されるであろうが，生命の使用に関する活動の遊戯の材料の選択基準として，① 道徳的なもので，② 幼児の発達程度に適切で，③ 遊戯の種類は多方面に選び，④ 教育の目的に統一すること，とする。また配列においては，① 発生の順序に注意し，漸次に各事項を並行する，② 並行の密度は発達程度が低いほど密接にし，成長するにつれ純粋的に各事項を独立する，③ 年長児は数日にわたって一通りの種類を通過するよう配列する，④ 季節，社交上の習慣に応じる，とする。個々の遊戯については，厳密に円周的に繰り返すことも付け加えられている。遊戯用の玩具についても，普通玩具（純粋玩具，模造玩具，歴史的玩具），仮用玩具（文具，家具，自然物，細工物），作業的玩料品，自然物，その他の書画，絵草子，

錦画などがあげられている。

　倉橋は自己充実のために，第一に設備と自由感をあげる。設備のみではだめで，設備が最大限生かされる子どもの自由感が考え方や感じ方，行い方をつくるという意味であろう。設備が陶冶材料の一つであるという視点は，場所(トポス)を教育対象とする筆者の視点でもある。東京女子師範学校開設当時の附属幼稚園の設備は，保育室，池，山，川，固定遊具空間，広場，畑などがある。教室に持ち込んだ実物教材ではなく，本物の生態系や自然空間，労作空間がある設備こそ自然界，人間界の自己組織化の宝庫である。さらにその設備・環境の中で展開される遊びにも陶冶材料が介在する。倉橋は玩具教育論[14]を語るうえで，玩具には遊ぶうちに教育的影響・感化をおよぼす具体的教育性と，玩具が遊びにどう貢献するかという形式的教育性があるとする。具体的教育性とは，感情上の教育的価値（色，形，線，手触りなど美的感情の満足を得る価値）と観念上の教育的価値（知性の陶冶・玩具による教授），練習上の教育的価値（練習を促進する効果）があり，形式的教育性は，心持ちの緩和快暢（心を自由にする），心的欲求の満足（感覚的・観念的・情意的側面の生活行動を発揮させる），心的活動の誘導と指導（欲求活動を誘導する）がある。そして玩具を，ながめ玩具，がらがら，おきあがり，ぜんまいもの，音響玩具，引き玩具，動物玩具，人形（ままごと道具，食糧玩具含む），乗り物，戦争玩具，勝負ごと（めんこやかるたなど），ボールゲーム，模倣遊び玩具，練習玩具（独楽，縄など），工夫玩具（パズルや積み木），砂遊び道具や粘土，手技玩具（工作，木工材料），学習玩具（算術，かな遊び道具や文具，教科書，解剖具などの実験材料，磁石や顕微鏡など）に分類して，陶冶材料に位置づけている。

　今日でも練習玩具の独楽にはいろいろな種類がある。3歳児は引き独楽か手回し独楽に興味をもつ。独楽を回す他者を見，模倣して試み，繰り返し回す過程で，材料への接近が生まれる。材料への親密さは，3歳児にとって自分と独楽の可能性を予期させる。5歳児は，引き独楽や手回し独楽に陶冶財としての可能性を見いださない。ベーゴマや投げ独楽を選択して回せるよう

になるまで没頭する。糸の巻き方，投げ方の技を磨き，女投げ，男投げなどの違い，独楽の材質の違い，絵柄と回転時の混色の不思議，糸巻きと回転する独楽の方向と投げ方の違いなどを考え，独楽の可能性とともに自分の可能性を感じていくのである。独楽という物体が教材なのではなく，独楽を回す遊びの過程が陶冶財となっていることが理解されよう。独楽は学習の動機づけとなる素材でありアフォーダンス[*15)]の過程で，独楽の種類，回す，投げる，糸を引く，回転する，長い・短い回転時間などの言葉を介在させて考え，偶然に対して喜びや悔しさを感じ，粘り強く取り組み，練習の結果，技を身につけることで，実質的陶冶，技能的陶冶，形式的陶冶に至る材料なのである。

(2) 陶冶財を構成する試論

就学前教育において陶冶財を構成配列するには，風土，自然，季節の変化や伝承行事，子どもの発達と材料のもつ可能性・発展性，さらに発達の可能性に応じた経験内容の見通しが必要である。どのような枠組みで陶冶財を精選配列していくのか，またその融通性はどの範囲なのか，材料が陶冶を促進する過程はどのように生みだされるのか，教育課程を編成する際に全体構造を描いておくことが必要である。それを考える2つの試論をあげてみたい。

1つは，幼稚園教育要領の5領域は教科ではないとはいえ，もっとも多く行われている「教材」の精選・組織化の考え方である。今日の領域論は，教材研究をここに置いている。それを基にした内容の一部である。

(1) 健康─生命維持や基本的な生活習慣，健康・安全な生活に必要な学習材料，生活のリズム，流れや生活の仕方，運動に必要な学習材料，食育に必要な学習材料など

＊　アフォーダンス　ギブソン（James Jerome Gibson 米1904-1979）の造語で環境が動物に提供するもの，動物にとっての環境の性質，環境の中に見いだす，知覚者にとって価値のある情報をいう。

(2) 人間関係―他者との関係，人間の生き方，暮らしなどを客観視できる絵本や物語，出来事，家族，仲間，地域の人々の生きる姿，勧善懲悪の物語，道具や用具の使い方など
(3) 環境―自然の事象・現象，自然と生活，動植物，園芸・飼育・栽培の対象，数量・図形・記号などの掲示物や表示，絵本・図鑑など
(4) 言葉―日本語，日本語と外国語，国旗，事物の名称，言葉の構造，連想と会話，児童文学や児童劇，伝承芸能・文化財など
(5) 表現―音，色，形，手触りなどの制作素材，出来事やドラマ，音楽，造形，リズム表現，楽器，演劇に関する題材や表現素材など

しかし，教科ではないにもかかわらず指導内容として掲げられた5領域の視点から教材を考えると，生きた生活の連続性や総合性を失って活動が分断されやすい。義務教育機関の教科書構成に思考が引っ張られるからである。ノディングズは教材について，デューイが「問題をはらんだ状況を解決するのに使われる材料」と定義したことを踏まえ「『教材』は，目的を含む状況の進行ないし展開において観察され，想起され，読まれ，語られる事実と，想起される考えから出来上がっている」[16]ものでデューイがカリキュラムと関連づけるとした提案について，これは伝統的な教科の否定ではなく伝統的教科が真の教材になるようにというのが真意であると解釈する。同様に，5領域から考えた教材も，それがいけないのではなく再び生活に置き換え，生活状況の進行に即した考え方，感じ方，行い方と関連させなければ生きたものとはならない。

もう1つは筆者がp.193図表2-2-2の構造に描いた場所(トポス)，生活の2視点から，自己組織化のための陶冶財の可能性を帰納するという異なる視点からのアプローチである。
(1) 場所(トポス)―自然的場所，存在根拠，身体的な時間空間，象徴的空間，論点や議論を保有する時間空間で，歴史的な価値や文化財，国家，社会のありようも含めて自己組織化のための材料を規定する根拠となる。
(2) 生活―生の尊厳・正義や真実・人生や死の意味，時間と空間，流れ

とリズム，習慣化した行為の表れ，一と他の関係性，意識的相互作用，情報伝播など，生活の進行状況を自己組織化のための材料として自己存在を確認する。

場所(トポス)とそこでの生活が基本的な軸となって自己組織化のための材料が思案され，具体的生活内容の3分野から「陶治財の過程化」が具体的になされると考える。

○ 生命の保全―場所(トポス)と身体，身体に関する事象・現象，病気や怪我，衛生や清潔，感染，衣服調整と運動と食事，睡眠・休息，身体発達，自然事象・現象，気象条件，寒暖差による身体の変化，衣食住など
○ 遊びと学習―場所(トポス)と象徴的遊戯の場，物，言動を創造する素材や場所，練習的遊戯のテーマや道具，遊具，玩具，経験的遊戯の玩具，道具，文学，音楽，造形，演劇，知的遊具，教具，天体と自然，数学，言葉や音楽，美術などの表現世界，郷土の行事，文化財，国際的出来事など
○ 労作と自治―場所(トポス)と園芸・飼育・栽培，清掃，生活維持管理の共同，お金の価値や流通過程，交際，制作のテーマや材料とそれに付随する知識や技能獲得のための資料，自治と法律や文化，制度など

この陶治財の過程化から陶治された経験内容を，法的基準である幼稚園教育要領の5領域のねらい及び内容とつき合わせ，最低の基準を越えているかを押さえる際に，国の基準としての指標があると考えるのが妥当であろう。ここに例示した自己組織化の材料となる可能性をもっているものは，すべてではない。実際，場所(トポス)における生活が展開する中では様々なテーマ，素材や材料，生活や場所・環境が取りあげられる。

たとえば，こんな状況も意味生成によっては陶治財になる。昼食時，温飯器で温めた弁当を開けた途端，臭いが広がる。「くさい」「ふゝゝ」と笑い合う子らを見て教師が「臭いといってはいけません。かわいそうでしょ」と注意する。たくあんとニンニク入り餃子が温まった匂いは確かに臭い。これほど全員の興味につながる陶治財はない。食物の予想，腐敗臭と食物臭の違い，冷と温の臭いの発生の違い，弁当のおかず，匂いと臭いの違いなどを学

び合うよい機会である。しかしこの指導で，教師のねらう思いやりが育つとは思えない。叱られた子以上にかわいそうと言われた子どもがかわいそうである。この漂う匂いの状況を陶冶財として共同の学習過程をつくることができれば，子どもたちは匂いの状況についての深い経験とこれからの学びのテーマへの興味が得られるはずである。

　こんな例もある。ある3歳学級で9時半に全体が集合し体操の後，排泄を済ませて室内に入る。教師が『子守歌』をピアノで弾くと幼児はみんな机に伏して目をつむる。静かになると教師は『蝶々』のメロディで「起きよ，起きよ，よい子の花組さん」と歌う。幼児が姿勢を正すとバンという音で立たせ，ピアノに合わせて5曲歌わせる。この教材としては【ありさんのお話，とんぼのめがね，くもさん，さんぽ，大型バス】があがっており，元気に歌うことをねらいにしている。たしかに大声で怒鳴っている子もいて元気がいい。しかし，この歌の時間に幼児が経験を陶冶する内容があるかである。

　同じ時期，3歳学級で『犬のうた』が扱われる。A児が家に昨日犬が来たと話すと他児も飼っている，飼っていない，どんな種類か，何を食べるかと私語して賑やかになる。教師はそれをしばらく聞いていて，話したい子に挙手させ話す時間をとる。「いろいろな犬を知っているのね。みんなで犬の歌うたおうか」と言い「わんわんわん（ワン）犬が鳴く（ワン）わんわんわん（ワン）ポチがなく（ワン）」と歌う。すぐにワンと鳴くリズムを覚えた幼児は，2回，3回と歌を求め，（ワンワン）（キャンキャン）（うー）など鳴き声を変えたり，音量を変えたりして遊ぶ。次の日，家ごっこで犬役が生まれ，母・子役と犬役が掛け合いながら歌っている。幼児が音楽するのは，教師に歌わされている時ではない。自分で口ずさみ，遊びにつなげ，繰り返し，他者と歌をやりとりしてその世界を遊んでいるときである。

　前者の活動例は幼児が音楽することにつながりにくく教材が陶冶財にならない。しかし，後者は，教師や仲間と関係をつくり，犬の知識を増やし，音感やリズム感（1/2拍子感，フレーズ感，拍に入れるワン，ワンワンのリズム）を磨き，やりとりして一緒に音楽する場をつくる陶冶財となっている。

生活という教育方法は、場所・環境・材料・事象や現象を通して、つまり陶冶財と関係を結ぶことによって活動を生みだし、活動によって価値を発見し、実質陶冶、技能陶冶、形式陶冶への可能性が開かれるだけに、教育学における就学前教育の命題として、環境や陶冶財自体をもっと議論する必要があろう。それはまた、教育学が最後に論じるべき就学前教育の評価の問題とも深く関係することになる。

3. 個体能力主義*評価からの脱却

　学は命題を実証することによって論理の妥当性が検証されるのだが、もともと学理は実証済みの概念や法則という性格のため、後代、他者によって論理の堅実性や独自性といった「学」の構造と内容が評価される程度で、実践となかなか結びつかない。実践と結びつく場合は、理念や教育愛など抜きに方法が広く普及し、偶有的な知識として定着する。学理が実践と遊離した飾り物にならないようにするためには、変動する教育に照らして教育学を検証していくことが求められる。それが各学校の実際的教育学に基づいた評価となろう。実践の評価は、共同体の成員の陶冶性の評価でもある。ここに言及しないかぎり教育学は飾り物の域を出ることはなく、理論と実践の乖離をもたらすことになる。

(1) 評価する視点と尺度

　教育実践を評価するには、教育環境が成員にどんな陶冶内容をもたらしたか、それが個人の発達からみて有効であったか、理性的共同体の普遍意志につながる道徳性が陶冶されたかなど、評価する視点と尺度が必要になる。教

＊　**個体能力主義**　　学校的学習は、共同作業者の間の共有された認知より個人の認知が重視され、道具を使わない純粋な精神操作が重視され、文脈的な推論でなくシンボル操作が重視され、状況に固有な能力でなく一般化された学習が重視される。この裸の個人の能力を高める教育を目標としているものを「個体能力主義」とよぶ[17]。

育学にとって緊急に必要とする命題は，理念や目的，意義，教育の方法といった論理が，脈絡をもって実施され，基体が自己の理念に向けて特性を磨き，理性的共同体の一員意識，本質に対する探究態度を培うことを支えることができたかという検証なのである。つまり基体の姿（ありよう）から陶冶内容を把握し，学の構造を帰納的に検証することである。

場所(トポス)を教育対象とする学においては，評価を，"場所(トポス)における生活文化全体を客観視し総合的に捉える"5つの視点からアセスメントする。

① 環境アセスメント

「子ども」を対象とする旧来の教育学では，「子ども」を評価することが主で環境評価の視点は別項となっている。しかし，物理的環境こそ教育的営みが機能する空間であり，この取り巻く環境があっての学校であり基体の集合体である。教育理念や目標具現化の舞台である場所そのものの物理的空間が，自然と共生し自然に還る宇宙の論理に適合しているかが，人の意識野に映しだされる。基体が生活する場としての物理的な環境評価は近年になって取り組まれるようになり，ISO14001シリーズなど様々な環境基準審査が実施されている。また，文部科学省の『学校施設整備指針』などの観点に照らした評価，さらに地域の環境との調和や地域社会を陶冶財とする自己組織化空間の広がりをも含めた環境評価の視点も必要である。当然，子どもや保護者，住民，専門家の参画による環境全体の関係的把握が求められる。

② 状況の象徴性へのアセスメント

濃密な意味と有意味的な方向性をもった象徴的なものとしての場所(トポス)は，世俗的な場所と区別される。学校，教室，教壇，チャイムといった場所自体，学校の象徴である。教室空間に机と椅子が並べられ教壇と黒板が前にある場合，その空間は教授を象徴する。その場に参加する者は空間が象徴する内容を類推して暗黙のうちに自分の身を処す。また，教師の叱責と命令，指示，注意といった状況は，教え教えられる教育の関係に流れる空気の硬さを象徴する。ゴミが散乱する廊下は放縦と無節制を象徴する。学校精神，学校の空気といわれる雰囲気は，人々の関係が象徴するものによって生まれているの

である。意識的にシンボルツリーを配したり，シンボルカラーを使う以上に，無意識の空間や状況が，聖なる場所や非世俗的な行為を象徴しようとするものは何かをアセスメントすることが場所(トポス)の評価につながる。

③ 身体的なものとしての場所のアセスメント

学校で生活する子どもや教師たちは，空間を身体化していく。その過程で空間と身体の関係を自在に扱える自分が意識化される反面，空間の区分，縄張りが発生し，身体がそれに反応する。教室の自分の席辺り以外に身を置いたことがない，他の組には入れない，体育館に行くと身体が硬直する，音楽の時間になると声が出なくなるといった，場所が身体反応を規定するものである以上，意識野を突き抜けた絶対無の場所のどこかに身体を自由にできない感覚がある。そうした場所や場所に配した物と身体性に関して把握する評価の方法論も必要である。

④ 論点や議論のアセスメント

これは，理性的共同体としての論点や議論を顕在化する方法と，その議論の内容，内容の了解の仕方，実践化に対するアセスメントである。議論のテーマ，テーマの出所，議論に参加する人々の関係のつくり方や費やす時間，議論の文脈と文脈がもつ歴史的重みは場所(トポス)の文化を形成する。見えにくい場所の議論を顕在化する方法とその了解の仕方に相互の納得が形成されているのか，人々の相互了解が行為として現れているのかも重要なポイントである。1，2年で辞めていく教師が難しいと悩む同僚や保護者，子どもとの人間関係は，子どもをも苦しくさせる。それは個体能力主義をとっていて，場所(トポス)の論点や議論に対するアセスメントがなされてこなかったためである。場所がもつ論点や議論は各々の所属意識・存在感と深く関係する。

⑤ 基体の存在根拠に対するアセスメント

教育学が子どもを対象とした時代から今日に至るまで，様々な子どもに対する評価方法が実験・開発されている。知能検査，発達検査やテストによる偏差値など相対的な位置づけは一つの点であるが，観察記録やドキュメンテーションといった文脈の中での分析考察や被教育者（基体）の行為・表現な

どから総合的に個性を捉えるポートフォリオ評価法などは面的理解になる。しかし、主体の姿として現れるものは前述の4視点と深く関係した層的なものであり、その関係抜きに評価はできない。たとえば、幼児が積み木の構成を指示どおりやらなかったとき、指示が理解できたのかできないのか、技能が及ばなかったのかだけではない。検査室の空間に身体的圧迫を感じたり、机と椅子と身体がしっくりいかなかったり、積み木が失敗経験を象徴していたり、指示されたテーマが自分の欲求にそぐわなかったり、対話ができない関係に違和感を感じたりといった①～④の視点の要因も関係し、それに対する応答過程も含めた変化の様子を全体的に捉えることが必要である。

(2) 評価と陶冶の関係

場所(トポス)の論理で中村が「もの＝存在同士の間隙＝空白でありながら、かえって、もの＝存在を活気づける働きをもっている」[18]というように、積み木を積む行為を活気づけるのは「間(あいだ)」「間(ま)」であるとすると、基体の評価は、結果としての能力を評価することではなく場所(トポス)と基体との「間」で、基体を活性化させる要因と能力の関係を見つけることである。つまり、ある子どものテスト結果は、結果の位置づけとしての点にあるのではなく、間にある活性化させた要因との関係評価にあると考える方が妥当ではないかということである。従来行ってきた「子どもの評価」を不要とするのではなく、もう一歩踏み込んで基体としての子ども自身の評価から陶冶につながる活性化の要因を見いださないかぎり評価の意味が薄いということである。基体は生得的に自己組織化の構造を形成するように、場所(トポス)の作用（モデルの模倣、練習や習慣、働きかけ、向けられる視線など）から自分で感じて行為を軌道修正していく能力がある。たとえば、まだ利き手が定まらない1歳児が左手で匙をもつ。右手側に匙の柄を置いてやると1回は右手を使い、すぐ左手になる。右手側に柄が置かれる生活を3か月繰り返すうちに、右手使いが求められていることが言葉としても行動としてもわかり「右手は？」と問われると持ち手を左から右に変えるようになる。しかし、問う人が笑顔の時は持ち手を変え

るが，真顔の時は匙を放り投げる。やがて1歳7か月には右手使いが日常になり，わざと左手にもって大人をからかう。自分と匙と問い手の「間」に流れる空気と場の状況が，軌道修正を促進したり後退させたりするのである。

　この親の意識的な強化は，評価の現れといえよう。右手使用を意識して匙を置く環境提示と言葉情報を子どもが選択して受け入れる場合は「間」にある行為を活気づける要因が働いている。社会文化的に求められ，意識を活性化させる要因が行為を繰り返して技能や知識を陶冶し，経験が習慣化する。強化とは「行動してみて，その行動が適切であったか，適切でなかったかということを知ること」[19]で，適切だった行為は強化され，適切でなかった行為は行われなくなるからである。それを本人に知らせたり気づかせたりする仕組みが評価で，気づいた当人は繰り返し練習し習慣化して実質陶冶・技能陶冶・形式陶冶するところに本来の評価の意味がある。学校教育は直接的な励ましや叱責，テストの点数，賞罰などの知らせる仕組みを多くもっているが，知らせる情報が潜在能力を活性化し"適切さ""奥の深さ"を習慣化するまでの陶冶とつながりにくい。しかし場所(トポス)は，知らせたり気づかせたりする多様な仕組みが「間」にあり，「間」には多様なモデルと時間と空間といった余裕がある。それはガードナーが「模範的なモデルが身近にいることが，たぶん，複数の徳を兼ね備えた人になるための最初のステップである」[20]というように，活性化させる要因がある共通した価値を志向する共同体内の人々の生き方や行為の中にあり，徳にふれてジレンマを処理する訓練・練習が生活にあり，それを意識に乗せる場所が連続しているからである。

　ガードナーが知能とは「情報を処理する生物心理学的な潜在能力であって，ある文化で価値のある問題を解決したり成果を創造したりするような，文化的な場面で活性化されることができるものである」[21]と概念規定した知見は，知能検査結果の数値を「評価」としてきた歴史を大きく転換する。彼は活性化される知能を，①言語的知能，②論理数学的知能，③音楽的知能，④身体運動的知能，⑤空間的知能，⑥対人的知能，⑦内省的知能，⑧博物的知能，に分類し，さらに「宇宙の深奥―無限大と無限小―に自ら

を位置づける能力であり、それに関連して、人生の意義、死の意味、物理的・心理的な世界の究極の運命、人を愛したり芸術作品に没頭するなどの深遠経験といった、人間的な条件の実存的特徴との関係に自らを位置づける能力」[22]として実存的知能をあげる。

　この前述した8つの知能を活性化し実存的知能とつなぐものこそ場所(トポス)ではなかろうか。アセスメントの5視点のように、生得的な潜在能力の可能性を活性化させる環境・場所(トポス)は"つなぐ"役割、つまり結びつける働きをする。たとえ知能が秀でていても、宇宙の深奥に自らを位置づける能力がなければ社会と融合しない。社会と融合しない能力をもつことはかえって不自由である。人間の宇宙の深奥にある能力とは、絶対無の場所にある"自由"であり、自然(じねん)である人間の生命を価値ある方向に自己組織化する主体の働きである。西田も「意識の自由というのは、自然の法則を破って偶然的に働くから自由であるのではない。かえって自己の自然に従うが故に自由である。理由なくして働くから自由であるのではない。よく理由を知るが故に自由であるのである。我々は知識の進むと共に益々自由の人となることができる」[23]として、知識が進むことと自由になることの関係を述べている。自己の存在理由を自得すれば抑圧も自由となるように、知的領域と道徳的領域・文化的領域の関係がつながったときに自由が自得されるからである。

　このように場所(トポス)の論理は、教育が「子ども」を評価することから知能や道徳的領域を活性化させる要因と関連づけて評価することへと転換する契機になる。また、評価は、「教師や他者」によってされるものではなく、基体自身が感得し自己修正、自己研鑽することへと関係を切り替える契機になると考えるのである。基体としての被教育者の学びを励ますのは教育理念、目的そのものであり、生きる文脈の中での気づきの仕組みは現実世界の生構造、生活事情に負っている。潜在能力の活性化・自己陶冶への評価観の転換は、自己組織化に向かう意識野を突き抜けた絶対無の場所に真の"自由"を確立していくといえよう。

第3章

子ども観と共同体の位相
─江戸期の真似びと理性の在処─

§1 文化的な営みの中での成長発達

1. エスノグラフィ・フォークロアの視点

　子どもは誕生以前から社会の中に包まれており，その存在は社会的・文化的なものである。生物学的に受け継いだ自然(じねん)としての資質は，先祖が社会に適応し獲得した文化をも含んだ歴史的遺産であり，自然もまた文化とともにあるといえよう。そうした意味では自然(じねん)である人間の成長過程も，帰属する社会の文化のありようによって支えられている。今日の教育における発達という言葉は，20世紀に隆盛した心理学の影響を強く受けた実験室的な色合いが濃いが，エスノグラフィ（Ethnography；民族誌）やフォークロア（Folklore；民俗学）の視点から成長発達を論じる人々によって，再び多様な子ども観がもたらされている。

(1) 柳田国男の民俗学への挑戦
　アリエスの『子供の誕生』は，柳田国男がフランスの民俗研究がフォーク

第3章　子ども観と共同体の位相　215

ロアという言葉をもちながら日本と同様，研究がパリ中心で地方主義（割地研究法いわゆるリージョナリズム）に及んでいかないことを憂えたころに登場したものであった。アンシャン・レジーム期（フランス革命前の政治・社会構造を指す言葉）の日々の生活への注視，観察から子どもと家族についての〈その時代の感情〉を浮き彫りにしてから，子ども期が脚光を浴びることになる。『子供の誕生』には小さな大人として認知され，共同体に属してともに遊び，働き，学ぶ〈熱い感情〉から，学校化によって特別な配慮と隔離された社会に置かれた中世から近代の子どもが捉えられている。1948年に本書が刊行された際には『フランス人口およびその生活態度の歴史』となっている歴史研究書である。アリエスが，人口学のデータは生物学的な自然の性質に属した変化しないものではなく，生と死，性，出生といった領域全体が「生物学に属していると同時に社会的な意識のあり方（mentalite）にも属し，自然に属すとともに文化に属してもいる」[1]としたように，人口学からも歴史的・文化的な人々の生の営みが深く関連して見いだされてくる。速水融のユーラシア家族史・人口史プロジェクト[2]なども，人口学を通して文化を捉えたものであるが人口の推移は場所（トポス）での人々の生活文化の歴史であり，郷土ごとに意味を生成してきた場所の集合体を捉える方法論でもある。しかし，人口学からではなく民俗学の確立を目指す柳田は，日本各地の郷土生活に根を下ろし，場所（トポス）の生のありようを捉えていく。

　子どもへのまなざしをエスノグラフィの手法で，あるいは「郷土生活の研究法」*という手法によって明らかにしようとすれば，江戸時代から識字率の高かった日本はフォークロアの宝庫である。エスノグラフィは，外部者が場所（トポス）の生活に参加し，その場所（トポス）の総体を目的として学術的探検と材料の総合比較を通して行われる。一方，フォークロアはそこに住む人々が"共同体に

＊　郷土生活の研究法　　場所（トポス）の営みへの参加に目を向け，風土と歴史や文化との関係から生成される意味を考究することで，実験室的発達論ではなく，現実の生きた社会での成長発達を捉えることができる研究法。

属してともに遊び，働き，学び"それを内側から省察したものを考察する。エスノグラフィはフォークロアによって異民族の観察は自国民の自己省察に及ばないことを知り，フォークロアはエスノグラフィによって珍奇を書き記すことではなく日常の総体を把握することの重要性に気づかされるという相互作用によって，それぞれが学問としての地位を高めてきたいきさつがある。いずれも場所(トポス)の営みへの参加という方法論なくして生活の総体は捉えられないという近い関係である。

　柳田が，現在に生きる過去は資料だけではなく人々の中にもあり，民間伝承を探るために外国をうろつき回る必要はないとし，外来文化の輸入に奔走する人々に「現代の不思議を疑ってみて，それを解決させるために過去の知識を必要とする」すなわち「人生の鏡に照らしてわが世の過去を明らかにせんとする」[3)]郷土人自身の自己内部の省察にこそ，常民＊の歴史が築かれるとした視点は，研究者の目を江戸時代の常民の生活に向けさせた。国家の歴史は支配者・強者によって残されていくが，常民の歴史に注目した民俗学（柳田，1935）は，国家の施策を含み込みつつ子どもの成長発達や教育も場所(トポス)における人々の歴史的・文化的な営みの証であることを浮き彫りにしている。明治維新以来，舶来思想に走ってきた歩みを郷土人の自己内部の省察に向けることに置いて，日本の民俗学研究は人間の生を捉える新たな展開をみせることになる。本節では子育ての文献やエスノグラフィー，フォークロアなどの研究から風土と時代がつくる子ども観をみていきたい。

(2) 子育て文化の源流

　日本では，早い時期から子どもの存在に注目し，それを養育書として残した人々がいる（図表2-3-1）。室町時代には世阿弥の『風姿花伝』があるが，江戸期になると子育ての書が多くなり，前期には山鹿素行『武教小学』，香

＊　常民　庶民や大衆に近い意味で使われ，民俗伝承を保持している人々を指す。当時は多数である農民に限定する立場もある。

図表 2-3-1　子育ての書全 3 巻（各巻の集録されているものを年代別に配列した）

【第 1 巻】

書　名	年　代	作　者	書　名	年　代	作　者
花伝書	1400 頃	世阿弥元清	貝原篤信家訓	1686	貝原益軒
世鏡抄	室町時代	作者不詳	いなご草	1690	稲生恒軒
東照宮御消息	1616 頃	伝徳川家康	女重宝記大成	1692	草田寸木子
東照宮御遺訓	江戸前期	伝井上正就	小児必用養育草	1703	香月牛山
翁問答	1640	中江藤樹	唐錦	元禄頃	成瀬雉佐子
鑑草	1647	中江藤樹	本佐録	江戸前期	伝本多正信
武教小学	1656	山鹿素行	大学或問	江戸前期	熊沢蕃山
女式目	1660	作者不詳	幼君輔佐の心得	1736	稲葉迂斎
比売鑑	1661	中村惕斎	輔儲訓	1776	上杉鷹山
山鹿語類	1663 頃	山鹿素行	蒙養訓	1796	上杉鷹山
女家訓	1683	保井恕庵			

【第 2 巻】

書　名	年　代	作　者	書　名	年　代	作　者
和俗童子訓	1710	貝原益軒	父兄訓	1786	林子平
民家分量記	1721	常盤貞尚	世わたり草	1788	柴田彦太郎
我津衛	1759	手島堵庵	道二翁道話	1795〜1824	中沢道二
六諭衍義大意	1722	室鳩巣	撫育草	1796	脇坂義堂
冥加訓	1724	関一楽	たわれぐさ	1789	雨森芳洲
家内用心集	1729	寂照軒笑月	子守歌	江戸中期	知真庵義観
民家童蒙解	1734	常盤貞尚	文会雑記	江戸中期	湯浅常山
不亡鈔	享保頃	室鳩巣	安斎雑考	江戸中期	伊勢貞丈
東江先生書話	1769	沢田東江	安斎随筆	江戸中期	伊勢貞丈
小児養育気質	1773	永井堂亀友	嚶鳴館遺草	1808	細井平洲
前訓	1773	手島堵庵	言志四録	文化〜嘉永頃	佐藤一斎
道得問答	1774	慈音尼兼葭	農家童子訓	1820	岡熊臣
授業編	1781	江村北海	自修編	1828	小町玉川
農家訓	1784	山名文成			

【第 3 巻】

書　名	年　代	作　者	書　名	年　代	作　者
西域物語	1798	本多利明	赤子養草	1831	荒井宣昭
久世条教	1799	早川正紀	心得草	1837 以降	大原幽学
草茅危言	1788	中井竹山	養育往来	1839	小川保麿
統道真伝	1752	安藤昌益	徴味幽玄考	天保頃	大原幽学
百姓嚢	1721	西川如見	道徳百話	天保頃	大原幽学
父子訓	1811	中村弘毅	世継草	1849	鈴木重胤
民家育草	1819	大蔵永常	捨子教誡の謡	1857	橘義天
夢の代	1820	山片蟠桃	子孫繁昌手引草	江戸後期	作者不明
垂統秘録	1878	佐藤信淵	福沢諭吉子女之伝	1876	福沢諭吉
待問雑記	1828	橘守部	育幼論	1887	植木枝盛
民家要術	1831	宮負定雄	産育習俗語彙	1935	柳田國男

月牛山の『小児必用養育草(そだてぐさ)』など21編が，江戸中期になると貝原益軒の『和俗童子訓』，永井堂亀友の『小児養育気質』，林子平の『父兄訓』など45編が，江戸後期には中村弘毅の『父子訓』，十返舎一九の『児女長成往来』，大原幽学の『心得草』など36編[4]が残されている。

これらには子どもの本性，遊び，成長の理論，養育の心得などが記述されており，今日の子育て文化の源流をなしている。「およそ人となれるものは，皆天地の徳をうけ，心に仁義礼智信の五性(ごせい)をむまれつきたれば，其性のままにしたがえば，父子，君臣，夫婦，長幼，朋友の五倫の道，行はる」[5]性善説に始まり，「およそ人は，よき事もあしき事も，いざ知らざるいとけ（幼）なき時より，ならひ（習）なれ（馴）ぬれば，まず入(い)りし事，内にあるじ（主）として，すでに其性となりては，後に又，よき事・あしき事を見ききしても，うつり（移）かたければ，いとけなき時より，早くよき人にちかづけ，よき道ををしゆべき事にこそあれ」[6]として，子どもは周囲の影響を取り入れて自律的に学習する存在であり，先入したものが一生を支配するとして，よい環境の中に置くことを提唱している。他者の影響を受け，他者との応答性の中で自我を調整し，社会的に望ましい成長をするとした視点は，まさに社会文化的な営みにおける子ども理解である。近世の自己実現・自己充実をもたらす発達目標ではなく，士農工商の身分，男女の性別，出生順位で規定された封建時代の自分の「居場所」を受け入れ忠実に遂行する人間が，社会および個人の成長目標となっている。

このように成長発達の目標は社会構造，社会が求める価値の方向によって大きく異なり，それがまた乳幼児期からの成長を方向づけることを次節から捉えていきたい。今日，私たちが論じているのは開国以来，積極的に取り入れてきた欧米における近代の発達理論に立脚したものであって日本人のそれ（江戸の子育ての源流）に接ぎ木・包摂したものである。

西田が"知覚，思惟，意志，直観は厳密に区別すべきものだが，その根底にこれらを統一する意識作用があり，最も根本的なものは包摂判断"とした判断作用であるが，「包摂判断とは，一般なるものの中に特殊なものを包摂

する」[7]もので，特殊なものを主語として一般なるものを述語とする。判断作用の根底にある意識の場所に矛盾しつつも統一する主客合一の直観がある。それが異文化をも我の中に統一していく意識の場所である。江戸時代の通念である一般的なものの中に欧米の特殊なものを主語として包摂し，場所(トポス)の作用が語られてから久しい時間がたっている。欧米の特殊が一般的なものとなった今日では，日本人の中に潜在しているかつての文化の方が特殊となって一般に包摂されているともいえよう。

(3) 江戸時代の子どもの成長過程

日本の子どもの成長がどのような社会的営みの中で認識されてきたかを民俗学の資料から知ることは，人々が無の場所（生きるために選択する無意識界の自由判断の場所）に置いてきた子ども存在を理解する一つのアプローチである。脇坂義堂は，『撫育草(そだてぐさ)』の中で「人の世を渡るは，皆全く名々(めいめい)の家業家職大明神の御めぐみなれば，有り難く脇目なく大切に信心すべき事なり」「士(さむらい)は士たる道をはげみ，百姓は百姓たるの農耕するが家職なり。職人はその職分に出精し，商人はその商いに油断なくせいをだすが家業なり」[8]として，自分の置かれた現状，「所」に精出すことを人生の目的としている。子どもや丁稚が心がけるべき次の歌にも当時の成長目標がよく現れている。

童教訓廿八首より抜粋[9]
- 余の芸は　知らでもすむが　知らいでは　すまぬはおのが　家業とぞ知れ
- 性根をば　入るがうえに　性根をば　いれて覚えよ　おのが職分
- 食物や　衣類好みを　すなよかし　これがおごりの　もとでこそあれ
- あだにのみ　今日をあそぶな　ひまあらば　おしえを書きし　かな文(ふみ)をよめ

丁稚教訓廿八首より抜粋
- しんぼうと　かんにんするが　奉公を　よくも仕遂(しと)ぐる　伝受なりけり

- 商売を　よく覚へるが　銀(かね)よりも　宿へ這入るの　元手とぞ知れ
- 出世をば　せんと思わば　身をつめて　よき事にのみ　心うつせよ
- 奉公を　大事とするが　何よりも　わが親たちに　孝行と知れ

　ここでいう子どもは，寺子屋に通える状況の子どもであり，丁稚奉公も商人や職人などに仕え，やがて熟達する可能性を含んだ子どもたちの堪忍(かんにん)である。たとえ文盲でもこうした歌によって将来への目的を明確にもたせることができ，家督を継ぐ者でないかぎり，10歳になると学問所に，あるいは奉公に出るのは成長の道筋として普遍化したものだったのである。富貴の子の脆弱さをいましめ，「三分の飢えと寒」というやや不足がちの環境で育てることが剛健な身体と勤勉さを培う秘訣となっており，こうした子育てのノウハウが広く共有されている社会だからこそ，家庭での子育ては自然的，ネットワーク的であったといえよう。

　小嶋秀夫は，「わが国の児童研究は，その出発段階から欧米の児童発達史の外観的枠組みと方法との影響を強く受けていた」[10]ため，子どもの成長に伴い変化する環境的状況に注目する研究がないことをあげ，状況の継時的記述と，子どもと社会的相互作用をもつ人間（家族，教師，仲間たち）の心理的内部過程の研究が乏しい問題を指摘する。それは，子どもの成長発達はある文化的状況の中における人々の子ども観，どのような目標に向けてどう取り扱うかといった営みの中にあるからである。

　さらに小嶋は，『桑名日記』と『柏崎日記』の状況の継時的記述を取り上げ，桑名の長男鐐之助の生活環境を取り巻く人々との社会的ネットワーク，祖父母との愛着関係，活動性，仲間関係の発展と祖父母の葛藤，学習の導入といった環境的要因と成長との関係を捉えている。また柏崎のおろく（長女），真吾（次男），おりん（次女），行三郎（三男）の生活環境と成長発達を，新しい環境に馴染めぬ家族のストレス，妻と次男の病気と父親の育児参加，兄弟関係，安定化に向かった家族のシステムとおろくの子守，家庭の運営への参加，おりんの誕生と死，行三郎の誕生と妻の不調から安定へという状況

から捉えており[11]，父親が育児の責任者となっていた当時の子育てが窺える。

たとえば哺乳は，最初に薬湯を与え生後1日か2日半して乳づけをした後で母乳になる。母乳が足りない場合は貰い乳や摺り粉（米粉）に少量の砂糖を加えたものを飲ませる。1歳前後からおじやや麺類を食べているが次の子が生まれるまで乳はなめている。鐐之助は4歳半までおばばの乳をなめている。親との共寝は出生直後からで，幼いころから抱かれたりおぶわれたりして身体接触は多い。鐐之助は，母親，祖母，祖父へと共寝の相手を変えていき，11歳で祖父がなくなるまで共寝をしている。おろくは真吾が生まれてからも母親と赤ん坊の脇に寝て，父と寝ることを納得するまでに7か月かかっている。真吾はおりん誕生後，父親と共寝したが，おりんがなくなるとまた母親に戻っている。乳児が母親と寝るのは，授乳や夜の排泄のためで，成長に伴い共寝の相手を変える必然を周囲から働きかけられるが，それも自然の成り行きで少年期でも共寝をしている。

遊びと仲間関係では，祖父や親戚の者など遊びの道具作りと修理を担う大人に恵まれた鐐之助は，太鼓，竹馬，紙鉄砲，杭打ち，独楽，花火，のろし，吹筒，弓，凧，釣り，相撲，試合，祭り見物など多岐にわたっている。仲間との遊びは4歳2か月ころからである。おろくは，5か月前から一人遊びをよくし，2歳ころからのねねさま遊び，玩具，ままごとや草摘みなどがなされているが，年齢とともに子守や家事負担が増えて遊びの時間は削られていく。真吾は，太鼓，竹馬，弓，杭打ち，凧，おにごっこ，蛍狩り，雪こね，浜での遊びなどがなされているが大人の支えは少ない。

大人の世界との接触では，今日の子どもの状況と異なる点が多い。鐐之助は，2歳で祖父と一緒に鰻を食べ，酒を飲んで酔っぱらったり，ちんぼこを開帳してみなに見せて褒められたりと，性的な卑猥な話にも参加している。おろくも同じで，大人たちはこうした子どもの姿に大笑いし無邪気さを慰めとする開放性がみられる。ムラという場所（トポス）が村外の人々を排斥する閉鎖性をもつ反面，子育てが開放的なのは，子どもは大勢の大人とかかわり，大人社

会に参加することが可能な関係，地域共同体の一員として参加する発達の仕組みがあったことを意味する。それは民俗としてのムラの歴史に育児が取り込まれていたということである。柳田は，『都市と農村』[12]の中で，都人(とじん)はムラを自己の血の水上(みなかみ)とみ，田舎民は都を心の故郷(ふるさと)として互いに補完しあう構造をなしていたとする。拘束し合うムラ社会から自由を求めて出た都人も，都に文化の基準を求める田舎民も補完することでそれぞれの存在を見ていたことになる。

　ムラ社会には人間一生の成長を自覚化する通過儀礼がある。出生前後に集中した帯祝い，誕生祝い，名付け祝い，産屋明き祝いに始まり，食い初め祝い，初誕生祝い，3歳祝い，5歳祝い，7歳祝いなどの儀礼は，個人が集団の問題として扱われる証で，平山和彦は「集団としての目的，組織の維持，運営が一貫し，その体系の中で個人は一定の役割を持った」そして「水田稲作民，山村民，漁労民，技能民などによって，その生活様式は異なっており，それに応じた人生設計が立てられていた」[13]とする。参加という成長発達の仕組みの構造は同じでも，営みごとによって生活様式は異なり，場所(トポス)の文化が成長を支える文化として根づいていたのである。4，5歳から子ども組に入ると，年齢階梯性は若者組（15歳前後から），中老組（25歳ころから50歳ころ），年寄組（それ以上）（博多地方）と上がっていく。女子も子ども組から娘組，ヨメ講，ガガ講，ババ講（宮城県牡鹿町地域）といった階梯がある。これらも，ムラによって異なっている。それぞれの年齢階梯が担う役割の中で，子ども組は遊びを中心とした縦社会で長幼の序やムラ社会の祭り行事に参加して社会を学習していくが，なにより若者組の機能がムラにとっては大きな位置づけをもっている。

　平山は若者組の機能を，① 信仰行事（氏神祭祀の御輿担ぎ，山車引き，屋台作り），② 民俗芸能（獅子舞，太鼓踊り，念仏踊り，盆踊り，歌舞伎，浄瑠璃，三番叟などの芝居，裸祭りや競馬，相撲，お囃子，綱引きその他），③ 村仕事（警防や消防，救援活動や修理作業など），④ 婚姻関係（性教育や配偶者の選択，婚礼行事），⑤ 教育・制裁（一人前にするためのしつけ），⑥ 娯楽・その他（博

打などの娯楽）に分類[14]して，若者組が担ってきた教育作用の大きさを捉えている。

　それぞれの地域社会の特徴に応じて，家族とその周縁の人々による教育，寺子屋での読み書き教育，子ども組・若者組での教育が展開されて子どもの成長を支えてきたのである。そのいずれにも，参加することを基本とするシステムや内容が組まれていたといえよう。

（4）押返し，子返し，捨て子と子宝思想

　17世紀半ばから18世紀にかけて子育ての書が多く出された当時は地方の百姓の「農書」も書かれており，これらは「家の経営書」の色彩が濃いものだといわれている。その中の一つ，藤左右衛門の『萬事覚書帳』には，10人の子どもの記録が残されている。

①　子返し，押し返しの記録

　太田素子がまとめた藤左右衛門の「子どもの出生・成人・結婚・死亡」[15]から概要を抜粋すると次のようである。

```
第1子　斎宮助　　1689.10.24出生，1691.3.6病死　享年3歳
第2子　お花　　　1691.8.27出生，1693.12.4病死　享年3歳
第3子　長三郎　　1694.1.6出生，11歳で婚約，19歳で結婚（妻ちよ15歳）
第4子　おでは　　1705.11.5出生，15歳で結婚，1725.7.2病死　享年21歳
第5子　正之助　　1708.1.6出生，1709.9.9病死　享年2歳
第6子　―　　　　1709.12.23押返し
第7子　お上　　　1710.11.25出生，12歳で婚約，16歳で結婚
第8子　留之丞　　1712.10.23出生
第9子　―　　　　1716.2.11子返し
第10子　―　　　1725.4.7押返し
```

　ここに10人の人生を類推することができる。第1，2，5子の死亡からも乳幼児の死亡率が高かったことが類推される。第6，9，10子の押返しある

いは子返しとは、「殺す」「亡き者にする」意味で、その理由として「女ノ筈、男ニ候間子返ス」（男の年に女の年を合わせ月経のない月数を合わせて八つずつ払いのけて残る数が半なら男、丁〈偶数が丁、奇数が半〉なら女という当時の習わし）があり、丁半の占いに外れた子どもは、3、6、9歳に死ぬ運命にあり、育てても育たない"違い子"だから押し返しても世間から非難されることはない風習である。育てられた子どもは10人のうち4人で、子返しされた第9子は、これ以上は産まない留之丞の次に産まれた子（妻の鶴44歳の出産、鶴の死亡48歳で、子育ても限界）であり、第10子も鶴の後妻の子どものため家督争いを避けるための子返し、押返しがなされている。

太田は押返し、子返しが行われる社会での子育ては、「資質・能力や成長過程にたいする注意深さ、発達課題のクリアに価値を置く子育てとは異なり、基本的には身体的な成熟とともに良縁を得て共同体の中でそれなりの自立を果たすことが求められている」[16]ものだったとする。だからこそ嬰児殺しは、占いや厄年迷信による間引きを再生信仰によって合理化するとともに、もっと積極的には妻の健康問題、家の継承問題などと関係した出生コントロールの問題だったと指摘する。それはまた家族の食糧確保とも直結した生きるための人々の苦肉の策だったともいえよう。「貧乏人に子供の多きは身代のかせ」[17]という側面も大きかったのではなかろうか。生活困窮者の捨て子は、殺すに忍びない親が誰かに拾われて生を受けることを願ったやむにやまれぬ行為であり、逆にそれは生を与えた子どもへの子宝思想とも深く関連している。

② 捨て子禁止令と子宝思想

将軍綱吉の時代に捨て子禁止令が出て以降に人口問題が浮上したのは、幕藩政治立て直しのために手余り地を出さないための、嬰児殺しの禁止や堕胎禁止策である。子育て教諭書として『子育てのおしえ』（木版1枚刷り壁書、須賀川本とよばれる）、『子孫繁盛手引草』などが出されている。そこには「神仏をそなえ生まれたる子供を殺すハいかなる悪人あくかう深かきもののいたす事か」「仏心そなわる赤子を殺すハ鬼とも蛇とも鳥にも劣ると戒しめ

て人面獣心ととくなり」[18]などと絵入りで説明されている。子返しと堕胎の禁止による農村振興策は，太田によると，①壁書きや教諭書の配付，寺院，心学者の教諭活動などによる防止のための働きかけ，②懐妊調査や出産への村役人の立ち会い，死産検分，③養育料の支給による育児奨励，④子返しなどの家，共同体への罰則，⑤収容型の育児事業に分類される。本格的に子返し，堕胎禁止策が取られたのは，1770年代から90年代といわれ，南東北地方の村落荒廃では出稼者の呼び戻しや結婚の奨励，花嫁の募集や子どもの移住といった施策まで行われている。松平定信の子殺し防止策は，自ら名付け親となって「村の子」から「国家の子」として殺すことを阻止するというユニークなものである。

　このように，意図的・社会的営為としての教育を語る以前の出産調整，出産奨励は，自然の授かりものとしてあった子どもを，つくるものへと変えていく社会転換の前触れである。殺生の罪を天罰や祟りという非合理的な視点からではなく，人格の尊厳に照らして批判し，子殺し防止を願った知識人たちは，1800年代になると子宝思想についても言葉の置き換えを行っている。

　子宝思想は，万葉の昔，山上憶良が「瓜食めば　子ども思ほゆ　栗食めばまして偲はゆ　いずくより来たりしものぞ」の反歌に「銀も　金も玉も何せむに　まされる宝　子にしかめやも」[19]と読んだように，あるいは『梁塵秘抄』に「遊びをせんとや生れけむ　戯れせんとや生れけん　遊ぶ子どもの声きけば　我が身さへこそゆるがるれ」[20]とあるように，大人たちが遊ぶ子どもの姿に身体を反応させ，自然がなせる子どもの存在を楽しみとする，何ものにも代え難い宝として，歌われつづけてきたものである。子宝思想の表れは外国人の目からみても特異だったのであろう。モースが『日本その日その日』(1917)で「ここでまた私は，日本が子供の天国であることを，くりかえさざるを得ない。世界中で日本ほど，子供が親切に取扱われ，そして子供の為に深い注意が払われる国はない。ニコニコしている所から判断すると，子供達は朝から晩まで幸福であるらしい」[21]と書いているように，江戸時代の庶民の子どもは遊びに興じる日々を過ごしている。子宝を大切に育て

る歴史的・文化的土壌が日本の子ども観の根底にあったのも事実である。

しかし，民俗学的視点で農村部を見た太田からみると子宝も少子化志向と家計への配慮をもとにした子どもへの愛情という側面を免れない。育てられた子どもの教育目標が，結婚して自立することにあり，そのために育たないと思われる子どもや経済的に育てられない子どもが間引かれてきた現象は，子宝思想と表裏をなすものである。太田は「愛情と経済が未分化な子育て意識は，近世の家族が消費活動のみならず生産活動においても社会的な単位であったことに根ざしている」[22]として，近世はすでに子育ても村というより家族の経済状態の中に置かれていたとする。

③ 捨て子養育と貰い子

近世農村のもう一つの特徴として，捨て子養育と貰い子の問題がある。『山椒太夫』や「子とろ」の遊びに代表される中世の人身売買は，近世に入ると禁令が出され（加賀藩1615年，幕領1616年）て，表向き禁じられている。しかし，飢饉の時には下人の調達が行われたし，明治期の「女工哀史」ですら人身売買に近い様相があった。また，貰い子が児童労働を目的とした人身売買に近いものがあったとする見解もある。会津藩正史『家政実記』には，男女貰子之定（1656年）を定めて，男子6歳，女子7歳以下でないと貰い子は認めないこと，実父が返還を願ったときには11歳までは養育費を返還して引き取ることができること，養子と貰い子は別であることが決められている。それでも口入屋の悪行に対する事件が摘発されたことが記されているので，飢饉による貰い子（人身売買）は後をたたなかったと思われる。一方，紀州の貰い子の記録（日飼村の宗門人別改帳）には，貰われて数年後家主になっている記録や実子になっている記録があり，東北の人身売買とは性格が異なる捨て子の地域差がみられる。

また播州の記録（三木市有宝蔵館文書）では，捨て子記録が多い。播州の捨て子は貧困というよりも，両親の離別による家庭崩壊，乳不足といった理由が多く，太田は「家の崩壊と一方で子どもの生命に関する近代的な感覚の成長が，農村よりは都市で，東北よりは近畿瀬戸内地方で，より進行していた

ことが，子どもの問題の起り方に反映している」[23]とする。つまり，近世初頭の堕胎間引きが出生コントロールであったとすれば，幕末の捨て子という現象は，農村にも小家族のもろさが露呈し，階層格差が広がって崩壊家庭が生まれたのではないかというのである。明治維新，産業革命以前にすでに崩壊家庭が生じているとすると，流動化しはじめた社会の不安定さが子どもに向けられた現象といえよう。ただ幕末の捨て子は，教諭書[24]による命の尊厳感覚もみられはじめているため，地域によっては捨て子養育の仕組みを生みだしたのではないかと思われる。

近世日本の農山村の子どもが置かれた状況は，産業革命によって多くの浮浪児を生みだした海外の状況と異なるとはいえ，構造はそれほど変わっているわけではない。子育ても教育も，家族の経済状態の中に置かれるのは今日も同じである。また形を変えた子殺し，捨て子があるのも変わってはいない。疲弊した農村の人口減少を食い止めるために村や藩が養育費用を支援しても人口増にはつながらず，結局，間引きや捨て子を食い止めることによって人口増を目指したり，子宝の意味の置き換えを行ったりした過程での子どもの世界である。明治時代になっても，捨て子や間引き，人身売買の問題が一挙に解決したわけではないが外国の育児書が翻訳されたり都市部の知識層を中心に，子どもは「社会の一独立人」[25]として考える人々が出現している。そうした人々は，間引きと引き替えに家督を維持する子宝の思想ではなく，子によって親が貴重な人生経験を得る子宝へと意味の置き換えを行っているが，第二次世界大戦後まで農村部では家父長制度も強く残っており，都市部の経済的に豊かな人々とは子どもの人権に対する感覚は違っていたといえよう。

2. 子どもの自立と社会構造

間引きや子捨てに遭遇せず，育てられた子どもたちの自立過程で筆者が注目したもう一つの社会現象に，排泄の自律がある。二足歩行，排泄の自律が

発達の大きな節目になるのは昔も今も変わらない。ハヴィガースト[26]やエリクソン[27]の発達課題にみるように,立位歩行は子どもの行動範囲を拡げ,欲求充足を自分の力で行う学習力を高める。また排泄の自律は,二足歩行とともに生理的処理を他者に依存しなくてもよい自尊感情と自由感を獲得する。同じ民族でも環境によって,あるいは時代によって自律する時期が大きく変わっている。日本の子どものしつけの国際比較[28]には,それぞれのコミュニティが歴史的につくりだしてきた自立／自律の考え方や行為のありようそのものが発達を方向づけていて興味深いが,日本の子どもの排泄の自律について,歴史的・文化的な営みの中から発達を捉えてみたい。

(1) 排泄にみるコミュニケーション構造の変化

ロゴフ[29]によると,フォレ（ニューギニア）の子どもが,歩けるようになるころにはナイフと火を安全に使えるようになるとか,エフェ（コンゴ民主共和国）の赤ちゃんが11か月になれば鉈を使って果物を割る,あるいはアカ（中央アフリカ）の親たちは8〜10か月の子どもに矢の投げ方や穴掘り用の棒や小型の斧の使い方を教えているという。こういった文化圏の子どもの発達を先進国の子どもの排泄の自律と比較すると,先進国の方が確実に遅れている。民族が違うからというより,民族の集う場所の気候風土や生活様式が違い,歴史的・社会文化的な発達目標が違い,子どもとの距離の取り方,時間の使い方,コミュニケーションのありようが違うからである。今日の米国ではトイレットトレーニングに2〜3年かかるといわれるが,ディゴ（東アフリカ）の子どもは4〜5か月ころには排泄が自律するという。子どもたちはおむつをしなくても,子どもの合図に親が敏感に反応し,排泄の姿勢を慣らしていくからである。裸で生活することが可能な環境と非言語的会話の成立が,排泄の自律を早く促進させるものといえよう。

今日のおむつ論争は,裸かおむつかではなく,紙おむつか布おむつかである。紙おむつ派は,濡れた感覚がなく清潔で,親も洗濯から解放され便利であることを強調する。一方布おむつ派は,濡れたことを赤ちゃんが直感し泣

いて知らせるのですぐ替えることができるためおむつが外れるのが早く，経済的で環境にやさしいことを強調する。そして紙おむつの成分がアレルギーや発癌性の原因となる可能性を指摘する。親がいずれかを選択するわけだが，親の選択によって外れる時期が異なる。つまり親が認識する社会状況と社会の教育目標，提供された環境によって子どもの排泄の自律時期が異なるのであって，それをこの子は発達が早い，遅いと子どもの罪にされるのは心外である。これこそ，保育・教育の対象を場所(トポス)ではなく子どもとする弊害である。今日，家庭で養育され幼稚園に入園する3歳児の1～2割程度がおむつ着用者で，年々増えているのも全国的な傾向でありアメリカの文化に近づいた現象といえよう。

　発達研究の資料として『桑名日記』『柏崎日記』にみる「状況の中での発達」で，おむつが外れた記述が残っているのは真吾10か月で「大小便共やる度に致し，二三日はむつきさつぱりよごし不申」[30)] とあるように首もすわらぬうちから子を抱いて排泄させていたことが記されている。また，おろくは「八月ごろより，しゝばゝ（糞尿）よくわきまひ，不調法いたすこと絶てなし」と記載されているように1歳4か月で自律している。中江は当時の子育てでは，「赤ん坊の時から頻繁におしっこをさせ，おむつに排泄する習慣をなるべくつけないようにしたようだ」とするのも，おむつや下履きをつけていないのが庶民の日常だからである。

　おむつと子育て文化の関係をみるのに，浮世絵は興味深い。人前でおおらかに授乳する母親や，遊びに興じる浮世絵の子どもたちは腹巻きの上に着物を1枚着ている程度である。「隅田堤花盛　子供遊図」[31)] には，腹巻きだけで相撲や籠かきに興じている子どもがいる。初夏の「江戸砂子子供遊　早稲田　蛍がり」[32)]，初秋の「戯童十二気候七月」[33)] にも腹巻き一つで蛍取りや灯籠遊びをする子どもの姿がある。遊び暦も12月，正月になると合わせや綿入れなどを着ているが，ふんどしや腰巻きは着けていない。それらが贈られるのは，男は15歳，女は初潮を迎えて成人として扱われるときからだからである。「春交加　鳥おひ(はるのゆきかい)」[34)] の絵は，おしっこのためにわが子を抱きかか

え，上がり口に立った母子像とそれを迎える犬であるが，排泄も着物をまくりあげて土間（寒い時）や屋外でさせている。ロゴフも歌麿の浮世絵から，親との密接な接触によって乳児の排泄がなされている様子をあげている。モースが驚いたと書き記したことは，「ふんどし姿」であり，子どもは「泣くことなく」「いつもにこにこしていること」であり「往来の真ん中を誰はばからず子供に乳房を含ませて歩く婦人」であり，「赤子を負ぶっている子ども」であり，「乞食の少なさ」「不具者の少なさ」などである。とくにふんどし1枚の日本人に度肝を抜かれて絵もふんどし1枚の人々が多い。自然的な子育ての中には，おむつ一つとっても，相手の欲求を読みとり応答する関係のつくり方が文化としてあるのだといえよう。その乳児期からの関係が社会参加を促すうえで欠くことのできない資質を発達させていたことになる。

わが子を抱きかかえ，おしっこのために上がり口に立つと，犬がお出迎え。

こま絵は鳥追いで，本来は田畑を荒らす鳥獣除けの神事であったが，新春の門付芸となった。新春の母子と鳥追いの組合せ。

（歌川国貞　文政4・5年頃）

図表2-3-2　春交加　鳥おひ

くもん教育研究所『浮世絵に見る江戸の子どもたち』小学館，2000

(2) 自然と食と排泄が循環する文化

　日本の子どもがパンツ（ズロース）をはくようになったのは，大正時代になってからである。神戸幼稚園，ランバス幼稚園の洋服で遊ぶ園児の姿（大正2,3年ころ）はまさにハイカラさんである[35]。その普及は速く，大正末にはほとんどの幼稚園の写真が洋服になっている。また大正時代後半には中学，高校などの制服も洋服に切り替わっている学校が多いことからも普及の

速さが捉えられる。幼稚園自体が外国の輸入であり、幼稚園に通える家庭は文化の最先端を行く人々であり、西洋の服飾文化もそのまま取り入れられたといえよう。しかし、明治生まれの筆者の母は、生涯にわたってパンツをはくことはなかった。着物にパンツほど不自由なものはないと口癖のように言い、なぜはかなければならないのか納得がいかなかったのである。乳児のおむつも洗い古しの着物を当て布にして使っていたが、這い這いが始まるころには外したので8人の子どもの排泄は、1歳前には自律していたようである。

① 糞尿文化の歴史的変遷

着物文化から洋服文化への歴史的転換が、乳幼児の排泄文化を変えたというより、糞尿処理文化と衣服の歴史が非言語性のコミュニケーションのありようを変えていったといえよう。李家正文は『古事記』『日本書紀』の時代から川屋（厠）があり、糞尿は川に流していたものが弥生時代後期、水田経営への転換が川屋から糞溜・糞壺に文化を変えて肥料として活用することになったものとする。おむつは、むつむ、むつむつしい、むつましいという意味で丁寧語の「お」がついておむつ、おしめになったものといわれる。『貞丈雑記』に皇子降下誕の折、襁褓（むつき）＊二帖納めたとあり「小児の大小便の用心に、腰から下に巻くものを、いまはむつきといい、下じもの詞に、しめし（おしめ）もあった」36) とあるように、赤子を巻く布を指したものである。余談になるが李家は、襁褓の襁は子を背負う帯紐を意味し、褓は、小児の被（おおうもの、かぶせるもの）を意味するので、おむつを指したり乳児を表したりすると解釈している。

しかし、かしづく者がいる宮中や武家の子息はともかくとして、庶民は昭和20年代まで自然のままが日常であった。子どもの裸は一般的で、人々は裸の子を自分の体で温め、裸足の生活を営んでいた。そこに赤ん坊のわずかな動きも読み解く関係、赤ん坊からすると親の動きを予測する関係が育まれ

＊ 「小児必用養育草」『子育ての書 1』にも「古き衣類または古き綿を、襁褓（むつき）として包み巻く」とあり、夏でも裸でなく巻くことを勧めている37)。

ていた。赤ん坊の裸は日本だけでなく世界共通である。また，寒い地方では，スウォッドリングのように赤ん坊を布で巻いてお尻のところだけ穴を開けて置くとか，藁を敷いたえじこに子どもを入れて上体は獣皮かねんねこなどでくるむが下は排泄するままにし，濡れた藁は肥料として新しい藁に取り替えるということである。

　裸から布おむつへの転換は，絹布や綿布が庶民にも行き渡るようになってからであるが，布おむつから紙おむつへの転換は，綿布から石油製品への転換で，洗って使う文化から捨てる文化へと再び社会的な意味を変えることになる。紙おむつの発祥は，ドイツに経済封鎖されたスウェーデンの綿布不足に始まるが，紙を何枚も重ねて布を当てたものから性能のよい吸水紙や防水シート付きに改良され，使い捨てができる便利さから世界に普及していったものである。日本では昭和20年代末紙綿が発売され，1963年に布おむつの内側に敷く紙綿製のライナーが発売，1977年アメリカから乳幼児用の紙おむつが輸入・発売され，1990年代にパンツ型など目的に応じて多様化し今日に至っている。

　動物である以上，食べると同時に排泄もする。排泄が長い時間，他者によって支配されているのは近代工業化した文化圏の人間だけである。身体的親密度の高い中で排泄物が体外に放たれていた時代は赤ん坊の生理も自由であったことを思うと，湿気と高温の日本の赤ん坊のおむつは自然(じねん)に反する文化になる。それも自然であれば1年前後で自律するものを人工的な環境に置くことによって2年，3年と延長している。李家は現代人は「衣裳をまとった文化人らしいが，文化人がなぜ裸や裸足になってはいけないか。現代人の不幸はそこにある。ときどき先祖帰りの生活をしてみることである。極論すれば，おむつがなぜ必要なのか，それを改めて問うてみてはどうか」[38]として，生得的にもっている動物の自然の生理のすばらしさに意識を向けることを提唱する。

　② 自然と食と排泄の循環とその社会的な意味づけの変容

　おむつ論争は，単に排泄の自律という問題ではなく，初期のコミュニケー

ションをつくりあげる問題であり，人間の自然と食と排泄の循環する文化の問題である。モースは「日本人はある神秘的な方法で，彼等の廃棄物や屑物を，目につかぬように埋めたり焼いたり利用したりする。いずれにしても卵の殻，お茶の澱滓(かす)，その他すべての家の屑は，綺麗にどこかへ持って行ってしまうので，どこにも見えぬ」[39]。日本人の簡単な生活様式に比してアメリカでは多くの廃物を処分しなければならない不経済に見舞われ，有産階級は綺麗に暮らしても貧民階級が不潔な状況を引き受けている問題を指摘している。動物の排泄物が自然循環して大地に還るように人間の排泄物も自然循環していた時代は，その仕組みが表に見え，シンプルで合理的な人々の生き方があり，根底に子どもたちにも社会参加を促す双方向のコミュニケーションが流れていたのである。

こうしてみると，日本の今の子どもの排泄の自律が遅れているととるか，文化がそれを促しているととるかは，視点の置き方の違いであり文化の解釈の違いである。昭和期になっても山下俊郎は排便の習慣は8～9か月ごろから，小便は10か月ごろからとし，排泄の自律を1歳半としている[40]。江戸期だけでなく昭和期と比較しても，平成の方が自律が遅れていると表現できよう。しかし，おむつを装着させ，水をふんだんに使い，石油製造品を1回で捨て，それをゴミ処理するだけの経済的余裕があり，子どもとの親密な関係づくり以上に親の自己実現を目指すことを是とする社会的な生活スタイルが，自然(じねん)としての人間の関係に勝ったとすると，社会の目標が人為的に自律を遅らせる方向を強めたと捉えることができるのである。

もちろんそれは排泄だけではない。睡眠，食事，着脱，清潔といった基本的な習慣形成も，生きるための睡眠や食と生産，身体の動きの獲得も，フォレやエフェ，アカの子どもや明治から昭和期の子どもと比較すると著しく遅らせている社会になる。自然(じねん)に反する子育ては，何倍もの手間暇とお金をかけて発達を遅らせていく社会的な文化としてあるといえよう。

このように子どもの成長発達は，歴史的文化を背景にしながらも，それぞれの社会が定める教育目標に照らして形成されていくものである。それが全

く自然の流れに反するものであり，子どもにとっては苦行であっても，その社会を生きる以上，幼い子どもにはどうすることもできない。その文化に適応していくことが発達することになる。今日の子どもが，乳幼児期から自然に逆らう社会に置かれることに非を唱えるとしたら，己の自然を使用せざるをえない必然に遭遇した時であろう。

§2　社会の中の教育と子ども

1. 文化の捉え方

　近世の歴史的・文化的営みの中での子ども存在を中心に地方，農村部，都市部の一現象をみてきた。人間の発達が，社会文化的な営みの中にあるとすると，「文化」とは何かという問いを整理しておくことが必要になる。近代学校制度の成熟は，寺子屋時代より文化が発展したといいうるのか，間引きや子捨てが行われない社会は，文化的で子どもが真の幸福を享受できる社会なのか，なかなか難しい。

　年号以外に「文化」という言葉が使われたのは明治維新からで，「文明開化」として旧来の文化を改良・一新する政治的意図があって生まれた言葉である。曖昧な日本人の「文化」の捉え方について柳田は，「文化という言葉をただの借物でなく，我々国民の生活用語とするには，ぜひとも最初にこれが無数の分子の，組み合わせから成り立っていること」[1]を承知して，毎日使い馴れて，気づかずにいるほど手近なものと，境涯と資力次第で利用可能な遠くにあるものが入り交じっていることを常識にしておけばよいとする。つまり，文化に一つのかたちはなく，総合体であり，それ以前の生活様式を前提として人間がつくりだしたもの，といえよう。柳田は，大人はそれですませるとしても子どもに文化を問われたら「文化は複雑なる複合体であるこ

と」「いかなる時代にもひとつしかない大きなかたまりであって，地方により，境涯により表れ方が少しずつ違うこと」「時代が進むとともに，文化の複合体はだんだんに変わっていくこと」「各時代の違った文化の中には多くの共通点があること」を教えるとする。さらに，よい文化の創設には各部分の諸調を図ることが必須条件で，独立してよいことであっても，少数の人々に便利であっても，今まであるものを圧迫妨害すれば新時代の文化を悪くしかねない，「文化の発達は人の力であり，人は神様ではないから誤りもあり得るということ」[2]を教えるとする。

　柳田は文化を定義はしない。文化諸分子の配合調和を研究すること，そこに歴代の変遷を貫いて伝わっているものと，新たに加わったものを捉えていくことを強調する。そうしないと人間は新奇性に目を奪われて，残してよいものまで消してしまう特性をもつからである。明治以来，欧米文化の輸入に奔走し，生活様式を改変して140年がたつ。文化が各部分の複合体であるということは，文化は各場所（トポス）の複合体であるともいえるが，学校文化は，はたして地域の歴史文化的な営みを消すことなく，うまく融合したのか，複合体を一（いつ）にする場所（トポス）も見失って混迷しているのか，もう少し，日本の「教育」をめぐる江戸期の文化に光を当てて捉えてみたい。

2．習い真似ぶ寺小屋

　江戸時代の寺子屋[3]は，享和（1801）以降の記録によると，関東，武蔵・上総・上野で949，相模・下総・下野で278，中部，尾張・駿河・美濃で1,267，三河・甲斐・飛騨で727，信濃のように一州で1,334と多いところもあり，9か国に調査漏れがあるとはいえ全国で16,560に達している。調査漏れ9か国を加えたら，数的には今日の全国の小学校数22,476（2008年度，学校基本調査）に迫るものであり，江戸時代の「教育」が世界でトップクラスにあったことが窺える。

(1) 寺子屋と藩校，家塾等の習い・真似び

　今日，「学ぶ」という言葉が学校教育を代表するとすれば，江戸時代は「習う」「真似ぶ」という言葉に代表される。手習い，見習い，聞き習いといわれるように，社会の中にありながら「習う」文化である。脇坂義堂が「この国の手習いは，唐土（もろこし）の『八歳にして小学に入る』というのに近く，大体8，9歳の頃から師につくが，それも十数歳までのことだ。その頃を過ぎるとみな家業があって勤めなければならないから」「まだ仕事を勤めることができずに遊戯する間に，油断なく学びなさい」[4]としたように，一人前に仕事を勤める前の遊びの時期の手習い・文字の読み書きである。

　しかし，1844年から1851年ころには従学年齢が6歳になり，様相も変わっている。『日本教育史資料』では，6歳から3，4年，あるいは6，7年，10年から20年にも及ぶ者があると記されている。そして，働きながら習う男子は30歳以上，女子は20歳以上の者もいたということで，幕末の世相が反映された次のようなものである[5]。

　　修業年限。凡男女共，六歳ヨリ少クモ三四年間，又ハ六七年，十年以上二十年ニモ及，銘々志ス所ヲ習学仕候。弘化初年ヨリ嘉永ノ頃マデハ，男子ハ三十歳以上，女子ハ二十歳以上モ有之候。大体男子ハ勤仕ノ暇ニハ就学致シ，町人子弟ハ凡ソ十七八歳位迄ニ候。
　　難事〔人情風俗〕。弘化ノ頃ヨリ嘉永ノ頃迄ハ前行申上候。女子年頃マデ従学致候得バ，近隣ノ父兄モ羨ミ候程躰ニ有之候処，其後追々風儀相変リ，近来ハ女子十二三歳迄モ従学致シ候者ハ，却テ悪様ニ申成。甚敷ニ至候得バ，一日モ早ク為稼候方，可然抔申ス程ニ相成候。

　従学年齢も，在籍年限も個々の目的に合わせて決めることができ，また6歳から10歳くらいまでは遊びと家事の合間に習うが，それを越えると働きながら習うというスタイルも，実用に即して行われるものだったことが窺える。地域によっては，峰山藩のように「平民の子弟は，統べて村々の寺僧或いは医師の宅に就き就学せしのみにして，―中略―只放任して父兄の志向に

従えり。故に寺子屋の名あるも，1年通じて学びしに非らず。農暇の候意に随ひて就学せしのみ」[6]とか，加賀藩のように「寒村僻邑にありては，三冬積雪の間を以て習字臨本の句読を受け，之を臨するのみ。春時に至れば，散じて耕耘に従事するものあり。牧童の群に入るものあり」[7]というように，農閑期の学校だったところもある。労働と真似びが適度に融合していた時代ともいえる。こうした事情で教科目もまた寺子屋によって異なり，寺子や親，町人たちは師を選ぶ際にも，習う目的に合わせて選択し寺入り（入学）を果たすもので，月謝も米や穀物など家庭によって異なり，融通のきくものだったといえよう。

（2）真似びの内容と方法

享保の時代（吉宗が寺子屋政策を実践した1716年ころ）は，図表2-3-3のように寺子屋の科目内容が大きく変わった時代である。全くの初歩的な読み書

図表2-3-3　寺子屋における教科目沿革表の集約

	承応1652～延亨	宝暦1751～享和	文化1804～天保	弘化1844～慶応	明治1868～	合計
第1類	7	24	303	2148	4573	7055
第2類	2	11	127	925	2035	3100
第3類		3	12	43	64	122
第4類		2	20	99	145	266
第5類	1		24	80	89	194
合計	10	40	486	3295	6906	10737

第1類：読書・習字・読習
第2類：読算・習算・読習算・算術
第3類：読習算礼・読習算礼画・読習算茶花謡・読習算謡・修身
第4類：漢習・漢学算術・和漢学・和漢学習・和学・漢洋算文
第5類：読習文・読習算文・読習算裁・読習医学・漢学仏学・其の他
（文部省 編『日本教育史資料』より，15,578寺小屋のうち北海道地方48寺小屋除く。）[8]

きの内容の場所から，専門的な学問を究める場所までがみられ，民衆の文化的要求が高くなっていることが窺える（図表2-3-4）。

　庶民の学びにはまた私塾があった。中江藤樹の藤樹書院，伊藤仁斎の堀川塾，荻生徂徠の蘐園塾，木下順庵の雉塾などは著名なものだが，政治・経済・産業・文化など指導者としての儒者，儒官を養成した最高学府である。江戸中期になると幕臣や藩士の教育を担う家塾が普及し藩校に代わる学校として，あるいは藩校を受けるまでの予備校，補完校として，藩校と家塾が並立して大きな役割を果たしている。とくに家塾は，藩士の子どものみでなく庶民の子どもも他藩の子どもも受け入れるという平等で均等な知識や社会礼法を授けたといわれている。石川松太郎[9]は，家塾が明治維新後，大学や高等専門学校の教授や高級官僚が，書生を自宅において保護し養成した無形の教育制度につながり，多くの人材を養成した点にその名残をみている。

　その中の一つ，広瀬淡窓の咸宜園は，年齢，学力，地位を問わない教育の機会均等，個々の資質を生かした努力を旨として，古典テキストの素読，講読，輪読，会談としつけを重んじ，「敬天」を理念とした教育思想を基軸とする。「『天』は万物を生みだし，万物を統御し，万物をいつくしみ育てる外在的な絶対者であると同時に，人間一人一人の心のなかに宿って人間性の自覚に導き，正しい道に誘い，幸せな生を保証する内在的な絶対者」[10]とする理想の具現化は，自然との語らいの中で子弟と交流するのである。

　一方，16歳で大阪に出て蘭学を学んだ緒方洪庵が1838年に開いた適塾は，原典・原書主義で，洪庵が一斉に教えるわけでもなく自治的な学習制度なり組織なりをつくって，オランダ語で書かれた医学書をテキストに辞書を引きながら独学し，臨床，解剖実験も行われている。ほとんどが塾生が主体となる会談や輪読が中心（今日でいうゼミナール方式）で，塾生だった福澤諭吉の言によれば，"布団を敷いて夜具をかけ枕をして寝ることなど一度もなかったほど，みんな勉強していた"という。日本で種痘事業を進めたのも適塾である。

　もう一つ吉田松陰の松下村塾は，近隣の下層武士を対象に読書，算術，兵

第3章　子ども観と共同体の位相　239

図表 2-3-4　幕末から明治を担った人々の学びの場所(トポス)

【昌平黌】（昌平坂学問所）〈林羅山の私塾～1797官立移管―1871閉鎖〉 江戸幕府の最高学府：学習内容，儒学・朱子学（陽明学） 塾長**佐藤一斎**の時の門下生―**佐久間象山**（慶喜に公武合体論と開国論を進呈），**横井小楠**（四時軒を開塾，松平春嶽の政治顧問，坂本龍馬・井上毅などが訪問），**中村正直**（明治の6大教育家の一人，同人社創立，福澤諭吉・森有礼・西周らと 明六社結成），**山田方谷**（儒家・陽明学者，家塾「牛麓舎」開塾），〔私淑〕**西郷隆盛**（維新の三傑，私(わたくし)学校開校）
【適塾】〈緒方洪庵，1838開塾―1868閉塾〉大阪藩 学習内容：蘭書（医書や物理書，オランダ原著10部）の会読（輪読）中心 門下生―**石阪惟寛**（陸軍軍医総監），**大鳥圭介**（蝦夷共和国の陸軍奉行），**大村益次郎**（日本近代陸軍創設），**佐野常民**（日本赤十字社初代総裁），**高松凌雲**（箱館戦争時の幕府軍の病院長），**武田斐三郎**（五稜郭の立案・設計，日本初のストーブ考案），**手塚良仙**（漫画家手塚治虫の曽祖父），**長与専斎**（大村藩の侍医，長崎精得館の医師頭取），**橋本左内**（陸軍軍医総監），**福澤諭吉**（慶應義塾大学創設）
【松下村塾】〈玉木文之進，1842開塾・吉田松陰1855継塾―1892閉塾〉長州藩 学習内容：子弟共学，『経済要録』『孟子』『礼記』『中庸』『論語』など塾生の選択で講釈，会読，順読，討論，対読等，元旦以外は学ぶ。 門下生―**久坂玄瑞**（長州藩尊皇攘夷派の中心人物），**高杉晋作**（倒幕の志士，奇兵隊創設），**伊藤博文**（明治憲法起草に参画，初代内閣総理大臣，初代枢密院議長等），**山県有朋**（奇兵隊の軍監，第3代内閣総理大臣，元老），**品川弥二郎**（薩長同盟の連絡役，内務大臣，現獨協学園・京華学園創設），**山田顕義**（初代司法大臣，陸軍軍人，日本大学・國學院大學の学祖），**野村靖**（宮内大丞，岩倉使節団員，神奈川県令，逓信次官，駐仏公使，内務大臣，皇室の養育掛長等），**飯田俊徳**（奇兵隊所属，鉄道敷設に努めた官僚，技術者），**渡辺蒿蔵**（奇兵隊に所属，長崎造船局局長），**松浦松洞**（尊攘派志士，画家），**増野徳民**（村塾の精神を継承した医者），**吉田稔麿，入江九一，前原一誠，有吉熊次郎**（倒幕の志士4名），〔親炙〕**木戸孝允**（尊王攘夷派の中心人物，版籍奉還・廃藩置県，憲法，三権分立国家の提言）

幕府の昌平黌，蕃書調所（1856年開設）や藩校だけでなく，塾主の個性と有志者の自発性を基盤とした私塾（1596～1868の開塾1493校，幕末はその数が急増）から近代国家を担う多くの人材が輩出されている。その中でも適塾，松下村塾の門下生は，全国から参集し時代を動かす力となった。
（梅原徹『近世私塾の研究』思文閣出版，1983，梅原徹『松下村塾の人々』ミネルヴァ書房，1993，海渓昇『大阪府の教育』思文閣出版，1998などを参照）

学，撃剣，兵式教練など，幕末の世相に合わせた内容だが，「師匠が一方的に弟子に知識や技術を注入していく教授ではなく，師弟の意気が投合し，和楽のうちに書を読み道を語り合うのを理想とするものであった。それゆえ，田畑でともに鍬をふるいながら，また納屋でともに米を蒔きながらの指導」[11]によって時事問題，社会問題を論じ合うという，まさに新教育運動が目指した生活教育・労作教育に通じるものがある。吉田松陰は刑死したが，世に送りだした80名の門弟は明治維新，維新後の日本を担う人々であったことは周知のことであろう。

　封建的身分制度下での学校である。寺子屋が庶民のものであれば郷学は成人の学び舎，藩校は藩士養成学校であり，私塾・家塾は最新の高等学府であったことが窺える。藩校は，江戸時代中期から幕末・明治初期にかけて諸藩が設立したもので，藩士の子弟に漢字の教養を施すことを目的にした義務教育機関である。幕末には平民の子どもも入学させており，藩校によっては7歳入学，15歳で修了とするところ（比率28.8％）から，20歳（62.5％）が多いが，水戸藩のように15歳で入学し40歳以上まで学ぶ機関もある。教科書は四書（大学・中庸・論語・孟子），五経（詩経・書経・礼記・易経・春秋）＊を中心に取り扱われているが，幕末になると和（『日本外史』『日本政記』『国史』『皇朝史略』），漢（『左伝』『国語』『史記』『漢書』）の歴史，算術，医学，洋学，天文学，音楽，故実などが急激に増えている。

　図表2-3-5を見ると講義定日以外は独学・自習が多いことに目をひかれるであろう。学ぶ者はこの課業日割を生かして自分自身の生活に織り込むわけである。習う，真似ぶ学習スタイルは，寺子屋であろうと藩校であろうと同じで，当時の日本の「教育」が人々の自己教育を基本においていたことが

＊　四書五経　　南宗の儒学者朱熹が，曾参の『大学』（儒学入門の自己修養の書）と子思の『中庸』（『礼記』中より）（孔子の孫の伝収授心の書），孔子の『論語』（孔子と弟子たちの言行録），孟子の『孟子』（孟子とその弟子たちの言行録）を編纂して四書とし，儒学入門の書物とした。また唐の太宗が，『周易正義』『尚書正義』『毛詩正義』『礼記正義』『春秋正義』の経典を『五経』とした経学研究の基本書。科挙（官僚登用試験）の科目に採用され広く読まれた。

図表 2-3-5　明倫館の生活時間

午前6時〜	起床，うがい，結髪，講堂に入って経書を温習（復習）する。
午前8時〜	講堂退出，厨に入って会食，舎（学問寮）に帰って喫茶。
午前10時〜	舎において自習，講義定日には講堂に入る。講義がすむと舎に帰って自習。
午後2時〜	会食，舎に帰って喫茶，会業日以外は遊息。外出したものは午後6時までに帰舎。
午後6時〜	舎において，自習，会読。
午後10時〜	課を終わって安息。特別の必要があるものは，12時まで勉強を許す。

図表 2-3-6　明倫館の講義内容

科＼等	初等	中等	上等
孝経・大学科	孝経素読		大学素読
論語・孟子・中庸科	論語素読	孟子素読	中庸素読
五経・小学科	詩経・書経素読	礼記・春秋・易経素読	小学・家語素読

窺える。p.124のレディのアボッツホルムの学校と比較しても芸術と労作の時間がない分，学芸に向ける時間が多いことがわかる。明倫館が移転した1846年には，幼年・少年・青年・壮年を一つの環境の中に呼吸させて藩士の一体感や誇り，責任感を培う総合的な真似び舎として衣替えしているが，文武両道を目指した明倫館は，等級制を導入している。小学生課業次第には，3科目8等級に分けて，毎月3回試験し，合格したものを昇格させる仕組みを作り，15歳になっても小学生課程を終了しない者は，大学生課程に進めず，ここに残留するものである[12]。

ちなみに大学生課程は，「孝経・小学科，大学・論語科，孟子・中庸科，詩経・書経科，易経・礼記・春秋科」の5科5等級があり学習法は「聴講，会読，独看」で，石川は年2回の進級試験があったと推定している。小学課程は素読を基本とし，大学課程は聴講，会読，独看というゼミナール方式

で，いずれも身体に染み込ませる真似びのスタイルであることに変わりはない。

(3) ともに真似び合う市井の教育観

　藩校はやや強制，あるいは強制であったが，寺子屋や私塾，家塾などいずれにも共通していることは，師弟の自由契約であり，自学自動であった。また，家塾などは独学を基本として，輪読や会談など「ゼミナール形式」の授業が展開されていたことである。江戸時代の身分制度を越えて浸透した教育については，ロシア正教会の宣教師ニコライが「確かにこの国の教育は高度のものでも深い奥行きのあるものでもない。だが，その代り，国民の全階層にほとんど同程度にむらなく教育がゆきわたっている」「日本人は，文字を習うに真に熱心である」[13]というように，拡がりのあるものだったといえる。

　幼いころから，書に親しませる大切さを述べた書物をあげればきりがない。『安斎随筆』でも「小児が三，四歳ころから玩び物として筆と紙とを与え，常に筆を取って紙に墨をつけることをし習わせると，いつのまにか筆を使うことをし習って，手習いの時の助けとなる。手習いは五，六歳から好むだろう」とあり，また江村北海は『授業編』10巻の中の第1巻『小学』(1783)で，子どもが2，3歳ころから土産に絵草紙（絵入りの二四孝）を買って与える。他の人もこの子は本が好きだと思うと土産やお年玉に絵本をくれるようになる。「絵のある本を与えておけば子どもは『絵解きをして』とせがむ。その時，二四孝からはじめて，『これは舜という聖人，これは象という獣，舜が親に孝行だったので』」として子どもを育てると，『孝経』も覚え『大学』も半分以上覚えたとする。さらに中村弘毅の『父子訓』(1811)には「七，八歳ころより，四民ともにまず手習いをなさしむべし。ものかくことは，人たるものゝ，第一の芸にして有用有益，たふとき事，上なきものなり」[14]として手習いを覚えることを四書五経などの古典を読む初めとしている。「学問とハ，よき人になるべき稽古することなり。人と生まれてよき人とならずハ，身を保つことあたはず。家を亡し，先祖の祭りも絶るにいたるべし」[15]と学ぶ目的も記されている。

ニコライが，高度のものでも奥行きのあるものでもないとしたのは，手習いの初等教育ではなかろうか。「いろは」の基礎ができればあとは「四書五経」などの専門書を独学するのが学問を究める方法だったからである。たしかに実用を本意とし，わび，さびの文化をもつ日本の学問は，西洋のような論理に重きを置いた学問ではないが，実用に即し，文武両道の道を極め悟りの境地に至る精神に比重を置いた教育があったといえよう。また，緒方洪庵の適塾のように原書で自学自動する家塾など，高度で奥行きのあるものもあったのである。家塾では欧米と比較しても見劣りしない，ゼミナールを中心とした，あるいは生活教育，労作教育を軸に置いた見方によっては，後の新教育思想に通底するような実践がなされていたともいえよう。

　家塾・私塾の教育史的意義について石川謙は「教師その人のもつ学問と徳とを中心として，その及ぶ範囲を限界とした共同学習であったこと」「学問上のいずれかの一派一流の学統の上に立った教育であったこと」[16]が，近世後期から幕末にかけて最盛期を迎えながら，近代学校が普及すると表舞台から消えていく運命にあったとする。しかし，民衆の間に伝承されたすべての子どもの初等教育の必要性，学び習う意義や師弟の関係，真似びの材料やゼミナールという方法は，その後も日本人の学びのスタイルとして戦前までは人々の身体に残されていたといえよう。また今日も民族の系譜として宮大工や漆器職人などの技術職や専門職の中に残っているといえよう。

　そして，寺子屋は常に共同体の中にあり，子どもの生活と遊離していなかったこと，私塾や家塾も時事問題，共同体の問題を念頭に置いた生きた学問をしていたこと，社会の目標が手習いの初等教育をすべての子どもに提供することを目指していたこと，真似ぶ時間的制約もなく，師の選択の自由，機会均等，平等意識が市井にあったことなど，注目することは多い。

　また，当時の親や近従の姿勢も，何かを教えるというより，親自身，近従自身が自分から学問や武芸に励むことを推奨している。『父子訓』では「すべて幼少の者は，万事，人真似をするものだ。その中でも天然の血筋で父兄を他に並ぶ者のないほどすぐれた者と思い，何事も父兄のすることを手本に

するものだ。だから父兄がそのようにすれば，子弟は自然に，八徳（孝悌忠信勇義廉恥）および文武の諸芸をも，し覚えるものだ。これは，打たず叱らず，身をもって子弟を導く方法だ。これを徳行という」[17] ここに真似ぶ時代の場所(トポス)のありようがある。モースが「善徳や品性を，日本人は生まれながらに持っているらしいことである。衣服の簡素，家庭の整理，周囲の清潔，自然及びすべての自然物に対する愛，あっさりして魅力に富む芸術，挙動の礼儀正しさ，他人の感情に就いての思いやり―中略―これらは恵まれた階級の人々ばかりでなく，最も貧しい人々も持っている特質である」[18] という特性は，真似び合う場所(トポス)の教育的な作用である。意欲や態度は自然に習うもので，真似ぶ人と一緒にいる時間をもつことなしには伝播していかないのである。翻ってそこに今日の子どもたちが置かれた場所(トポス)の貧しさがある。真似びたくても真似る人がいない，習いたくても習う人々の暮らしがないという苦悩である。

　近代学校が，子どもを社会から遠ざけて知識の教授という特別な配慮を行った結果，子どもは文化的によりよくなったのかというと，そうとも言えない。生活文化の営みから隔離された子どもたちは，逆に文化を失うという陳腐な現象に見舞われているのである。人間の文化という改良作業に誤りがあるとしたら，「社会参加」から人間を隔離することであろうか。

　レイヴとウェンガーが「学習者は否応なく実践者の共同体に参加することであり，また知識や技能の習得には，新参者が共同体の社会文化的実践の十全的参加（full participation）へと移行していくことが必要」[19] だとするように，周辺的参加から十全的参加*[20] に移行するところに学びがあるとする視点を忘れてきたといえよう。つまり，社会的世界に位置づけられた「変わり

＊　周辺的参加と十全的参加　　"周辺性"は積極的な言葉で，切り離された"部分的参加"とは異なる動的な概念。「共同体によって限定された参加の場における存在には，複数の，多様な，多くあるいはすくなく関わったりつつみ込んだりする仕方がある」。この周辺的参加が向かって行くところを「十全的参加」という。「十全的参加」は，共同体の成員性の多様に異なる形態に含み込まれる多様な関係を正当に扱おうと意図したもの。

つづける参加の位置と見方こそが，行為者の学習の軌道（trajectories）であり，発達するアイデンティティであり，また成員性の形態でもある」[21]ことを忘れて，学校が客として子どもを招き入れているかぎり，学習の軌道もアイデンティティも成員意識も形成されないということである。平民が自らを省察して平民の歴史を残すことを目指したように，子どもが"変わりつづける参加の位置と見方"を自ら省察し自分の学習の歴史として残していくところに学校教育の客から脱却する道がある。

　バイ族やユカタンの産婆，あるいはエフェやアカの子ども，江戸時代の育児・教育を振り返ることによって，どんなに社会が激変しても，われわれの思考や行動様式は人々の生活に残っている歴史的・文化的営みに基づいており，それは参加によって体に刷り込まれアイデンティティを形成するものであるという，今日の学校教育の忘れ物を思いださせてくれる。

§3　共同体の位相と場所（トポス）

1.「構造」・「循環」というテーゼと場所（トポス）

　教育対象を場所（トポス）とし様々な位相を捉えてきた論の最後は，「構造」と「循環」というテーゼに視点を当てて考えたい。周辺的参加から十全的参加へと変わりつづける参加の位置と見方は，学校という共同体に我が身を置いて成員とともに状況を生きる過程であり，自他の変わりつつある可能性を認識する過程でもある。この変わりつづける参加と見方は，個体の構造と学校共同体があるネットワークと循環構造をもっていることを条件としている。

　第1章でみてきたように，教育学は基本命題によって学を構造化してはいるものの，それは静態的な固定化した論となって動態である実践と遊離しやすい。そこに，人文・社会科学の掲げる構造主義（何らかの構造の型を重視す

る立場）が構成主義（新しい構造は旧い構造を含みつつ統合し常に新しく構成するとする立場）の人々に批判される問題が潜んでいる。構造には，人間の思考の枠組みを生成変革していく構造構成もあれば，学問の構造，政治や経済，社会の構造といった系や制度の構造もあるが，ここでいう構造は，人間の思惟我としての構造（思考の枠組み）の構成をテーゼとしている。

(1)「構造」を構成する要素の位相

ギリシャ時代までと今日の日本の思惟の構造構成は近似するものがあるが，それ以降，欧米とは大きく異なっている。

① 西洋的視点での構造構成

構造は環境というネットワークに包まれている変換体系であり，全体性と変換と自己制御の3つの性格を含んでいる。ピアジェは，「構造は要素から成るが，要素は，体系そのものを特徴づけている法則にしたがっている。そして，この合成とよばれている法則は，―中略―集合の特性を全体そのものに付与」し，2つに「構造を構造化する活動は，変換体系からのみ，成り立ちうる」もので，「構造の第三の基本的性格は，自分自身を制御する」[1]という個人的構成主義（下位構造から次第に高い水準へと自己制御して自らを構成する）の立場をとる。一方，ヴィゴツキーは，全体性と変換と自己制御が社会的な要素に大きく影響されることから共同学習・社会的相互作用の学習によって構成される社会的構成主義[2]の立場をとる。現実の社会現象や実態，意味は，人々の感情や意識の産物で，それを離れては存在しないとする社会学の立場である。メルロ＝ポンティは有機体の反応は内的統一をもった動作でゲシュタルト（全体図式）は，「〈意味〉という観念より，むしろ，〈構造〉という観念である」[3]とする。人間の行動は自ら環世界[*4]とかかわり，知

＊　環世界　　自己を取り巻く環境。生命的秩序は人間を含めた生物体が自己の環境＝環世界とかかわりながらつくりあげるもの。身体とは，世界と精神とを結びつけて一つの体系へと構成する諸関係の束。

覚的ゲシュタルトを基礎にしながら抽象的な表象と記号による「ゲシュタルト」を形成していくとする構成論[5]である。

② 日本的な視点での構造構成

自己を絶対的な基軸として環世界とかかわる欧米的な構造構成に対して、日本人の構造は、現実の場所(トポス)の中で意識される現象として統一作用（理想的要素）を構成するものである。西田は、感覚とか知覚は思惟によって構成されているもので、構成的思惟に対して与えられるものは経験界ではなく主客合一の直観界、つまり純粋経験だとした[6]。西田のいう、主もなく客もない心身合一の純粋経験（統一的直観，知的直観）が、我を実在させていく。そうした意味では、全体性と変換と自己制御という構造の性格は、西田の言葉を借りれば、〈無の場所〉と〈統一作用〉と〈純粋経験〉という性格に置き換えることができよう。意識野を突き抜けた絶対無の場所に自由をすまわせることができるのは、「己自らにて働く自由」の所産であり、日本的な「無」の構造に特徴がある。「無」が構造をもつのかといわれるだろうが、構造のない「無」はありえない。「無」の構造とは、人間実存である純粋経験が主体となって、場所(トポス)にある輻輳する要素から理想的要素を構成して（統一作用を行って），純粋経験がしっくりいく感覚・意識の累積によって、達悟に至るものと考える。

西田は"善はただ一つ，真の自己を知る"ことに置いた。主客なき純粋経験によってのみ真の自己を知ることが可能とする述語的な論理は，欧米化された今日も日本人の深奥に潜んでいる思考の枠組みではなかろうか。

〈無の場所〉は漠とした〈全体性〉より実存性を帯び、〈統一作用〉は〈変革〉より現実の中でよりよき理想を要素として構成し、〈純粋経験〉は理想に向けた〈自己制御〉より我の五感覚がしっくりといく共通感覚(センスス・コムーニス)に基づいた行為的直観・知的直観をもたらす。構造主義でもなければ構成主義でもない、「無」の構造が"知る・悟る"という実存を成立させていくのである。〈無の場所〉〈統一作用〉〈純粋経験〉は、もともと現実の中にある開かれた系で、すべての構造と連なる位相をつくっている。学習が組み立てられ、変

化し，再組織化されるためには，場所と作用し合い関連づけ合って統一的直観・知的直観を強化していく純粋経験という主体が，絶対無の場所に潜んでいることに注目することだろう。近代学校は，西洋的思考の枠組みで学校の現象をつくってきた。そこに限界が生じているとき，さらにまた西洋の思考の枠組みを導入するのか，純粋経験を主体とする述語的な日本人の構造にも光を当てるのかである。

(2) 構造構成の要素を考える4視点

構造は，種々の要素の結びつきや全体性との関係によって構成されていくのであるが，一般的に捉えて，人間が構造を構成する要素を考えるには，大きく4つの視点があり，それらの要素が循環しているのではなかろうか。その要素の比重，構造として構成された現れは，民族のもつ根本にある枠組みを基盤にしていると考える。

① 思惟的生の要素と自然的生物的発展

1つは，重力に支配される人間の心身と生存可能な条件を提供してくれる自然界と循環しながら構成する思惟的な生の要素である。これは「① ある範囲の温度と湿度の下で，② 光を浴び，③ 水を飲み，④ 水及び土壌が生産する動植物しか食べられない」[7]という事実に基づいた場所(トポス)の中で生成するものであり，人々に自然的生物的発展をもたらす。その要素は，衣食住および休息，活動（学習や遊びを含む）など生きることへの〈興味，自己活動，練習〉による自己組織化への感受性である。「直観は自ら思惟を含まなければならないと共に，思惟の徹底は自ら直観に至らねばならない」[8]無の統一に感受性がある。四季の変化，音や色彩感覚，衣服の選択と調整，自然界の味覚，食文化と洗練された箸文化など，自然と同化する日本人はこの思惟的な生の要素に実存を見いだしてきた。価値的発展を目指す教育学はこの要素を含まないが，この自然的生物的発展への過程，つまり自己組織化の構成過程が，場所(トポス)の中で統一作用を行い純粋経験によって全体世界を構成するからこそ自己教育の可能性が大きくなるという関係にある。この思惟的な生の要

素が，生きることにおいて第一義的なものであり，共同体の身体知としてのアイデンティティのルーツとなるものである。

②　文化的3Cの要素と世代循環

2つに，群として生きる人間は群の掟・ルールに従って異世代と循環する。文化としての掟である3Cの要素を構成する場所(トポス)は，同世代・異世代の人々が普遍意思を醸成し，世代循環するところである。3Cとは，care（保護する，世話をする，人や物を大切に思う気持ちから気にかける），concern（関係する，かかわり合う，心配する），connection（関係づける，結びつける，つながり）である。かつて，気にかけ，かかわり，つながる場所(トポス)は基体の存在根拠を確認するものであったし，死後も人々とつながる世界，知天や悟りが伝承される社会の構造をもっていた。保育や看護，家事などの非生産的活動や，遊びや芸能，物語世界などは3Cの伝承によって支えられてきたわけで，長い年月を経て人々が生みだした文化の伝承でもある。今日でも家族や地域の人々のつながる時間・空間が保障される社会では，家族や他者のために人生の時間を使う喜びがあり，環境保全，生活文化や生きる知恵の伝承，心身の鍛錬と生産の喜び，他者との絆，共通の倫理的価値意識などにつながる要素を人々の純粋経験の中に生みだしている。教育学は，これも価値的発展に含まないが，家庭や地域社会の中で3Cの要素が思惟構造に織り込まれる経験が薄らいでくると，学校をつながりのない殺伐としたものにしていく。

③　純粋経験の衝動と生涯発展

3つに，乳幼児期から発展させてきた自らの実存を自得する純粋経験は，生涯にわたって発展させたい衝動をもつ。精神には，あるもの（存在）からあるべきもの（当為(じねん)）へと自らを高めようとする自然の欲求があるからである。自然を場として自然と融合する日本人は，見えないものをみようとし，そこに当為を置いて天命を悟る真の道を探しつづけることに実存を賭ける。西田は「眞の目的因は動力因を包容するものでなければならぬ。動力因は時の中に働くが，目的因は時の外に働く，時はその表現となる」[9]として，動と静の合一に永遠の真理があるとした。日本人の生涯に流れているものは学

校的学びというより，神道や禅などの自然観に基づいた独学独行の学びではなかろうか。本居宣長が「神道に教への書なきは，これ眞の道なる證也。凡て人を教へておもむかするは，もと正しき道にはあらず―中略―教のなきこそ尊けれ，教を旨とするは，人作の小道也」[10]というように，内なる声を聞きながら教えのない道を歩む。それは「多様な信仰や思想を包容し共存を肯定する日本人の真意は，日本人の心情の拠点が思想自体にあるのではなく，実存自体にある」[11]からである。概念に主体があるのではなく，自分が自分として生きている実存；純粋経験に原点を置く生涯学習の考え方であり，己と対話し達悟の境地に至るところに自得が生まれるのである。狭義の教育学は，これも教育学の価値的発展の範疇に入れないとしてきた。「教えを旨とする」学校と生涯教育とは一線を画してきたのであるが，本来，学校教育も生涯につながる"自学自動""独学独行"の学び方を学ぶところのはずである。

④ リテラシー要素の構成と学校

4つに，近代以降すべての子どもが自己および他者と思想を交流する道具として"表象と記号"を学ぶ学校が誕生した。読み書き計算といわれる操作は，パロール（parole：話者が生みだす具体的な発話）によってラング（langue）の体系を獲得し，それらを文字や記号を使って表象し，記憶を維持して，主体に自覚的な省察をもたらすものであり，学校知の主要なテーマになっている。表象と記号のリテラシー獲得によって，知の構造は大きく飛躍する。人は何のために生き学ぶのか，悲しみや苦しみを背負ってどこに向かうおうとするのか，喜びを分かち合い，どう自然と共存するのか，そうした問いを己に向けて思索し，自分の人生を自分で綴ることを可能にするからである。ある期間，囲い込んだ空間で取りだした記号，知識や技能を系統的に学習し表象する学校の機能は，論理性や先見性，秩序や歴史の交換，相互省察といった要素によって全体図式を明瞭にはする。

篠原は自然の生成変化や合目的的発展（種の保存と繁栄および文化の存続発展）は教育学の対象ではなく，学的対象はあくまでも「精神的発展即ち自然

から価値へ向上し行く自由な発展であり—中略—自然を価値へと導き上げる作用」[12]とした。しかし，知的作用は，意識作用の一種で判断や知覚だけでなく感覚・情意的意識も含む。とくに就学前教育は感覚・情意的な知的作用が優位性をもつ。自然から価値へ向上する自由な発展を，西田流に解釈すれば"判断的知識とは物と物との関係の知識であり，意味は他との関係に於て成立するもので，時は連続の一種で変じるが，変じないものとの相反する反対性の根底に同一のものがある。その自己同一なるものは，肯定即否定によって述語的なるものが主語に転換するとき，そこに連続的統一が生まれる"[13]ということになる。判断的知識の根底にある自己限定された具体的一般者（主語となって述語とならないもの。「これは赤である」の判断は，「これ」を自己限定して具体的一般者において赤が成立する。赤は他者においても赤であるとき，特殊が一般となる。特殊は一般を包摂し，一般は特殊を包摂する）を構成するのは述語的主体であることを思うにつけ，リテラシーを獲得する述語的主体が場所(トポス)に位置づけられる必要があろう。しかし，今日では教育学がリテラシー獲得の目的としてきた価値的発展の内容も薄らいで，道具（主語的な知識）の伝達が主となっているため，思惟構造が構成されにくいのではなかろうか。

(3) 現代の"包摂"への取り組みと可能性

100年あまりの近代学校制度が行き詰まった課題解決のために，「生きる力」が掲げられたのは1996年である。答申文に次の時代の教育課題は"自分で課題を見つけ，自ら学び，自ら考え，主体的に判断し，行動し，よりよく問題を解決する資質や能力であり，また，自らを律しつつ，他人とともに協調し，他人を思いやる心や感動する心など，豊かな人間性であると考えた"とあるように，学校知として課題解決リテラシー（ここではある分野の事象を理解・整理し，活用する能力）と関係構築の能力を，自ら包摂し構成することが強調された。当時から脱学校化のための模索がなされていたが，その中にケアの要素を加えた構造の再構成や生涯学習社会への構造の強化があ

る。教育学が排除してきたこの2分野の要素を，学校教育に包摂することが，人間の真の発展につながるのだろうか。

① ケアの要素を含む知識の再定義

脱学校化の1つの視点として，スクールホームがある。マーティン[14]は，家庭を空白にし暴力を生む現代社会の出現は，教育における家庭の貢献を見落としてきたためで，学校が家庭の代役を求められる原因をそこに置く。そして，家庭，学校および世界の価値を配置し直す役割を果たすスクールホームを思考する。一方，フリースクール運動を展開するホルト[15]は，教師からの圧力や恐れを感じない「適正」な環境として「家庭」で学校教育を実践することを提唱する。2人の違いを『スクールホーム』の訳者生田久美子は，いずれも「『家庭』の教育的意義を再評価しているという点において共通の認識に立っている」が，ホルトの家庭概念を物理的，機能的にとらえるホームスクールに対して，マーティンはモンテッソーリの「子どもの家」が内包したケアの「安らぎ」「親密さ」「愛情」の要素を取り入れた「家庭の道徳的等価物」としての学校を描いているとする。そしてマーティンの3Cが働くこの思考実験を「スクールホームが示唆する『教育』という営みの再定義が，最終的には『知識』の再定義に収斂されていく」[16]と論じて，知識の新たな属性に注目する。ホルトの物理的・機能主義に対してマーティンは要素を取り入れることによって構造を変革するという違いがあるものの両者とも，ケアが成立する機能・要素を学校の要件にすることによって，脱学校化社会を模索しているのである。

かつて，世界の新教育運動は3Cを掲げて学校化からの脱却を図った。その3Cは飼育，園芸，栽培といった労作への"参加・共同作業，世話をする，関係する"ことであり，マーティンらとニュアンスは異なるが，"状況性，参加・共同作業と，知ること生きることの関係性"を見直すにおいては同じである。労作はある意味，自然を外ではなく内にもつ日本人には，一体となれるものであったと思われる。しかし，学校が論理上はケアと教育の構造を一体化できても，ケアされ養育される子どもの側，家庭や地域社会の

人々の意識の底流にある論理が斟酌されないかぎり難しい。現に就学前教育が保護と教育の一体を謳うことで教師は教授・養育を強化したり子どもの遊びを手の内に置いたり，保護者は過剰な養護と教授を要求したりするなど，混乱を招いている。これこそケアを自然(じねん)に学ぶ機会を失った時代の不安の現れであろう。

　太古の昔から日本人は，他者に気配りしつながり合う共同体の意味世界を生きており，西洋化したとはいえ万人の根底にそれが流れている。今日でも「義理と人情」の言葉が表すように，表に義理を置きながらも，私的には人情で采配し情念を秘めるといった，世間と自分の間にある空気によって行為的直観を働かせ統一作用を行う構造をもっている。そうした民族にとっては，間にある空気を身体でよみつつ行為する中で気にかけ，かかわり，つながる要素が獲得されるが，教育においてケアを要素として取り入れると「べき」論として自然(じねん)から離れた学習がなされかねない。ケアの要素は学校教育における知の要素として構成できるような生易しいものではなく，場所(トポス)において幾世代をつないで真剣に，生きる，営む，つながる中で自らの身体にすり込んできたものである。事件が発生するたび学校がどんなに善悪の是非，他者への思いやりを教えようとしても定着しない現象からもそれが類推できよう。共同体の意味の構成状況を生きる必然として，自然（環境）や人やものをも含めた多様な関係性が，有機的・円環的に機能している中で自然(じねん)に見いだすことでしか獲得しえないものを学校知として取りだす危険を孕んでいる。「無」において統一作用を行う日本人の構造に，ケアの要素を取り込むためには純粋経験の場所(トポス)が必要であり，学校生活自体をその場所(トポス)とすることが求められる。学校は3Cを内包する要素の導入によって個々の構造を変革させ新たな学校現象をもたらすのか，すでに，統合教育や特別支援学校との交流，中・高校生の保育参加，義務教育諸学校の教員養成における介護体験など，ケアを教育に取り込むための実践が行われているが，興味深いところである。

② 生涯学習という構造の位相

　生涯教育というアイディアが提唱されたのは1965年である。波多野完治は，「生涯教育は人類のいままでやってきた教育活動の必然の結果であり，またこれからの人間生活の唯一の活路である」[17]として，教育活動が生涯教育へ行きつかざるをえない世界の変革を予見した。提唱者ラングランの問題意識は，「人間にとって存在とは常に挑戦の連続を意味してきた」が20世紀初頭からの人類の挑戦は加速度的で，「もし努力を怠れば，人は，自分が生きていくことを強いられる環境の中で異邦人となってしまう」「自分自身の存在の特質を認識しなくなり，逐には自分自身も認識しなくなってしまう」[18]という危機感である。情報に対する批判的精神や選択能力の涵養，余暇の増大に伴う自由時間の教養，生活様式と人間関係における新たなモデル像への挑戦，肉体や感情の価値を犠牲にして理性の価値を拡大した結果の肉体と精神のギャップを埋める方法，そしてイデオロギーにおける自律と自由の危機に対応しなければ，人は自己存在を失ってしまうという危機意識は筆者たちも日々，体感的に保有するものである。

　生涯学習社会（ハッチンスが著した『学習社会論』（1968）から生じた用語。生涯教育が施策的意味をもつとすれば生涯学習は個人の行動様式の変容に意味を置く）への転換は，「教育の時期」「学習の場」「人生」の解放で，近代学校制度が「教育の時期の限定」「学習の場の特化」「教育による人生のランクづけ」に努力した枠組み・学校のもつ外枠の構造の見直しである。この提言と前後する，ライマーの『学校は死んでいる』[19]や盟友イリイチの『脱学校の社会』[20]も，学校という制度に長時間依存すればするほど，大勢順応が求められ飼い慣らされるとして，物と人のネットワークによる学校制度の大転換を提唱したものである。ラングランは生涯学習社会に移行するには，義務教育期間の教育課題の重要性を指摘する。「高校を卒業した者が，それまで12年かけて学んだことは，2年で楽に覚えられる，ちょっと努力すれば1年でも覚えられる」[21]というような教育では困るからである。それは，どのような構造構成の資質が形成されれば生涯学びつづける人間が形成されるのか，個

体と環世界との作用を見直していく作業でもある。

　日本も生涯学習の思想枠を取り入れて四半世紀がたつ。自己を主体とした欧米の枠組みは，変革する社会に対応するため生涯学びつづけることを主体に求める。生涯学習を社会の理想として掲げることで，そこに向かう強靱な自我を形成しようとするのである。しかし，述語を主体とする日本人の構造からいえば，生涯学習の枠組みはこの逆になる。日々，学んでいる人々の相互作用がある場所(トポス)の中に自分がいて，自ら学んでいる利那，利那の純粋経験がしっくりいく感覚を己にもたらすから学びが持続する。結果としてそれが生涯学びつづける述語的主体を形成するというものである。理想に向かって自己を制御するのではなく，純粋経験から形相なき「無」の要素を構成するといえようか。西田自身が，「形相を有となし，形成を善となす泰西文化の絢爛たる発展には，尚ぶべきもの，學ぶべきものの許多なるは云ふまでもないが，幾千年來我等の祖先を孚み來たつた東洋文化の根柢には，形なきものの形を見，聲なきものの聲を聞く」[22]としているように，形なきものを求めていく過程に構造構成の意味の成立があるといえよう。江戸時代，寺子屋等で読み書きの基礎を学べば，あとは生きることが学ぶことであり，生涯にわたって独学し，働き，遊び，悟りに至る厳しくも楽天的な道程があった。学校化された社会構造の中で目標として掲げられる悲壮感を伴った生涯学習の拡大ではなく，福澤諭吉や西田らのように真正を求めて「独立独行でいく」生涯学習[23]は，今日も多くのモデルとして私たちの身近にある。その道程を旨として純粋経験の積み重ねに生涯学習がつくりだされる構造は，日本人の底流に根付いているものである。そう考えると，生涯学習を目標とする社会は非常に窮屈ではなかろうか。

2. 場所(トポス)における教育の位相と循環型社会*

　生きとし生けるものすべて環境との循環作用によって生命を維持しており，循環のない世界は生きられない。高等動物である人間は，自然循環だけ

でなく自ら様々な循環をつくりだして，生きる環境を支配しようとする。ときにはそれが自然の摂理に反することでも循環している間は気づかず，循環が滞って初めてその無謀さに気づくのが常である。学校も構成員の生きる環境を支配しすぎると循環が滞り自然の摂理から離れていく。

(1) 自然(じねん)の理性的共同体

　前章で筆者は学校における理性的共同体を，"共同体の目的を理解し，関係をつくりだす行為に理性が働き，一人は他者のために他者は一人のために自発することが可能な集団"と定義した。集合としての共同体ではなく理性的共同体にこだわる理由がある。それは多様な意味を構成する場所(トポス)だからである。循環型の「人間の生産活動と自然生態系が共存する社会」[25]の実現は，そのまま学校における"人間の知の生産活動と自然生態系の法則が共存する社会"と置き換えることができる。生き物の生存が生態系の中にあるように，人間がどんなに高等であろうと生物を越えることはできず，生命の連鎖の中でしか持続可能な存在になれない。理性が自然(じねん)の表れである以上，教育が目指す目的は統一作用を行う一者が他と共存する社会にある。その理性を芽生えさせ，理性が我を共同体の目的とつなげる要素とは，生物の共存，持続可能性にいきつく。人間は，これら共存と持続可能性の要素を生得的に潜在させていると考えるからである。

　共同体は，新しい生命を受け入れた段階から，共存と持続可能への理性の芽生えを信じて，人間の根拠を安定させていく。理性は共存と持続可能性の関係において，つまり場所(トポス)での実存性；純粋経験において認識的に開かれる能力だからである。西田は，働く自己は時の変化に対して不変であり，動力因と目的因に間隙がないほど純なる統一作用がなされるとする。また，自己自身の中に満足がある善は不動であり，永遠の真，永遠の美も純なる統一作

＊　循環型社会とは，「天然資源の消費を抑制し，環境への負荷ができる限り低減される社会」[24]。

用によって現れる[26]とする。そうした意味では学校も，① 共同体の成員が生の喜び，愛他心や好奇心などの共存と持続可能性の要素を構成し，② 表象と記号による自覚と責任の伴った可塑性のある全体図式を構成し，③ 前述の4つの視点が社会と調和を保ちながら特殊と一般が包摂される循環の中での統一作用によって，不動のもの（変わるものと変わらないものの判断作用）を発展させていく理性的共同体としてある。教育改革によって"学び"の重要性をどんなに強調してみても，純粋経験を実感する"学校という場所(トポス)"でなければ人は生きる営みの循環には乗れない。もちろん，3Cの要素を導入する思考実験や生涯学習社会を目標と掲げる実験は，教育学が定位した枠を合目的的発展にまで広げる意味がある。知識は3Cという身体知も含めた広がりと生涯という幅をもつことで一つの循環が回復することは推測されるが，関係をつくりだす行為に"べき論"としての理性が求められるかぎり，理性は苦痛になる。べき論は，他者は一人のために一人は他者のために自発する理性的共同体を構成しないからである。

　学校教育制度の成熟によって固定化した国や地方教育行政と学校の管理構造，子どもの管理方法，落とし物として放置されるほどに価値を失った無償教科書，冷暖房完備の教室空間，給食から清掃・管理まで，すべて大人がやる生活構造は，環境資源（教育資源）の浪費といっても過言ではない。また，子どもを客として扱い，客の拘束時間を増やし，閉鎖的な学校空間維持のために多くの資源を投入する。同様に，親も志向性がみえないわが子の構造を強化するため塾に通わせ，最大の経費と努力を払って依存度を高めさせている。まさに今日の学校と家庭は，最大努力で最小効果しか望めない浪費型社会の縮図となりつつある。環境資源は最小努力で最大効果という自然界の掟からすると，学校も生きる営みの中にある自己教育が基本である。それを忘れて，理性を導こうとしても理性は働かず，知識は有効な知恵としては使えず，知識を行為として使わなければ学ぶ意味も内容も自得するには至らない。そこに，いつの時代においても学校教育の限界がある。自然のうちに構造構成する理性的共同体は，肥大化した浪費よりささやかな創造に喜びをみ

いだす。家庭や地域社会が理性的共同体として円環的な意味構造の構成性をつくりあげれば、幼稚園や学校も学びの理性的共同体としてそれとつながる。その逆もまた同様である。筆者は場所(トポス)が保有する自然(じねん)に根を下ろした理性的共同体が循環する社会に期待をかけている。「環境教育」や「思いやり」として取りだした知識を伝達する構造から、生活にそれがあって理性を導く生活基盤型（ホリスティック型）の構造構成への転換である。自然(じねん)に基づいた循環型社会は楽天的、積極的で意識しなくても善に向かう作用がなされる場所(トポス)である。もちろん、場所(トポス)には古い慣習や文化も息づいている。しかし、自然(じねん)として善を行う理性的な自由を得ることができれば、善や自由に反する古い慣習や文化の意味が吟味され、子どもたちによって新たな意味が生成されていくだろう。こうした循環型社会に位置づく理性的共同体としての学校と地域社会をつくりだすことの方が、日本の文化土壌に合っていると考えるのである。

（2）教育における知の構造転換と場所(トポス)

　日本には屑一つないとモースが書いてから100年あまりで、日本はゴミ屑の山をつくる浪費型の社会に子どもを置き、さらに消費を拡大する方向に舵をきっている。人間の活動が環境の許容度を越えて、環境への負荷が増大してしまった現在、教育も消費型社会を脱して日本人の底流に流れる自然観に基づいた循環型社会に切り替える必要に迫られているといえよう。環境は、共同体の成員を自然(じねん)によって構造構成する資源である。この環境の負荷を最小にして、生きる力、学ぶ力、自己努力によって最大効果を目指すところに理性や感受性が構成される。

　かつて、学校が孤立しない循環型の方法論として、個々の興味に基づき、自己活動を基本とし、練習によって高まる自学自動を旨とした。また、広く知を再創造するために物理的環境や多様な人々を陶冶財とし、知を使用する経験を閉ざさないために生活の自治を掲げ、学習循環が止まらないように被教育者を研究者として位置づけた。そのホリスティック型の教育実践が、人

の循環，自然環境や文化的環境の循環という創造的な知の循環を生みだす一方で短命に終わったのは，時代的な問題も一つの要因ではあるが，共同体の生活世界における意味の構造構成性に包摂する弱さ，理論構造の脆弱さ，つまり教育対象を生活としながらも場所(トポス)の視点が欠如し，述語的主体を見失っていた思惟構造の構成が一因だったのではなかろうか。

　自己確立という欧米の構造構成性と，場所(トポス)での純粋経験によって思惟する我を確認する日本人の無の構造とが融合し，曖昧でありながら時と場に応じて深く知を探究し，振る舞いをわきまえ，共存を持続させていくところに，しなやかにたくましく生きる日本人の力が生まれると思われる。学校は，すべてを背負い込むことから解放されて，読書算の基礎基本となる学力と科学的・数学的リテラシーに加えて，情報処理する独学独行の意志力や創造力，態度なども真正のリテラシーとして再構築し直し，理性的共同体学校となることだろう。学校が場所(トポス)という理性的共同体として機能すれば，人間の根底ではたらく生きる力，ケアする力なども自然(じねん)として構成される。学校教育の目的因と自らの目的因を主体的有機的に構造構成し，動力因との間隙を無にして純なる統一作用が働く場所へと，構造転換することが可能になる。それは学校教育によって"見るものから働くものへ"と逆転した思惟の世界を，"働くものから見るものへ"と構造転換する契機になる。働くものから見るものへと思惟を構成する就学前教育は，義務教育諸学校の構造転換によって接続が可能になるとともに，知識の伝達に走りすぎた初等教育は是正され，述語的主体が構造構成する義務教育を経て，自然(じねん)の生涯につながる独学独行の道が開かれると考える。

　きだみのる＊が「暮らしを支えている伝統は幾世紀もの時の流れのうちに鍛えられて今日の形を残しているんだよね。それを全部捨てて君たちの外国

＊　きだみのる（本名；山田吉彦）（1895-1975）　奄美大島生まれ。パリ大学で人類学，社会学を専攻。戦中から戦後，行政単位の村より小さな地域共同体を「部落」として，「部落」の生活を通して日本人の本質を探る。著書に反近代の思想が強く反映されている『気違い部落周遊紀行』『にっぽん部落』がある。

系に切り替えるとしても、それが伝統となるまでには少なくとも何十年もかかる」「いやその前に亡びるかも知れんな」[27]と予見する言葉が現実化する前に、われわれ一人ひとりが率先して構造を転換しなければならない。

　歴史を身体に染み込ませてきた先人の生の片鱗が、われわれの身体にわずかでも残っているかぎり理性的共同体は生みだせる。そして共同体の理性が自然的発展を求めることによって循環型社会を再興することも可能になる。なぜなら、学びつづける意味は人々が呼吸している場所(トポス)での生活にあり、生得的に善をもつ人間はたとえ幼な子でも、生を営んでいる"恩"を他者のために、社会のために還元する基体としての本能（その純粋経験が意識化されれば目標）を潜在させているからである。そして、その本能が活性化するのは現実の求められる場面に遭遇する時だからである。

結びにかえて
―脱学校化社会の教育の構築に向けて―

　イリイチが『脱学校化社会』（邦訳『脱学校の社会』）というタイトルのセンセーショナルな著書を出版したのは，1971年のことである。
　すでに，わが国は高度経済成長社会へと走りだし，高等教育への進学率が経済成長度を描く曲線と平行して右肩上がりに急増しはじめる時代であった。同年，学校の危機を予感した中教審答申は，次の時代の根本的な学校制度改革を提案したが，人々は，「学校」に対して，疑いのまなざしを向けることもなく，学校という空間で学ぶことを〈善きこと〉として，その空間に期待をもち，学校で学びつづけようとした。まさに，「学び」が制度化され，「学校で学ぶことが学びである」という「学校化」の状況がわが国においても生まれつつある時であった。
　あれから，40年近い時間が経過したことになる。わが国の社会は，たしかに経済的には豊かになり，人々は便利で〈幸せ〉な生活を入手することに成功したかのようにも見える。しかし，それは40年前に描いていた21世紀像とはやや異なるものであったのも確かである。
　振り返れば，この40年近い時間は，世界的にみても教育改革という振り子が，右に左に揺れつづけた期間であった。
　1970年代のアメリカでは，学校秩序の混乱が問題化し，画一的な教育に対する批判から，オルターナティヴスクールや，多様なカリキュラムを実践する高校が出現するなど「学校の人間化」が進められた。しかし，その結果いわゆる学力低下の事態を招き，以後，その対策として学力向上，教育水準の引き上げを目指した教育再建が進められることになった。
　イギリスでは，「イギリス病」といわれた国家の低迷の原因を公教育制度に求め，1988年に教育改革法が制定され，ナショナルカリキュラムに見られる大幅なカリキュラム改革が実施された。徹底した学力水準向上を目指

し，競争を進める教育政策は，世界的にも注目を集めたが，結果として学力格差を生みだす結果となり，多くの課題が表面化した。

それに対して，わが国の1970年代の教育は，IEA（国際教育到達度評価学会）の調査で，アメリカ，イギリスを抜いてトップクラスの水準となり，国は戦後30年足らずで世界に名立たる経済大国に成長した。その結果，国家を支える人材を育てることに成功した教育システムに世界中が注目することにもなったがその一方で，高等教育への進学率の上昇とともに，受験競争は激化し，それに伴う様々な問題が指摘されるようにもなっていた。

こうして，社会の近代化に突き進む国々は，それぞれに直面する教育の課題を抱えつつ，「改革」の名のもとに，教育の再建を進めようとした。それは国家の再建とイコールの営みでもあるからである。

イリイチが制度化される社会を憂い，学校化されることの問題を指摘した「現代」という時代は，40年を経て新たな時代を迎えている。イリイチが40年前に想起したほど「学校化」のあとにくるシステムは，容易なものではなかった。それほど，近代学校は，巨大で強力なシステムとして人々の前に立ちはだかり，ホモ・エデュカンドゥスは，変容するに困難な存在となった。

しかし，今教育は変わろうとしている。いや，大きく転換することでしか，新たな道は拓かれないことを，人々は確信しはじめている。

本書は，近代の強固なシステムとして完成した学校の営為を歴史的に整理しつつ，パラダイムの転換が迫られているその構造を問い直すことを試みたものである。これらの検証を通して，著者は，どれだけ，教育というシステムの複雑さとその多様な側面を明らかにできただろうか。最後の一節を綴りつつ，今一度最初に立ち戻って，再考したい気持ちでもある。教育という壮大な物語を思うと，本書で著者が向き合ったテーマは，そのほんの一部でしかないが，最後にわれわれの試みを通して，ようやく見えてきたものを以下にまとめることで，結びとさせていただくこととする。

1. 共同体崩壊後の〈共同体〉の構築

「もはや地域共同体は崩壊した」という言説は，昨今，様々な社会問題が表面化されるたびに繰り返されている。たしかに，近代化によって，生活と労働の場が分離し，大家族制度が崩壊すると，これまで共同体の一員としてともに生活していた大人も子どもも，それから離脱し，家族という小さな単位で生活を営むようになった。そこは，労働の場ではなく，情愛によって結びついた者同士の生活の空間であり，子どもが大人になるというプロセスで経験する多様な営みも生活とは異なる文脈に位置づけられ，「教育」は学校という空間で日常とは切り離されて行われていった。

昨今の社会は，さらにこの単位が家族から個人へと突き進み，ノマド*の状態と化してきつつある。こうした状況にあって，ノスタルジックな共同体の復興は，もはや困難である。

しかし，人は個として存在することはできても，個として生きることはできない。社会的存在である人は，他者とのかかわり合いの中でこそ，「私であること」を知り，その存在を確かなものとすることができるからである。他者が仮にメディアを通したそれであっても，人は，他者とのコミュニケーションなくしては存在できない。

人が生きていくためには協同する場が必要なのである。佐藤は，その具体として「学びの共同体としての学校」の構築を提唱する**。近代社会は，教育という空間をも共同体から切り離し，「学校」という拠点をつくりだした。学校は，たしかに学校化社会をもたらしたが，学校制度の確立は，人々の生活する地域社会に，「拠点としての学校」を根づかせることに成功した。

---

* 市場を中心とした資本蓄積の過程に組み入れられることによって，地域，国家といった伝統的な共同体から引き離され，孤立しながらも同質的であるがゆえに自己内省的に自己の喪失と存在の確認を強いられる存在をノマドという[1]。

** 佐藤・大瀬らの学校づくりの試みは，下記の著作を参考にされたい。
佐藤学 監・大瀬敏昭 著者代表『学校を創る：茅ヶ崎市浜之郷小学校の誕生と実践』小学館，2000
佐藤学 監・大瀬敏昭 著者代表『学校を変える：浜之郷小学校の5年間』小学館，2003

近代学校制度の整った国においては、学校という場が用意されていない地域はない。「学びの共同体としての学校」の構築は、子どもと大人が集う拠点としての学校を、地域の拠点としようとする試みであり、言い換えれば新たな〈共同体〉づくりでもある。そこでは、子どもと大人が対話し、新たな関係性を構築し、学び合う。教えられる存在としての子どもが退屈な時間の中で知を伝達されるのではなく、仲間とともに協同しつつ学ぶ。教師は、権威をもって子どもを管理する存在ではなく、同僚性を発揮し、子どもと協同する存在となる。保護者は消費者としてサービスを受ける存在ではなく、学びに参加する大人となる。

この試みは、単に一つの新しい学校づくりの成功事例としてではなく、近代学校制度が確立するプロセスにおいて、われわれが自明視するようになった教育に関する諸テーゼへの問いとして受け止めることもできる。つまり、「学びの共同体」としての学校においては、「学び」が、「教師」が、「教師と子どもの関係」が、大きく転換しているのがみて取れる。

それは単なる学校の改革ではなく、学校の構造の転換であり、近代教育学の諸テーゼの見直しである。

2. 学力からコンピテンシーへ—その概念への問い

学校化のプロセスの中で、学校は常に教育の成果が求められ、その成果としての「学力」に注目しつづけてきた。というよりも、これまでの学校は、「学力」をもってして、その成果をvisibleなものとしてきた。数値化された学力は、客観的な教育成果であり、学習の結果であった。

しかし、すでにこれまでの論争が示すように、「学力」は教育する側と学習する側の成果および結果ではあるが、それはそのほんの一部でしかない。ある一部の力をもってして「学力」と捉え、それを基準にわれわれは教育を語ってきたに他ならない。

昨今の学力をめぐる論争は、まさにこの「学力とは何か」という論争でもあり、こうした論争が巻き起こることそのものが、「学力」をものさしとし

てきた社会の転換を意味している。

　近代化社会を構築するためには，3R'sを基礎とした知識や技能の修得，教科学習にみられるような系統化された知の獲得が，重要なものとされてきた。そのために，学校教育は，ひたすらその伝達と獲得を実現する実践を行ってきた。しかし，ポスト近代化社会は，産業化社会の時代から知識基盤社会へ，国家中心社会からよりグローバルな社会へと移行する中で，必要とされる知，新しい社会の中で生きるために必要な力は，もはや近代化社会のそれとは大きく異なりつつある。

　新たな社会は，どのような力を求めているのか。それを，説明したのがコンピテンシーという概念である。コンピテンシーは，OECDが，新たな社会構造の中で必要とされる能力指標として示したもので，3つの広域カテゴリー（社会的に異質な集団でともに活動できる力，自律的に活動できる力，そして対話の方法として道具を活用する力）とこれらを支える中心的要素としての「思慮深さ」によって構造化されている。それは，これまで，学校教育が重要視してきた知識や技能を超えた力であり，「特定の状況の中で，（技能や態度を含む）心理社会的な資源を引きだし，動員することにより複雑な需要に応じる能力」[2]ともいえるものである。

　このコンピテンシーは，単なる個人が獲得することが望ましい能力として示されているのではなく，人生の成功と良好な社会に貢献するものであって，かつ人間の権利や持続可能な社会に貢献するものであり，民主的な過程を尊重する普遍的な価値を表現するものとして構想されている。つまり，近代化，学校化の結果としてわれわれが直面している個人化した社会が新たに進むべき方向性をも内包した構想である。

　われわれが衝撃を受けたPISAの結果は，まさに学力の結果ではなく，コンピテンシーの結果であったともいえるだろう。わが国の子どもたちが直面した困難は，学力・学校知を問われることのなかったPISAの問題にあったのである。フィンランドが成果をあげたのは，学力の向上のための改革ではなく，コンピテンシーへの挑戦であったともいえるだろう。

コンピテンシーへの注目は，以下の点においてきわめて興味深い問題提起をしているといえるだろう。第1点は，われわれが囚われつづけてきた「学力問題」の解放である。それは，わが国の教育改革の名のもとに，学力か生きる力か，詰め込みかゆとりか，といった二項対立の議論から決別し，本当になしえたい教育とは何なのかの再考を迫っているという点である。第2点は，教育という営為の再構築である。教科に分断された知ではないコンピテンシーは，学校という空間のみで伝達という方法で獲得されるわけではない。社会は，市民に対してコンピテンシーを使用する意義ある機会を提供しなければならないだろうし，本物の学習社会の構築が目指されなければならない。つまり，コンピテンシーへの注目は，「教育」という営為を学校という空間にゆだねるのではなく，「社会的なアフォーダンス（環境）について共に考える社会へのシフト」を目指すことにもなるのである[3]。

3．多様化する価値の交差

産業主義社会は，社会の向かうべき方向が明確であり，人々は，一つの価値を共有しつつ同方向に突き進むことをよしとして生きてきた。しかし，今日の社会は，様々な情報，物資，文化，そして人々が行き交う場となっている。そこには，多様な出会いがあり，多様な価値が息づいてくる。

こうした多様な価値の中で，人々は生きていくことを求められる。他者の価値を認め，共有する生き方が求められる中，学校も一つの価値を提供する場ではなく，多様な価値に出会い，多様な価値と協同することを経験する場とならなければならないだろう。

多様な価値と協同するということは，他者の意見を聞き，自分の意見を表現することであり，他者の価値を認めつつ共通する課題の解決へと向かうことである。近代教育は，単一な価値を効率的に教育することを可能な場として制度化されてきた。グローバル化する社会において，多様な価値と出会い，多様な価値と協同することが求められるのであれば，もはや単一な価値を効率的に教育していく方法を再考せねばならないだろう。

その意味で,「協同的な学び」は,新たな時代の一つの教育方法といえるだろう。それは,単なるグループ学習や体験学習ではない。多様な価値を認めつつ他者の意見に耳を傾け,他者とともに探究し,多様化する価値の交差する中で「これだ！」というところにたどり着く営みでもある。このように考えると,「協同的な学び」は単なる教育方法の転換を示唆しているのではない。人が学ぶということは何かということの転換であり,他者と「共生する」ことの模索でもある。

4. 教育学が問われている課題

戦後,大人が決めた制度的枠組みによって,教育学・幼児教育学・保育学が語られて久しい。しかし,その場所が幼稚園であろうが保育所であろうが,3歳以上児を対象とする就学前教育は,教育学の範疇にあることを前提として,第2部は様々な教育学の位相に視点を当ててきた。その位相の概略を図示すると次のようである。

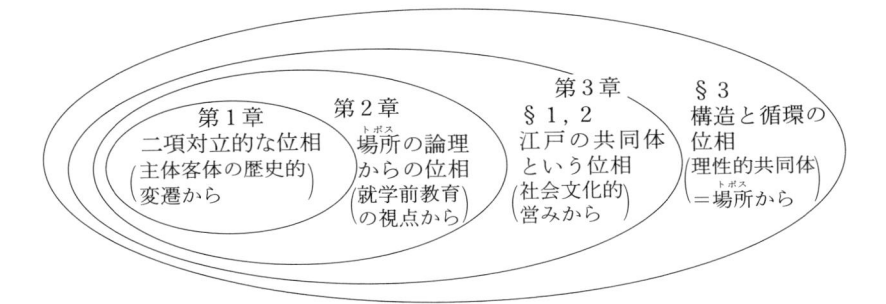

```
┌─────────────────────────────────────────────────────────┐
│ ┌───────────────┐ ┌───────────────┐ ┌──────────────┐ ┌──────────────┐ │
│ │   第1章       │ │   第2章       │ │  第3章       │ │   §3         │ │
│ │ 二項対立的な位相│ │場所の論理     │ │ §1, 2        │ │ 構造と循環の │ │
│ │ 主体客体の歴史的│ │からの位相     │ │江戸の共同体  │ │ 位相         │ │
│ │ 変遷から       │ │就学前教育     │ │という位相    │ │(理性的共同体)│ │
│ │               │ │の視点から     │ │(社会文化的   │ │＝場所から    │ │
│ │               │ │               │ │営みから)     │ │              │ │
│ └───────────────┘ └───────────────┘ └──────────────┘ └──────────────┘ │
└─────────────────────────────────────────────────────────┘
```

まず,「教育学とは何か」を確認する作業から始めている。「学」は基本命題によって構造をもち,その構造は時代によって,あるいは理念によって異なるものであることすら認識されないままに,教育学,幼児教育学,保育学と称し,時には「学び」の一語で就学前教育と小学校教育の接続の必要性を説いている現状への問題提起からである。

課題の1つは,従来の教育学のもつ範疇とその連関を明確にすることであ

る。義務教育期間・空間だけに限定された狭義の教育学は今や生涯という時間や空間に拡大しつつある。また教育の始期として位置づけられた就学前教育は幼児教育学，保育学としての独立を求めてきた。広義と狭義の教育学の位相は何がどう違うのか，就学前教育を保育学だとする人々の根拠がどこにあるのか，それぞれが描く位相や構造自体を明らかにする必要がある。さらに，就学前教育から小学校へ，小学校から中学校へ，あるいは高等学校・高等教育から社会人へと接続するたびに，学校の段差を埋め合わせるための模索が続く。易から難への発達に応じた教育内容を布置する近代の教育学は，まずこれらの混乱を整理する必要があろう。

　課題の2つに，教育は人間が生きることと深く関係する哲学的な領分に包摂されるもので，哲学なき教育学も，実践なき教育学も学の根拠をつくりださない。1980年代以降，世界の国々が脱学校化を模索する中で，なぜ日本の教育学は社会と循環する構造に基づいた実践を生みだせないのかを考える必要があろう。インドクトリネーション化されることなく，"教育学における思惟と行為の基底"への実践と理論の対話をどのように深めていくかが問われている。学の基底が安定しないかぎり，教育学は絵に描いた餅になって実践とつながってこないからである。

　課題の3つに，明治時代以来の欧米の動向を敏感に先取して，構造構成の要素にはめ込んできた融合策に限界が生じているとき，なお諸外国の構造を接ぎ木するのか，日本人がもつ思惟我（思考の枠組み）の構造構成に注目するのかである。日本も捨てたものではない。知の構造構成には東洋的な感性が潜んでおり，独学独行が知性を個性的なものにしていく。そこに次代の教育学の活路があるのではなかろうか。従来の教育学が見落としてきた，その視点の議論が求められている。

5．歴史の位相の中で浮かびあがるもの

　教育学の歴史は，位相転換の歴史であるとも言えるが，その中で浮かびあがるものは，位相の時間による風化と新たな転換への序章の始まりである。

現代という時を彩るものは，風化の時代に蒔かれて生まれでているが，今を生きる人間はそれを知らない。己の人生を賭けた人々の様々な提言の中から蒔かれたものが，芽を出すか出さないか，それも後世になって歴史が整理されないとわからない。たとえば，中世の封建的社会の中で神学校や奴隷的なエリート層の学校があったからこそ，自由・平等・博愛という種が蒔かれ，芽を出した時代が近代とよばれるようになる。あるいは，近代がすべての子どもに平等な学校教育を願い，それを実現する道を突っ走ったところから，学校の成熟と学校化が始まり，現代を象徴する課題となっていく，という類である。そして現代は，脱学校化を目指して模索する混沌の最中である。

　近代から現代までを俯瞰すると，ほぼ100年を周期に，うねりながら位相が転換されている。ギリシャのツキディデスの「歴史は繰り返す」の言のとおり，汎知主義思想の教育学から自然主義思想に，自然主義思想はやがてプラグマティズムの思想に，プラグマティズム思想は汎知主義の復活ともいえるような現代の知識加重の混沌にと位相を繰り返している。人間の生の内的表れである音楽が，古典（クラシック）として浮上すると楽譜による再現芸術になりさがり，音楽の本来的な意味を見失うように，また外来文化を取り入れる際に思想的・文化的・哲学的背景よりも形式が模倣されるように，装いを変えて歴史が繰り返されるときは本質を見失いやすい。それも，位相を整理する中から浮かびあがってきた問題である。再現ではなく，特殊を一般に，一般を特殊に包摂する構造構成によって何がもたらされるのか，そこに注目することが肝要ではなかろうか。

　本稿が，江戸時代の社会的文化的営みの中にある教育の位相を捉えたのは，日本が学制を敷いて130年あまり，学校化に邁進してきた位相を客観視するためである。江戸時代の位相にみる子捨て，子殺しなどは，今日の人権感覚からしたら文化の錯乱とみられるが，社会的文化的参画と自由・責任という視点からみたら，当時の方が今日とは比較にならない人間の構造を自ら構成する場所(トポス)を提供している。長い鎖国の中で外国語など耳にしない江戸の時代から世界と交易する明治の時代へと社会転換できたのも，独学独行とい

う学びの構造構成の基盤が人々の内に確立していて、"時"に慌てず不動のものが働いたからであろう。学ばされる構造ではなく、自ら学ぶ構造構成こそ、激動の時代を支える原動力だったと思われる。

　だからといって、筆者は脱学校化社会を江戸の社会に求めようとするのではない。表層的なクラシックの再現は本質を見失うことは前述した。それより、脱学校化を人々の構造構成の転換に置くことによって、社会が自然(じねん)のうちに循環する位相を求めているのである。

6. 子どもという存在を問うことの意味

　子どもの存在を問うという場合、1つは、社会の中でどんな存在として位置づけられているのかという社会学的視点がある。大人と子どもといった対の概念で保護対象とされているのか、一人の人間として社会の中に存在するのかである。江戸時代の子どもの存在は、大人の楽しみの対象としての存在でありつつも、監視のない自由なものであった。反面、命の危機と隣り合わせにある存在でもあった。排泄を通してみた社会文化的な営みの中にいる子どもを見ても、子ども存在は社会によって規定されるという運命にあることを強く感じるだろう。生理現象を早くから自己処理できる自由が提供され技能が獲得されている存在と、いつまでも守られて安全で清潔な環境に置かれる子どもでは、「生きるか」、「生かされるか」、存在を規定する述語が違うのである。

　2つに、発展途上の存在として心身の発達過程を心理学的に抽出して捉えそこに意味を見いだす場合である。年齢発達段階によって幼稚園、小学校、中学校、高等学校と区分した制度をつくり、発達課題によってその時期のレディネスに応じた達成目標・教育内容が規定されるというように、教育学は心理学に依拠して教授内容の系統性を組織してきた。それが教育の中の子どもを問う視点となり、学校化に伴って子どもを捉える概念となってきたといっても過言でない。しかし、情報化社会は、大人と子どもを区分しないため、発達のものさしが一般化できず、教育の中の子どもが大人の手の内から

すり抜けていく。それを従来の教育学の枠組みに入れようと追いかける大人と，追いかけられる子どもの図式はまるで鼬ごっこのようである。そうした意味では，子どもとして発達を問う限界があり，生涯を範疇に入れる必要があろう。

　では，何をよりどころに子どもを問うか。本稿では，思惟の構造構成に視点を当てて「存在を問う」ことを行っている。とくに，日本人のもつ思惟我の構造構成がどのようなものかを捉えるために，場所の論理を構築する根拠となった西田哲学に依拠している。なぜなら民主主義という社会の姿は欧米と同じようでも，底流に流れる共同体としてのアイデンティティの位相・思考の枠組みは異なり，そこに本質が眠っているからである。自己確立という欧米の基準で子どもを問うものさしは，実存を重んじる日本人の生活とは融合しきれない。純粋経験という思惟我の構造構成，つまり民族のもつ思考の枠組みが何百年と経過しても身体に1/3は残っていると思うからである。そこに問いを向けることによって，「今どきの子どもは」といわれる現象が，実は人工的な環境の中に子どもを客として置き，純粋経験による統一作用を遠のかせているのは教育そのものだという問題が見えると考える。

　教育学が子どもを問うということは，まさに日本人の思惟我のありようを問うことである。子どもの行為を問うことではなく，置かれた立場を問うことでもなく，行為の内にある構造構成を問うことである。それなくして学の命題に迫ることはできないのではなかろうか。就学前教育も同様，自分の実践としての子どもを語り，子どもの行為を語るが，そこから意味を見いだすためには，その行為が思惟我によってどのように構造構成された表れかを捉えることが必要である。たとえば，子どもが泥と水と砂を案配して丸める瞬間，瞬間に感じていく統一的作用の中に，不動のものが生まれ変わっていくものを包摂していく統一作用を読みとることができる。つまり意味・概念として形成されているものを基に新たに構成している，内に"働くもの"を捉えていくことへと研究が進められることが必要なのではなかろうか。

脱学校化社会は，脱「学校」化社会である。近代学校は，新たに学びの拠点としての〈学校〉として再生していく必要がある。そのためには，これまでわれわれが自明なものとして繰り返していた教育にまつわる言説を見直し，二項対立的な議論から卒業し，学ぶとは，教師とは，わかるとは，という問いに立ち返り検証しなければならないのであろう。

　本書が試みたことは，こうした問いに立ち返ることである。教育を語る立ち位置を，本質的な問いの場に戻すことで何が見えるのか。まずは，それを試みたに過ぎない。これからの社会は，多様で予測不可能な社会になるにちがいない。その社会に生きる知を〈準備する〉ことが，教育のすべきことではないだろう。準備というのは，将来に対して予測が成立するときにのみ意味をなすものである。どのような社会を迎えようとも，社会の変化に適応し，柔軟に生きる力を備え，そこで生きる意味を実感し，他者とともに生きることのできる力を育成していくこと，そのことが今，教育にかかわる者すべてに問われている。

　それは，小手先の改革ではなく，パラダイムの転換である。そのためには，教育という営為そのものを問うというアプローチが必要であることを，著者らは繰り返し述べてきた。

　教育の再考という作業は，今や立場を超えて，まさに協同して進められなければならないプロジェクトである。読者諸氏が本書とともに，教育を語る立ち位置を変え，この壮大なプロジェクトの一員となってくださることを期待したい。

　最後に，この著書の読者は，何らかの形で幼児教育にかかわる方々であることを想定し，脱学校化社会の幼児教育について述べることで本書のまとめとしたい。

　幼児教育の歴史を振り返るまでもなく，幼児教育は，いわゆる学校教育に追随しながら，今日までの歴史を積みあげてきた。時に学校教育への批判を論拠とした理論と実践を展開し，時に学校教育を見通したうえで基盤として

の実践を行ってきた。

　しかし，幼児を対象とするその教育は，その独自性を主張するあまり，他を対象とした教育，他の方法と内容を実践している教育とは，共通の言語をもつことを避け，まさに独自の理論とその実践をつくりあげてきた。学校化社会においては，幼児教育もまたその学校からあふれる価値に影響されているにもかかわらず，その問題を問うことなく「独自」の歩みを進めてきた。

　これまでも，教育の歴史は，何度となくその再考を迫ってきた。時代の変化とともに改革が繰り返されてきた。幼児教育が，その改革の波に正面から呑み込まれることがなかったのは，ある意味で幼児教育が「独自」でいられたからである。

　しかし，価値が多様化し，情報化し，グローバル化する社会の中で生きていくのは幼児もまた同様である。ポスト近代化の波は，幼児を対象とする教育にも再考を迫っている。「独自」の教育を一度客観化し，教育という営みの中で「幼児」を対象としたことは何であったのか。そして，今この教育実践の何が問われているのかを検証すべきである。

　筆者は，そうすることが，教育の議論の舞台に，「幼児教育」を立たせるチャンスとなるとも考えている。

　協同的な学びの実際としてプロジェクト型の教育の事例として，世界にその実践を知らしめたのは，イタリアの小都市の幼児教育の実践であった。系統化された知の獲得という役割から脱するにはエネルギーの要する学校教育に対して，体験と学び，生活の中での探求，学力とは異なるアプローチとしての能力への着目，環境がアフォードすることへの意味を実践していたのは他ならぬ幼児を対象とした実践であった。これらの実践が発信したことには意味がある。

　脱学校化社会の幼児教育に課せられた課題は，こうしたこれまで幼児教育が重要視してきた諸概念を，理論化したうえで実践すること，そして，それらを言語化することで，「独自の教育学」から卒業し，教育そのものの構造的見直しの一端を他領域と同等に検証すること，そして，その構造の中で，

幼児を対象とした教育という営為を刷新することにある。それは，幼稚園や保育所といった幼児教育機関が，新たな共同体の拠点となることをも意味している。

　理論と実践の生成する場は，言うまでもないが，そこに集う人々の「生」が躍動する場でもある。それぞれのかかわる立場はそれぞれ異なるものであったとしても，そこに集う人々によって，幼児教育の知の探究が進められ，新たな共同体として生まれ変わることを期待したい。本書がそうした拠点づくりの場に，新たな語りを生むための問いを発することができていたならば幸いである。

　2009年1月

磯部裕子・青木久子

【引 用 ・ 参 考 文 献】

〈第1部第1章〉
(1) 柳治男『「学級」の歴史学』講談社，2005，pp.62-63
(2) 佐藤秀夫『教育の文化史 2 学校の文化』阿吽社，2005
(3) 同上 p.159
(4) ミシェル・フーコー／田村俶 訳『監獄の誕生：監視と処罰』新潮社，1977
(5) ピエール・ブルデュー，ジャン=クロード・パスロン／宮島喬 訳『再生産：教育・社会・文化』藤原書店，1991
(6) ポール・ウィリス／熊沢誠・山田潤 訳『ハマータウンの野郎ども』筑摩書房，1996
(7) マイケル・ダンロップ・ヤング／窪田鎮夫・山元卯一郎 訳『メリトクラシー』至誠堂，1982
　　　竹内洋『日本のメリトクラシー：構造と心性』東京大学出版会，1995
　　　苅谷剛彦「学習時間の研究：努力と不平等のメリトクラシー」『教育社会学研究』第66集 日本教育社会学会，2000
(8) 上野千鶴子『サヨナラ、学校化社会』太郎次郎社，2002，p.50
(9) 高橋勝『文化変容のなかの子ども：経験・他者・関係性』東信堂，2002，p.152
(10) 天野郁夫 編『教育への問い：現代教育学入門』東京大学出版会，1997，p.6
(11) 佐藤学『教師というアポリア：反省的実践へ』世織書房，1997，p.103
(12) 同上 p.150
(13) 高橋勝・広瀬俊雄 編著『教育関係論の現在：「関係」から解読する人間形成』川島書店，2004，p.3
(14) 小浜逸郎『先生の現象学』世織書房，1995，p.70
(15) 吉田武男・中井孝章『カウンセラーは学校を救えるか』昭和堂，2003，p.217
(16) 諏訪哲二『教師と生徒は〈敵〉である』洋泉社，1999
(17) 藤田英典『市民社会と教育』世織書房，2000
(18) 吉田・中井，上掲書（15）

〈第1部第2章〉
(1) 佐藤学『学びの快楽：ダイアローグへ』世織書房，1999，p.3
(2) 同上 p.38-39

（3）佐伯胖『「学び」を問いつづけて：授業改革の原点』小学館，2003，p.266
（4）佐藤，上掲書（1），p.87
（5）森藤義孝「構成主義の学習論に基づく理科学習指導とその問題」『理科の教育』Vol.49 No.12（20001215），pp.12-15
久保輝利子 他著「構成主義的観点からみたSTSアプローチの実践研究：モジュール「薬とからだ」」年会論文集Vol.20，日本科学教育学会，1996，pp.53-54
（6）大宮勇雄「レッジョ・エミリアやニュージーランドの保育者には『子ども』がどのように見えているだろうか」『現代と保育』69号 ひとなる書房，2007，p.35-36
（7）上野千鶴子『サヨナラ、学校化社会』太郎次郎社，2002
（8）高橋勝『文化変容のなかの子ども：経験・他者・関係性』東信堂，2006，p.98
（9）西村和雄 他編『分数ができない大学生』東洋経済新報社，1999，p.ii
（10）長尾彰夫 他著『「学力低下」批判：私は言いたい6人の主張』アドバンテージサーバー，2002，p.96
（11）佐藤学『学力を問い直す：学びのカリキュラムへ』岩波書店，2001，p.16
（12）長尾 他著，上掲書（10），p.101
（13）教育科学研究会 編『なぜフィンランドの子どもたちは「学力」が高いか』国土社，2005，p.35
（14）川崎一彦「福祉と経済を両立させる知業時代の教育システム－幼児期から自己効力感を育てる内的企業家精神教育」庄井良信・中嶋博 編『フィンランドに学ぶ教育と学力』明石書店，2005，pp.172-200
（15）教育科学研究会 編，上掲書（13），p.92
（16）矢野智司『意味が躍動する生とは何か』世織書房，2006，p.122
（17）加藤繁美「21世紀にふさわしい保育法制と実践創造のあり方とは」『現代と保育』70号 ひとなる書房，2008，p.39

〈第1部第3章〉
（1）デューイ／宮原誠一 訳『学校と社会』岩波書店，1957，p.45
（2）ジョン・デューイ／市村尚久 訳『経験と教育』講談社，2004
（3）苅谷剛彦『教育改革の幻想』筑摩書房，2002
（4）文部科学省『小学校学習指導要領』，2008
（5）フレーベル／荒井武 訳『人間の教育』岩波書店，1964
（6）宮澤康人「児童中心主義の底流をさぐる：空虚にして魅惑する思想」福武書店・教育研究所 編『季刊 子ども学』Vol 18，1998

（ 7 ） 苅谷，上掲書（ 3 ），pp.152-153
（ 8 ） 滝川一廣『「こころ」はどこで壊れるか』洋泉社，2001
（ 9 ） 広田照幸『教育言説の歴史社会学』名古屋大学出版会，2001，p.351-353
（10） フィリップ・アリエス／杉山光信・杉山恵美子 訳『「子供」の誕生：アンシァン・レジーム期の子供と家族生活』みすず書房，1980
（11） 本田和子『変貌する子ども世界』中央公論新社，1999，p.218
（12） 同上p.219
（13） 小沢牧子『「心の専門家」はいらない』洋泉社，2002，p.120
（14） 同上p.121-122
（15） 馬場将光「イギリスの学校」沖原豊 編『世界の学校』有信堂，1981，p.42
（16） 藤井泰「イギリスにおける生徒指導の動向：パストラル・ケアの概念と実際を中心に」『松山大学論集』Vol 15 No.6　松山大学学術研究会／松山大学，2004，p.40
（17） ウルズラ・ヌーバー／丘沢静也 訳『「傷つきやすい子ども」という神話』岩波書店，1997，p.210
（18） 小沢，上掲書（13），p.70-71
（19） 藤田英典『教育改革：共生時代の学校づくり』岩波書店，1997
（20） 佐藤学『学力を問い直す：学びのカリキュラムへ』岩波書店，2001　pp.49-53

〈第2部第1章〉
§1
（ 1 ） アリストテレス／高田三郎 訳『ニコマコス倫理学』（上）岩波書店，1971，p.15
（ 2 ） 同上p.221
（ 3 ） 同上p.226
（ 4 ） 同上p.229
（ 5 ） 同上p.233
（ 6 ） プラトン／藤沢令夫 訳『国家』（上）岩波書店，1979
（ 7 ） プラトン／藤沢令夫 訳『国家』（下）岩波書店，1979，p.213
（ 8 ） アリストテレス／高田三郎 訳『ニコマコス倫理学』（下）岩波書店，1973，p.91
（ 9 ） ノディングス／宮寺晃夫 監訳『教育の哲学：ソクラテスから〈ケアリング〉まで』世界思想社，2006，pp.22-25
（10） 同上p.24
（11） アリストテレス，上掲書（ 8 ），p.179
（12） ノディングス，上掲書（ 9 ），p.26

(13) 同上 p.27
(14) 伊藤仁斎／清水茂 校注『童子問』岩波書店，1970
(15) 中江兆民／井田進也 校注『一年有半・続一年有半』（改版）岩波書店，1995，p.31
(16) 同上 p.127
(17) 西田幾多郎『善の研究』（改版）岩波書店，1979，p.221
(18) 竹村牧男『西田幾多郎と鈴木大拙』大東出版社，2004
    鈴木大拙「禅の思想」『鈴木大拙選集 第13巻』春秋社，1952
(19) プラトン／種山恭子 訳「ティマイオス」田中美知太郎・藤沢令夫 編『プラトン全集 12』岩波書店，1975，p.30
(20) 中江，上掲書（15），p.113
(21) 西田，上掲書（17），p.102
(22) 同上 p.105
(23) ルソー／今野一雄 訳『エミール』（上）岩波書店，1962，p.73
(24) 同上 p.114
(25) 同上 p.118
(26) 青木久子『幼児教育知の探究 2 教育臨床への挑戦』萌文書林，2007，p.195
    マルティン・ハイデガー／木田元・迫田健一 訳『シェリング講義』新書館，1999
(27) ベルクソン／中村文郎 訳『時間と自由』岩波書店，2001，pp.261-285
(28) 中江，上掲書（15），p.56
(29) 同上 p.167
(30) 同上 p.169
(31) 西田，上掲書（17），p.142
(32) 同上 p.139
(33) ルネ・デカルト／山田弘明 訳『省察』筑摩書房，2006，p.59
(34) I.カント／三井善止 訳『人間学・教育学』玉川大学出版部，1986，p.44
(35) 中江，上掲書（15），p.170
(36) 中村雄二郎『西田幾多郎 I』岩波書店，2001，p.34
(37) 西田，上掲書（17），p.13
(38) 同上 p.21
(39) 同上 p.22
(40) 同上 p.40
(41) ジーン・モデシット 文，ロビン・スポワート 絵／もきかずこ 訳『いいこってど

んなこ？』冨山房，1994
(42) プラトン，上掲書（7），p.83
(43) アリストテレス，上掲書（1），p.24
(44) 同上 p.25
(45) カント，上掲書（34），p.239
(46) 西田，上掲書（17），p.184
(47) 同上 p.193
(48) 同上 p.202
(49) 同上 p.206
(50) 同上 p.206
(51) 鈴木大拙，上田閑照 編『新編東洋的な見方』岩波書店，1997，p.85
    青木，上掲書（26），p.13，p.200
§2
(1) 江藤恭二・篠田弘・鈴木正幸 編『子どもの教育の歴史：その生活と社会背景をみつめて』名古屋大学出版会，1992，p.64
(2) コメニウス／稲富栄次郎 訳「大教授学」『世界教育宝典 西洋教育編 第14』玉川大学出版部，1966，p.13
(3) J.Aコメニウス／井ノ口淳三 訳『世界図絵』ミネルヴァ書房，1988
(4) ロック／服部知文 訳『教育に関する考察』岩波書店，1967
(5) 大日本教育会 訳『明治教育古典叢書（第2期）22 洛克氏教育思想』国書刊行会，1981（※原本発行，大日本教育会，1895）
(6) ロック／鵜飼信成 訳『市民政府論』岩波書店，1968
(7) ルソー／今野一雄 訳『エミール』（上）岩波書店 1962，p.24
(8) 同上 p.348
(9) ルソー／前川貞次郎 訳『学問・芸術論』岩波書店，1968
(10) ルソー／小林善彦 訳『人間不平等起源論』中央公論社，1974
(11) ルソー／桑原武夫・前川貞次郎 訳『社会契約論』岩波書店，1954，p.27
(12) ペスタロッチー／長田新 訳『隠者の夕暮・シュタンツだより』（改版）岩波書店，1993，p.7
(13) 同上 p.16
(14) 同上 p.16
(15) 同上 p.19
(16) 同上 p.54

(17) 同上 p.27
(18) カント／高橋正彦 訳『永久平和論』国際聯盟協会，1924
(19) カント／篠田英雄 訳『純粋理性批判』(上・中・下) 岩波書店，1961-62
(20) カント／波多野精一・宮本和吉 訳，篠田英雄 改訳『実践理性批判』岩波書店，1979
(21) I.カント／三井善止 訳『人間学・教育学』玉川大学出版部，1986，p.315
(22) 同上 p.320
(23) フレーベル／岩崎次男 訳「人間の教育 I」梅根悟・勝田守一 監『世界教育学選集 9-10』明治図書出版，1960
(24) 同上 p.11
(25) 江藤・篠田・鈴木 編，上掲書 (1) p.58
(26) L.N.トルストイ／昇曙夢・昇隆一 訳『西洋の教育思想 15 国民教育論』玉川大学出版部，1984，p.87
(27) 同上 p.84
(28) 同上 p.79
(29) デューイ／松野安男 訳『民主主義と教育』(上) 岩波書店，1975，p.152
(30) デューイ／宮原誠一 訳『学校と社会』岩波書店，1957，p.45
(31) セシル・レディ／財満寿子・三笠乙彦 訳，長尾十三二 監『世界新教育運動選書 28 指導者を育成する学校』明治図書出版，1989，p.15
(32) 同上 p.38
(33) J.W.von ゲーテ／浜田正秀 訳『詩と真実・教育州・箴言』玉川大学出版部，1984
(34) セシル・レディ，上掲書 (31)，p.100
(35) ヘルマン・リーツ／川瀬邦臣 訳，長尾十三二 監『世界新教育運動選書 14 田園教育舎の理想：ドイツ国民教育改革の指針』明治図書出版，1985，p.110
(36) 同上 p.176
(37) G.ヴィネケン，P.ゲヘープ／鈴木聡・W.ウィルヘルム 訳，長尾十三二 監『世界新教育運動選書 18 青年期の教育』明治図書出版，1986，p.163
(38) 同上 p.170
(39) 同上 p.167
(40) 同上 p.180
(41) ドモラン／原聡介 訳，梅根悟・勝田守一 監『世界教育学選集 88 新教育－ロッシュの学校』明治図書出版，1989，p.186
(42) G.ヴィネケン，P.ゲヘープ，上掲書 (37)，p.81

- (43) 同上 p.209
- (44) 同上 p.208
- (45) ケルシェンシュタイナー／高橋勝 訳，長尾十三二 監『世界新教育運動選書 2 作業学校の理論』明治図書出版，1983，p.96
- (46) 同上 p.96
- (47) ガンディー，タゴール／弘中和彦 訳，長尾十三二 監『世界新教育運動選書 30 万物帰一の教育』明治図書出版，1983，p.49
- (48) 同上 p.68
- (49) 同上 p.21
- (50) 同上 p.140
- (51) A.フェリエール／古沢常雄・小林亜子 訳，長尾十三二 監『世界新教育運動選書 29 活動学校』明治図書出版，1989，p.53
- (52) セレスタン・フレネ／宮ケ谷徳三 訳，長尾十三二 監『世界新教育運動選書 16 仕事の教育』明治図書出版，1986，p.107
- (53) 同上 p.110
- (54) 同上 p.110
- (55) マリア・モンテッソーリ／鈴木弘美 訳『子供の何を知るべきか』エンデルレ書店，1993，p.52
- (56) 同上 p.55
- (57) 同上 p.117
- (58) フレネ，上掲書（52），p.116
- (59) ライン／湯本武比古 訳『ラインの教育學原理』山海堂，1896

§ 3
- （1） 大日本学術協会 編『日本現代教育学大系 全12巻』日本図書センター，1989
  ※参考：『明治教育古典叢書』国書刊行会，1981
- （2） 篠原助市『理論的教育学』（改訂版）協同出版，1949（※初版，1929）
- （3） 今野喜清『教育学大全集 26 教育課程論』第一法規出版，1981，p.17
  ※さらに，ルソー／小林善彦 訳『人間不平等起源論』中央公論社，1974，ルソー／鵜飼信成 訳『市民政府論』岩波書店，1968，ルソー／前川貞次郎 訳『学問・芸術論』岩波書店，1968 などを参照されたい。思想の系譜がわかり，かなり面白い。
- （4） P.ナトルプ／篠原陽二 訳『西洋の教育思想 17 社会的教育学』玉川大学出版部，1983，p.29

（5） 同上 p.31
（6） 同上 p.32
（7） カント／三井善止 訳『人間学・教育学』玉川大学出版部，1986，p.315
（8） 篠原，上掲書（2）（改訂版），p.10
（9） 同上 p.15
（10） 同上 p.38
（11） 同上 p.47
（12） 同上 p.55
（13） 同上 p.58
（14） 同上 p.60
（15） 同上 p.24
（16） 同上 p.84
（17） 同上 p.96
（18） カント，上掲書（7），p.318
（19） 大日本教育会 訳『明治教育古典叢書 22 洛克氏教育思想』国書刊行会，1981，序
（20） 篠原，上掲書（2）（改訂版），p.112
（21） 同上 p.140
（22） 篠原助市，梅根悟 編「批判的教育学の問題」梅根悟・滑川道夫・中内敏夫 編『世界教育学名著選 22』明治図書出版，1970，p.84
（23） 篠原，上掲書（2）（改訂版），p.203
（24） 同上 p.208
（25） 同上 p.249
（26） 同上 p.262
（27） 同上 p.262
（28） 同上 p.263
（29） 同上 p.275
（30） 同上 p.275
（31） 同上 p.276
（32） 同上 p.302
（33） ペスタロッチ／長田新 訳・編「ゲルトルートはいかにしてその子を教うるか」『ペスタロッチー全集 8』平凡社，1960，p.169
（34） 篠原，上掲書（2）（改訂版），p.303
（35） 同上 p.309

（36）同上 p.391
（37）同上 p.394
（38）同上 p.395
（39）同上 p.401
（40）同上 p.405
（41）同上 p.411
（42）同上 p.412
（43）同上 p.413
（44）同上 p.414
（45）同上 p.429
（46）同上 p.439
（47）同上 p.441
（48）同上 p.446
（49）同上 p.448
（50）同上 p.453
（51）同上 p.455

§4
（1）大日本学術協会 編「澤柳政太郎」『日本現代教育学大系 第10巻』日本図書センター，1989，pp.76-82
（2）同上 pp.375-378
（3）大日本学術協会 編「福島政雄」『日本現代教育学大系 第2巻』日本図書センター，1989，p.208
（4）同上 p.215
（5）同上 p.264
　　※（3）～（5）大日本学術協会の文献は，福島政雄『教育の理想と生命』同文館，1922の本文と多少異なるが，全体を統一して教育学大系から抜粋している。できれば，福島政雄の著書を読まれたい。
（6）大日本学術協会 編「野口援太郎」『日本現代教育学大系 第12巻』日本図書センター，1989，p.331
（7）同上 p.333
（8）和田實「実験的教育学」岡田正章 監『大正・昭和保育文献集 第10巻』日本らいぶらり，1978，p.11

〈第2部第2章〉

§1
（ 1 ）篠原助市，梅根悟 編「教育即生活論」梅根悟・勝田守一 監『世界教育学選集 55 批判的教育学の問題』明治図書出版，1970，pp.84-107
　　　羽仁もと子『羽仁もと子選集 生活即教育』婦人之友社，1997
（ 2 ）及川平治『分断式動的教育法』弘学館書店，1912
（ 3 ）ネル・ノディングス／宮寺晃夫 監訳『教育の哲学：ソクラテスから「ケアリング」まで』世界思想社，2006，pp.60-61
（ 4 ）倉橋惣三「児童保護の教育原理」岡田正章 監『大正・昭和保育文献集 第 8 巻』日本らいぶらり，1978，pp.10-12
（ 5 ）大日本学術協会 編「越川彌榮」『日本現代教育学大系 第 9 巻』日本図書センター，1989，pp.387-399
（ 6 ）大日本学術協会 編「日田權一」『日本現代教育学大系 第12巻』日本図書センター，1989，p.235
（ 7 ）大日本学術協会 編「阿部重孝」『日本現代教育学大系 第 9 巻』日本図書センター，1989，p.204
（ 8 ）和田實「実験保育学」岡田正章 監『大正・昭和保育文献集 第10巻』日本らいぶらり，1978，p.21
（ 9 ）中村雄二郎『西田幾多郎 Ⅰ』岩波書店，2001，pp.66
　　　※参考：中村雄二郎『臨床の知とは何か』岩波書店，1992，pp.107-109
（10）同上，p.65-94
（11）西田幾多郎『西田幾多郎キーワード論集』書肆心水，2007，p.429
（12）同上 p.468
（13）中村，上掲書（ 9 ），p.77
（14）和辻哲郎『風土：人間学的考察』岩波書店，1991

§2
（ 1 ）ヴィクトール・フランクル／霜山徳爾 訳『夜と霧：ドイツ強制収容所の体験記録』みすず書房，1956
（ 2 ）竹田正直『酷寒シベリヤ抑留記』光人社，1991
（ 3 ）ルソー／桑原武夫・前川貞次郎 訳『社会契約論』岩波書店，2004，p.50
（ 4 ）I.カント／三好善止 訳『人間学・教育学』玉川大学出版部，1986，p.306
（ 5 ）大日本学術協会 編「小川正行」『日本現代教育学大系 第 2 巻』日本図書センター，1989，p.119

（6） スチュアート・カウフマン／米沢富美子 監訳『自己組織化と進化の論理：宇宙を貫く複雑系の法則』日本経済新聞社, 1999
（7） 青木久子『幼児教育知の探究 2 教育臨床への挑戦』萌文書林, 2007, p.199
（8） 同上 p.99
（9） 和田實「実験保育学」岡田正章 監『大正・昭和保育文献集 第10巻』日本らいぶらり, 1978, p.75
（10） 篠原助市『理論的教育学』（改訂版）協同出版, 1949 pp.118-121
（11） 西田幾多郎『善の研究』（改版）岩波書店, 1979, p.22
（12） 同上 p.22
（13） カント, 上掲書（4）, p.328
（14） 大日本学術協会 編「福島政雄」『日本現代教育学大系 第2巻』日本図書センター, 1989, p.264
（15） 西田, 上掲書（11）, p.243
（16） 同上 p.243
（17） 長田新『教育学』岩波書店, 1933, pp.196-216
（18） 大日本学術協会 編「倉橋惣三」『日本現代教育学大系 第10巻』日本図書センター, 1989, pp.264-274
（19） 同上 p.274
（20） ネル・ノディングズ／立山善康 他訳『ケアリング：倫理と道徳の教育―女性の観点から』晃洋書房, 1997, p.13
（21） ネル・ノディングズ／宮寺晃夫 監訳『教育の哲学：ソクラテスから「ケアリング」まで』世界思想社, 2006, p.315
（22） 同上 p.312

§3
（1） 和田實「実験保育学」岡田正章 監『大正・昭和保育文献集 第10巻』日本らいぶらり, 1978
（2） 土屋とく 編, 菊池ふじの 監『倉橋惣三「保育法」講義録：保育の原点を探る』フレーベル館, 1990
（3） 中村正直・和田貫「幼児教育法」岡田正章 監『明治保育文献集 第9巻』日本らいぶらり, 1977, pp.121-143
（4） 大日本学術協会 編「渡部政盛」『日本現代教育学大系 第2巻』日本図書センター, 1989, p.389
（5） J.ホイジンガ／里見元一郎 訳『ホモ・ルーデンス：文化のもつ遊びの要素につい

　　　　　てのある定義づけの試み』河出書房新社，1974
（6）木下竹次，中野光 編「学習原論」梅根悟・勝田守一 監，『世界教育学選集 64』明治図書出版，1972，p.18
（7）大日本学術協会 編「木下竹次」『日本現代教育学大系 第9巻』日本図書センター，1989，pp.141-145
（8）同上 p.119
（9）大日本学術協会 編，上掲書（4），p.378
（10）大日本学術協会 編「大瀬甚太郎」『日本現代教育学大系 第9巻』日本図書センター，1989，p.76
（11）大日本学術協会 編「越川彌榮」『日本現代教育学大系 第9巻』日本図書センター 1989，p.410
（12）斎藤喜博『現代教育101選 27 授業入門』国土社，1990
　　　斎藤喜博『現代教育101選 22 学校づくりの記』国土社，1990
　　　斎藤喜博『現代教育101選 1 授業』国土社，1990
　　　斎藤喜博『授業の可能性』一莖書房，1976
　　　斎藤喜博『教師の仕事と技術』国土社，1979
（13）中村正直・和田實「幼児教育法」岡田正章 監『明治保育文献集 第9巻』日本らいぶらり，1977，pp.121-143
（14）倉橋惣三「玩具教育論」岡田正章 監『大正・昭和保育文献集 第8巻』日本らいぶらり，1978，pp.171-380
（15）佐々木正人『アフォーダンス』岩波書店，1994，pp.60-66
（16）ネル・ノディングス／宮寺章夫 監訳『教育の哲学：ソクラテスから「ケアリング」まで』世界思想社，2006，p.64
（17）石黒広昭「心理学を実践から遠ざけるもの」佐伯胖 他著『心理学と教育実践の間で』東京大学出版会，1998
（18）中村雄二郎『術語集：気になることば』岩波書店，1984，p.145
（19）東洋『子どもの能力と教育評価』東京大学出版会，1979，pp.1-2
（20）ハワード・ガードナー／松村暢隆 訳『MI：個性を生かす多重知能の理論』新曜社，2001，pp.298-299
（21）同上 p.46
（22）同上 p.84
（23）西田幾多郎『善の研究』（改版）岩波書店，1979，p.144

〈第2部第3章〉
§ 1
(1) フィリップ・アリエス／杉山光信・杉山恵美子 訳『「子供」の誕生：アンシァン・レジーム期の子供と家族生活』みすず書房，1980，序
(2) 速水融 研究代表『ユーラシア社会の人口・家族構造比較史研究 平成7-11年度最終実績報告書（別集 史料・文献目録）』（文部省科学研究費創成的基礎研究）1995-1999
速水融『歴史人口学で見た日本』文藝春秋，2001
速水融 編『歴史人口学と家族史』藤原書店，2003
(3) 柳田国男『柳田國男全集 28』筑摩書房，1990，p.30
(4) 山住正己・中江和恵 編注『子育ての書 全3巻』平凡社，1976
(5) 貝原益軒／石川謙 校訂『養生訓・和俗童子訓』岩波書店，1961，p.206
(6) 同上 p.207
(7) 上田閑照 編『西田幾多郎哲学論集 1 場所・私と汝：他六篇』岩波書店，1987，p.134
(8) 脇坂義堂「撫育草(えだてぐさ)」山住正己・中江和恵 編注『子育ての書 2』平凡社，1976，p.270
小嶋秀夫『子育ての伝統を訪ねて』新曜社，1989，p.120
(9) 山住正己・中江和恵 編注『子育ての書 2』平凡社，1976，pp.277-279
(10) 小嶋，上掲書（8），p.153
(11) 同上 pp.164-197
(12) 柳田国男「都市と農村」『柳田國男全集 4』筑摩書房，1997，p.185
(13) 坪井洋文 他著「村と村人」網野善彦 他編，『日本民俗文化体系 第8巻』小学館，1984，p.470
(14) 同上 pp.164-168
(15) 太田素子『子宝と子返し：近世農村の家族生活と子育て』藤原書店，2007，p.67
(16) 同上 p.92
(17) 作者不明「子孫繁昌手引草」山住正己・中江和江 編注『子育ての書 3』平凡社，1976，pp.204-210
(18) 同上 pp.212-214
(19) 青木生子 他校注『万葉集 2』新潮社，1978，p.52
(20) 後白河院 撰／榎克朗 校注『梁塵秘抄』新潮社，1979，p.151
(21) E.S.モース／石川欽一 訳『日本その日その日 1』平凡社，1970，p.56

(22) 太田，上掲書（15），p.249
(23) 同上 p.272
(24) 橘義天「捨子教誡の謡」山住正己・中江和江 編注『子育ての書 3』平凡社，1976，pp.189-203
(25) 同上，植木枝盛「育幼論」，pp.331-343
(26) ハヴィガースト／荘司雅子 他訳『人間の発達課題と教育：幼年期から老年期まで』牧書店，1958
(27) E.H.エリクソン／仁科弥生 訳『幼児期と社会 全2巻』みすず書房，1977
(28) 村上俊亮 他編『家庭教育指導事典』帝国地方行政学会，1969
(29) バーバラ・ロゴフ／當眞千賀子 訳『文化的営みとしての発達：個人、世代、コミュニティ』新曜社，2006
(30) 小嶋，上掲書（8），p.192
(31) くもん子ども研究所 編『浮世絵に見る江戸の子どもたち』小学館，2000，p.22
(32) 同上 p.49
(33) 同上 p.28
(34) 同上 p.149
(35) 日本保育学会 編『幼児保育百年の歩み：写真集』ぎょうせい，1981
(36) 李家正文『糞尿と生活文化』泰流社，1987，p.105
(37) 香月牛山「小児必用養育草」山住正己・中江和恵 編注『子育ての書 1』，平凡社，1976，p.299
(38) 同上 p.158
(39) E.S.モース，上掲書（21），p.39
(40) 山下俊郎『家庭教育』光生館，1965，pp.165-167

§2

(1) 柳田国男『柳田國男全集 28』筑摩書房，1990，p.623
(2) 同上 p.627
(3) 石川謙，石川松太郎 編『日本庶民教育史』玉川大学出版部，1998，p.263
(4) 中江和恵『江戸の子育て』文藝春秋，2003，p.116
(5) 石川謙，石川松太郎 編，上掲書（3），p.253
(6) 文部省 編『日本教育史資料 二（巻5第2分冊）』臨川書店，1970，p.366
 （※初版，冨山房，1890-1892の複製本）
(7) 同上「巻4第2分冊」，p.85
(8) 石川謙，石川松太郎 編，上掲書（3），p.310

（ 9 ）石川松太郎 他著『図録日本教育の源流』第一法規出版，1984
（10）同上 p.61
（11）同上 p.68
（12）同上 p.34
（13）中江，上掲書（ 4 ），p.117
（14）同上 p.158
（15）同上 p.158
（16）石川松太郎 他著，上掲書（ 9 ），p.58
（17）中江，上掲書（ 4 ），p.156
（18）E.S.モース／石川欽一 訳『日本その日その日 1』平凡社，1970，p.40
（19）ジーン・レイヴ，エティエンヌ・ウェンガー／佐伯胖 訳『状況に埋め込まれた学習：正統的周辺参加』産業図書，1993，p.1
（20）同上 pp.9-12
（21）同上 p.11
§ 3
（ 1 ）ジャン・ピアジェ／滝沢武久・佐々木明 訳『構造主義』白水社，1970，pp.16-22
（ 2 ）ヴィゴツキー／柴田義松 訳『精神発達の理論』明治図書出版，1970
（ 3 ）メルロ＝ポンティ／滝浦静雄・木田元 訳『行動の構造』みすず書房，1964，p.307
（ 4 ）同上書
（ 5 ）佐藤公治『幼児教育知の探究 5 保育の中の発達の姿』萌文書林，2008
（ 6 ）西田幾多郎「直接に與へられるもの」『西田幾多郎全集 第 4 巻』岩波書店，1965，pp.9-37
（ 7 ）小沢徳太郎『21世紀も人間は動物である：持続可能な社会への挑戦 日本vsスウェーデン』新評論，1996，p.49
（ 8 ）西田，上掲書（ 6 ）「働くもの」，p.203
（ 9 ）西田，同上「直観と意志」，p.46
（10）本居宣長／村岡典嗣 校訂『うひ山ふみ・鈴屋答問録』岩波書店，1934，p.127
（11）仁戸田六三郎『日本人自身』読売新聞社，1975，p.128
（12）篠原助市『理論的教育学』（改訂版）協同出版，1949，p.15
（13）西田，上掲書（ 6 ）「知るもの」，pp.326-356
（14）ジェーン・R.マーティン／生田久美子 監訳・解説『スクールホーム：「ケア」する学校』東京大学出版会，2007

(15) ジョン・ホルト／大沼安史 訳『なんで学校へやるの：アメリカのホームスクーリング運動』一光社，1984
(16) ジェーン・R.マーティン，上掲書（14），pp.302-313
(17) ポール・ラングラン／波多野完治 訳『生涯教育入門』全日本社会教育連合会，1971，p.115
(18) 同上 pp.13-14
(19) エヴァレット・ライマー／松居弘道 訳『学校は死んでいる』晶文社，1985
(20) イヴァン・イリッチ／東洋，小沢周三 訳『脱学校の社会』東京創元社，1977
(21) ポール・ラングラン，上掲書（17），p.115
(22) 西田，上掲書（6）「働くものから見るものへ」，p.6
(23) 朝日ジャーナル編集部 編『日本の思想家』（上，中，下）（新版）朝日新聞社，1975
(24) 国連児童基金・国連環境計画／高榎堯 訳「環境基本法」「循環型社会形成推進基本法」『子どもにどんな地球を残しますか』福武書店，1991
(25) 高杉晋吾『環境国家への挑戦：循環型社会をめざして』日本放送出版協会，1993
(26) 西田，上掲書（22），p.45
(27) きだみのる『にっぽん部落』岩波書店，1967，p.132

〈結びにかえて〉
（1） 斉藤日出治『ノマドの時代：国境なき民主主義』大村書店，1999
（2） ドミニク・S.ライチェン，ローラ・H.サルガニク 編／立田慶裕 監訳『キー・コンピテンシー：国際標準の学力をめざして』明石書店，2006，p.201
（3） 同上 pp.78-83

【索　引】

〈ア　行〉

愛 …………………106, 107, 185
遊び………54, 55, 182, 203, 221
新しい学力観 …………………44
アフォーダンス ……………204
阿部重孝………………………169
アリエス ………………………70
アリストテレス ………91, 106

位相 ……………………………187
一斉教授法 ………………………6
一般的陶冶 ……………………145
イリイチ ………2, 16, 254, 261

ヴィネケン ……………………125

エクリチュール…………………3
エスノグラフィ ……………214
エフェ …………………………22

及川平治………………………163
大瀬甚太郎……………………200
太田素子……………223, 224, 226
恩の世界 ………………158, 172

〈カ　行〉

ガードナー……………………212
カウンセリング・マインド………29
科学知 …………………………18
学 ………………………92, 177

学習即教授 ……………192, 193
学力モデル ……………………44
家塾 ………………238, 240, 243
価値的発展 ……………143, 176
価値の一元化 …………………17
学級 …………………………6, 8
学校化 ……………………………2
学校化社会 …………16, 18, 40
学校共同体 ……………………131
学校空間 ………………3, 11, 16
学校選択制 ……………………83
学校知 ……………18, 20, 27, 33
神 ………………………………98
ガンディー ……………………130
カント ……………106, 116, 183

基礎 ……………………………33
基体 ………………169, 185, 194, 196
技能（的）陶冶…149, 156, 182, 212
木下竹次 ………………194, 199, 201
基本命題 ………………………92
義務教育制度 …………………14
ギュルドルフ …………………23
興味 ……………………………150
教育三法 ………………………62
教育州 …………………122, 172
教育精神 ………………………158
教育即生活 ……………147, 163, 166
教育的価値 ……………113, 147, 203
教育の位相 …………………143
教育の主体と客体 ……108, 146

教育（の）対象 …146, 155, 162, 170
教育方法 ……………150, 189, 192
教育理想 ………………142, 176
教師 ………………7, 22, 24, 28
教場指令法 ……………………10
共同体 …………………20, 253
協同的学び ………………56, 60

クラス……………………………6
倉橋惣三 …………160, 190, 203

ケアリング ………………186, 187
形式（的）陶冶 …149, 156, 182, 212
ゲヘープ ………………………126
ケルシェンシュタイナー …127, 145
権威………………………………153

合級制 …………………………11
硬教育……………………………112
公教育運動………………………121
公教育制度………………………119
構成主義 ……………34, 35, 246
構造主義 …………………97, 245
公民教育…………………………125
国民教育…………………………130
心の専門家 ……………………29
越川彌栄 ………………166, 201
小嶋秀夫…………………………220
個人化 ……………………79, 86
個体能力主義……………………208
子宝思想 …………223, 224, 225
言葉………………………………3
子ども―大人の関係 ……………71

子ども中心主義 ……………64, 66
個別化 …………………………86
コミュニケーション ……228, 231
コメニウス………………………111
根本意志…………………………149

〈サ 行〉

斎藤喜博…………………………201
作業………………………………154
澤柳政太郎………………………155
三項関係 …………192, 193, 199
3C ……………………………249, 252

自己………………………………104
自己活動……127, 132, 145, 151, 190
自己教育 ………………143, 158
自己組織化 ………178, 182, 184
四書五経…………………………240
自然の理性化 …………144, 147
持続可能性………………………256
自治 ………………124, 154, 198
質 …………………………48, 52
実在 ………………………102, 105
実質（的）陶冶 …149, 156, 182, 212
実践即共同 ……………192, 197
実地（実際）的教育学 …134, 155
自得した場所(トポス)……………………174
自然(じねん) ………………173, 179, 233
篠原助市 ………………141, 190
社会構成主義 …………………35
自由 …………102, 120, 153, 213
就学前教育 ………155, 195, 201
習慣………………………………152

習熟度別学習 ……………84, 86
周辺的参加と十全的参加…………244
主語的統一…………………171
述語的統一…………………171
循環型社会 ……………255, 256
純粋経験 ………105, 183, 197, 247
生涯学習 ………………254, 255
ショーン ……………………25
職業的陶冶 ……………145, 191
助成 …………………………145
助成する作用………………142
人格的表現…………………154
新教育運動 ……118, 122, 137, 163
神道 …………………………99

スキナー ……………………25
スクールカウンセラー …29, 73, 75,
　　　　　　　　　　　 77, 78
鈴木大拙……………………108

生活 ……………………162, 163
善 ………………………92, 106

相即不離……………………147
ソーンダイク ………………25
ソクラテス …………………23

〈タ 行〉

タゴール……………………128
脱学校化（の）社会 ………2, 261

知能…………………………212
注意…………………………151

通過儀礼……………………222
TIMSS ……………………42, 49
デカルト……………………104
テ・ファリキ ………………37
デューイ ……37, 64, 120, 127, 163
デュルケーム ………………24
寺子屋 ……………235, 237, 243

当為 ……………………144, 157
等級制 ……………………8, 11
陶冶 …115, 127, 145, 157, 181, 183
陶冶財 ……………148, 199, 204
陶冶財の過程化……………148
独学 ……………………159, 242
独学独行……………………250
独立独行……………………255
場所の論理 ……………180, 211
ドモラン ………………126, 172
トルストイ ……………119, 122, 128

〈ナ 行〉

中江兆民……………………96
中村雄二郎 ……………105, 170
ナトルプ ………………142, 149
習う ……………………236, 240

西田幾多郎………100, 102, 107, 170,
　　　　　　　　　　　 185, 218
人間愛………………………153

ヌーバー ……………………80

能力・学力 …………………15, 19, 43
野口援太郎 ……………………………159
ノディングズ ……95, 187, 189, 205

〈ハ　行〉

場所の論理 ……………………………171
パストラル・ケア ………………78, 79
パノプティコン ………………12, 77
ハビトゥス ……………………………15
パロール …………………………3, 250
反省的実践家 ……………………25, 26

PISA ……………………42, 46, 49
日田權一 ……………………………166
評価 …………………………208, 211
平等 ……………………………14, 48, 52
広岡亮蔵 ………………………………44

フーコー ………………………………12
フェリエール …………………………130
フォークロア …………………………214
福島政雄 ……………………158, 172
仏教 ……………………………………99
普遍意志 ………………………………181
プラトン ……93, 101, 106, 172
ブルデニュー …………………………15
フレーベル ……………………………117
フレネ …………………………………130
プロジェクト ……………………37, 49
文化 ……………………………………234
文化的教育学 …………………………167
糞尿文化 ………………………………231

ヘアーインディアン …………………22
兵舎建築 ………………………………11
ペスタロッチ ……………………114, 149
ベル ……………………………………4
ヘルバルト ……………………132, 149

ホイジンガー …………………………55
ホモ・エデュカンドゥス …2, 20, 21
ホモ・ディスケンス …………21, 40
ホリスティック型 ……………………258

〈マ　行〉

学び ……………………………32, 38
真似び ……………23, 236, 237, 240

ミメーシス ……………………………23

無としての我 …………………………173
「無」の構造 …………………………247
無の場所・無としての場所 ……168, 170, 172

命題 ……………………………92, 94
メリット ……………………………16, 19
メリトクラシー ………………………38
メリトクラシー社会 …………………16

モース ……………………225, 230, 233
文字 ……………………………………3
モニトリアム・システム …4, 5, 7, 8
モンテッソーリ ………………………132

〈ヤ　行〉

ヤスパース ……………………65
柳田国男……………………234

誘導 ……………160, 190, 191

養育書……………………216

〈ラ　行〉

ライン……………………133
ランカスター……………………4

リーツ ……………………124, 172
理性的共同体 …………173, 175, 256
リテラシー …………49, 52, 250, 251
理念……………………177
理論的教育学 ……………133, 141

ルソー………………95, 102, 113
レイヴとウェンガー………………244
レッジョ・エミリア…34, 37, 57, 59, 87
レディ ……………………122, 172
練習……………………152
練習即訓育 ……………192, 195

労作……………………198
労働 ………………128, 131
ロゴフ ……………………228, 230
ロック………………………55, 112
ロマン主義 ……………………67

〈ワ　行〉

渡部政盛……………………192
和田實………159, 169, 182, 190, 202

〈本巻著者〉　　　**磯 部 裕 子**（いそべ　ひろこ）

〈執筆分担：第1部〉

〈出身〉岐阜県
〈学歴・職歴〉
　聖心女子大学文学部教育学科卒業　千葉県，東京都の私立幼稚園で8年間教諭として勤める。青山学院大学大学院前期博士課程文学研究科教育学専攻修了，同大学院後期博士課程単位取得満期退学。現在，宮城学院女子大学児童教育学科教授。
〈専門領域等〉幼児教育学　教育臨床研究　保育カリキュラム研究
〈所属学会〉日本保育学会　日本教育学会　日本子ども社会学会　日本カリキュラム学会　幼児教育史学会
〈主な著書〉『保育実技ハンドブック』（共著，萌文書林，1996）／『教育学への視座』（共著，萌文書林，1999）／『教育思想事典』（共著，勁草書房，2000）／『教育実習』（共著，つなん出版，2000）／『教育課程の理論』（単著，萌文書林，2003）／『テーマで学ぶ現代の保育』（共著，保育出版社，2006）／『「食」からひろがる保育の世界』（監修，ひとなる書房，2007）

〈本巻著者〉　　　**青 木 久 子**（あおき　ひさこ）

〈執筆分担：第2部〉

〈出身〉長野県
〈学歴・職歴〉
　青山学院大学大学院修士課程修了。国家公務員から東京都公立幼稚園教諭，東京都教育庁指導部・都立教育研究所指導主事，同統括指導主事，国立音楽大学教授兼同附属幼稚園長等を歴任。現在，青木幼児教育研究所主宰，大学・大学院の非常勤講師の傍ら実践研究・研修支援，執筆等を中心に活動している。
〈専門領域等〉幼児教育学　教育実践研究　発達臨床心理士
〈所属学会〉日本保育学会　日本教育学会　日本教育実践学会　日本発達心理学会　日本臨床発達心理士会
〈主な著書〉『よりよい保育の条件』（共著，フレーベル館，1986）／『生きる力を育てる保育』全3巻（共著，世界文化社，1999）／『子ども理解とカウンセリングマインド』（共著，萌文書林，2001）／『子どもに生きる』（単著，萌文書林，2002）／『環境をいかした保育』全4巻（編者，チャイルド本社，2006）／『教育臨床への挑戦』（単著，萌文書林，2007）

〈シリーズ〉
〈編　者〉　青木久子
　　　　　青山学院大学大学院修士課程修了
　　　　　幼稚園教諭より，東京都教育庁指導部　都立教育研究所統括指導主事，国立音楽大学教授 兼 同附属幼稚園長職等を歴任。
　　　　　現在，青木幼児教育研究所主宰。

　　　　　磯部裕子
　　　　　聖心女子大学文学部教育学科卒業
　　　　　8年間幼稚園教諭職を経，青山学院大学大学院後期博士課程満期退学。
　　　　　現在，宮城学院女子大学児童教育学科教授。

〈装幀〉レフ・デザイン工房

幼児教育　知の探究 4
脱学校化社会の教育学

2009年2月9日　初版発行©

著　者	磯　部　裕　子
	青　木　久　子
発　行　者	服　部　雅　生
発　行　所	株式会社　萌文書林

検印省略

〒113-0021　東京都文京区本駒込6-15-11
TEL(03)-3943-0576　FAX(03)-3943-0567
URL:http://www.houbun.com
E-mail:info@houbun.com

落丁・乱丁本はお取替えいたします。　振替口座　00130-4-131092

印刷／製本　シナノ印刷

ISBN978-4-89347-104-8　C3037